Erick Beltrami Formaggio

Search Engine Optimization

Erick Beltrami Formaggio

Search Engine Optimization

Conceitos, práticas e casos importantes

www.dvseditora.com.br
São Paulo, 2023

SEO - Search Engine Optimization

DVS Editora 2023 – Todos os direitos para a língua portuguesa reservados pela Editora.

Nenhuma parte deste livro poderá ser reproduzida, armazenada em sistema de recuperação, ou transmitida por qualquer meio, seja na forma eletrônica, mecânica, fotocopiada, gravada ou qualquer outra, sem a autorização por escrito dos autores e da Editora.

Revisão de Textos: Hellen Suzuki
Design de capa, projeto gráfico e diagramação: Bruno Ortega

ISBN: 978-65-5695-102-7

```
         Dados Internacionais de Catalogação na Publicação (CIP)
                (Câmara Brasileira do Livro, SP, Brasil)

    Formaggio, Erick Beltrami
       SEO : Search Engine Optimization : conceitos,
    práticas e casos importantes / Erick Beltrami
    Formaggio. -- São Paulo : DVS Editora, 2023.

       Bibliografia
       ISBN 978-65-5695-102-7

       1. Administração geral 2. Buscas na Internet
    3. Dados - Análise 4. Mecanismos de busca na Web
    5. Tecnologias da informação e comunicação I. Título.

 23-175114                              CDD-004.6072081
```

Índices para catálogo sistemático:

1. Pesquisa : Tecnologias da informação e
   comunicação : Uso : Brasil   004.6072081

Eliane de Freitas Leite - Bibliotecária - CRB 8/8415

Nota: Muito cuidado e técnica foram empregados na edição deste livro. No entanto, não estamos livres de pequenos erros de digitação, problemas na impressão ou de uma dúvida conceitual. Para qualquer uma dessas hipóteses solicitamos a comunicação ao nosso serviço de atendimento através do e-mail: atendimento@dvseditora.com.br. Só assim poderemos ajudar a esclarecer suas dúvidas.

SUMÁRIO

PREFÁCIO 7
AGRADECIMENTOS 10
DEDICATÓRIA 11
INTRODUÇÃO 12
COMO ESTE LIVRO ESTÁ ORGANIZADO 14
O QUE É O SEO? 17
SITES E SUAS DIFERENÇAS 22
TECNOLOGIA 29
    Indexação 30
        Robots.txt 33
        Sitemap.xml 36
        Ferramentas para webmasters 42
    URLs 57
        Protocolo HTTPS 60
        Unicidade de informações 61
        Códigos de status 63
    Domínio 71
    HTML 74
        Tags importantes do HTML 75
        Dados estruturados 85
    Velocidade e performance de carregamento 89
    Dispositivos móveis 97
    Segurança 101
CONTEÚDO 108
    Tipos de conteúdo 114
        Conteúdo orientado à transação 116
        Conteúdo gerado pelo usuário 127
        Considerações sobre os tipos de conteúdo 139
    Arquitetura de conteúdo 148
        Pirâmide invertida 149
        Recursos de formatação e estruturação 152
        Cuidados gerais para a redação de conteúdo 161
    Recursos de apoio 163
        Vídeos 165
        Imagens 169
        Tabelas 170
        Outros recursos 170
    Sites, páginas e outros conteúdos de apoio 174
        Blogs 177
        Banco de imagens 179

- Utilização de portais 180
- Fóruns de discussão 180
- Wikis 181
- Resultados locais 182
- **Estrutura de camadas de conteúdo** 190
- **Utilização e escolha de palavras-chave** 194
- **Ciclo de vida do conteúdo** 206
- **Conclusões finais sobre conteúdo** 212

REPUTAÇÃO 214
- **E-A-T (Expertise, Authority, Trust)** 217
- **Links de saída ou links externos** 223
- **Monitoramento de backlinks** 225
  - Ferramentas 225

USABILIDADE E ACESSIBILIDADE 229
- Navegação 230
- Adaptação a vários dispositivos 234

GESTÃO DE PROJETOS E PROGRAMAS DE SEO 238
- **Programa e projeto de SEO** 242
- **O que é importante em um projeto de SEO?** 242
  - Abertura do projeto 243
  - Elaboração do projeto 247
  - Execução do projeto 252
  - Monitoramento e ajustes 253

INDICADORES E MÉTRICAS DE SEO 255
- A relação de indicadores técnicos de SEO, com KPIs de busca orgânica 257
- **Ideias para Indicadores de SEO** 258
- **Indicadores de esforço** 259
- **Indicadores de resultado** 261
- **Métricas de SEO no Google Analytics 4** 261

A ROTINA DO ANALISTA DE SEO 266
- **Comece o dia olhando resultados, não e-mails** 267
- **O que está acontecendo no projeto** 268
- **Distribua as atualizações e percepções** 268
- **Suas tarefas** 270
- **Quando olhar os e-mails** 274
- **Reuniões** 274

MENSAGEM FINAL 278
REFERÊNCIAS BIBLIOGRÁFICAS 279

PREFÁCIO

A disciplina de SEO ganhou notoriedade no mercado brasileiro a partir de 2009, aproximadamente. Era uma prática restrita, pouco conhecida e cheia de mistérios. Na época, o Erick já estava no mercado há alguns anos — o primeiro livro dele sobre SEO é de 2010.

São raros os profissionais no Brasil que podem afirmar que estão há mais de 15 anos neste mercado, e o Erick está na vanguarda da área. Com passagens notáveis por empresas líderes no cenário digital brasileiro, é certamente um dos profissionais que mais contribuiu para o crescimento da disciplina de SEO no nosso mercado.

Infelizmente SEO é um assunto bem técnico, espinhoso para muita gente e que, apesar de ser estratégico, é muito mal compreendido. Enquanto algumas estratégias digitais parecem trazer retorno imediato, apesar do alto custo de aquisição, SEO leva tempo, tipicamente algo entre 6 e 12 meses, para atingir o ponto de equilíbrio entre investimento e retorno. E é nesse momento que o retorno sobre esse investimento começa a se acumular e se tornar cumulativo: 2x, 3x, 5x, 10x.

A fórmula do retorno em SEO é até bem simples:

```
Total de visitas orgânicas ×
Taxa de conversão ×
Ticket médio =
Faturamento estimado
```

Então, por que tantos gestores não investem adequadamente em SEO? Porque deixam os concorrentes ocuparem um espaço tão valioso, que gera sustentabilidade, recorrência e lucratividade? Por absoluta falta de conhecimento do tema!

Praticamente não existem empresas líderes de mercado sem SEO implementado com muita qualidade. Em todas as áreas, é quase impraticável obter lucratividade no mercado digital sem performar muito bem nas buscas.

Qualquer grande site, grande e-commerce, *marketplace* ou plataforma precisa de SEO. Se menos de 30% do tráfego total não vier do canal orgânico, tenha a certeza de estar deixando (muito) dinheiro na mesa.

Durante os anos em que a mídia estava barata, as redes sociais estavam bombando e construir audiência era mais fácil, toda a atenção do mercado se voltou para social media, influenciadores e muita mídia em todos os lugares: portais, Google, Facebook, Instagram, YouTube e onde mais fosse possível.

Ao longo da pandemia, o volume de anunciantes explodiu, o custo de mídia também, e o CAC (custo de aquisição de clientes) ficou impraticável em muitos mercados.

O grande problema é que nesse meio-tempo a quantidade de profissionais formados e interessados no mercado de SEO caiu muito, e temos hoje um gargalo de profissionais, analistas e conhecimento gerencial sobre a área.

É justamente na conjunção de todos esses cenários que este livro chega.

Há muitos anos, não era publicado um bom livro em português sobre SEO. Tenho plena convicção de que este livro será uma enorme contribuição ao nosso mercado, se tornará referência e ajudará a atrair e formar novos profissionais.

A vantagem aqui é aprender de maneira simplificada, em linguagem simples e direta, sem firulas. Simplificar algo complexo é uma habilidade notável, e o Erick conseguiu fazer isso muito bem.

Além disso, nunca vi numa obra de SEO alguém falar sobre processos de gestão de projetos, indicadores e rotinas de trabalho de um profissional ou área de SEO.

Então aproveite a leitura. Grife, anote, faça marcações, crie *checklists*.

O importante é aplicar os aprendizados que virão à frente, colocar cada um deles em prática e começar a ocupar espaço num dos maiores canais de aquisição da história da internet.

Boa leitura e bom trabalho!

Rafael Rez
Pai da Carol e do Pedro
Fundador da Web Estratégica
Co-Fundador da Nova Escola de Marketing
Autor do bestseller "Marketing de Conteúdo: a moeda do século XXI"

AGRADECIMENTOS

Todo livro é um projeto grandioso, íntimo do seu autor. Principalmente para aqueles que não vivem profissionalmente da escrita, que é o meu caso, significa deixar de ter horas importantes de lazer e descanso, bem como a presença de amigos e familiares. A estes, agradeço imensamente.

Um agradecimento a todos os colegas que trabalharam comigo ao longo desses anos na área. Vocês fizeram com que eu continuasse evoluindo, para ser possível continuar respondendo a todos os questionamentos e dúvidas oriundos da evolução de vocês.

Ao amigo Rafael Rez, que conheço de longa data: não teria pessoa melhor para traduzir este livro através do seu prefácio.

Um agradecimento especial a Priscila Rodriguez, companheira e incentivadora deste processo.

Aos meus filhos, Lucca e Nicolas Formaggio, pelos momentos de ausência para que este projeto fosse concluído.

DEDICATÓRIA

Aos meus queridos filhos, Lucca e Nicolas Formaggio.

Vocês são a razão do meu viver e a fonte de alegria fácil para o meu coração.

Com muito amor.

INTRODUÇÃO

Desde 2007 tenho trabalhado e estudado algo que me fascinou muito: o SEO, sigla para *Search Engine Optimization* ou, como chamamos aqui no Brasil, otimização de sites. Naquele ano, poucas empresas no Brasil eram especializadas em SEO. Eu me lembro de candidatar-me a uma delas em Porto Alegre, a Cadastra, e passar no processo seletivo. Lá pude ter contato profissional com vários projetos e ajudar no desenvolvimento de metodologias voltadas para operações dessa disciplina tão importante dentro do marketing digital.

Passei por algumas empresas, nas quais tive a oportunidade de aperfeiçoar as minhas habilidades, formar equipes e praticar uma das minhas paixões, que é ensinar. Nada nunca foi tão prazeroso para mim quanto poder ensinar uma profissão. Tenho muito orgulho de, ao longo dos anos, introduzir na área profissionais que hoje superam os métodos, conhecimento e brilham no mercado brasileiro e até internacional.

Além da capacitação técnica desses colegas, pude escrever artigos, promover palestras, *workshops* e, em 2010, lancei o livro *SEO — Otimização de Sites — Aplicando técnicas de otimização de sites com uma abordagem prática*, que por vezes será usado como referência em alguns capítulos deste. Ainda tenho o prazer de encontrar profissionais que relatam que o livro foi fonte e referência no início de suas carreiras.

O SEO no Brasil passou por algumas fases importantes. Quando o mercado começou a ficar aquecido nos anos de 2008 e 2009, havia poucos profissionais na área. Lembro que frequentemente tínhamos que formar pessoas para trabalhar. Escolhíamos determinados perfis e treinávamos "dentro de casa". Passados alguns anos, já havia mais analistas trabalhando, e uma comunidade começou a se formar. Por alguns anos, ela foi muito forte e serviu de referência para o ensinamento de muitos colegas.

Este autor, embora tenha acompanhado todo esse movimento, sempre optou por ficar nos bastidores. Procurei outras formas de colaborar com a comunidade e concentrei-me na formação de mão de obra (que, como comentei, sempre foi minha paixão).

Hoje o nosso nicho é muito profissionalizado e estruturado no Brasil. É animador olhar para o nível de entrega, cases e resultados que temos hoje no mercado.

Quando escrevi meu primeiro livro em 2010, a minha preocupação era mostrar ao leitor um conceito de um projeto de SEO linearmente, considerando as suas etapas e tempo de vida. Creio que pouco comentei sobre isso, mas uma das coisas que me motivaram a escrever naquela época era que pudesse ter um material de apoio, focado em operações de projetos. Um material que o estagiário ou *treinee* pudesse ter como referência.

A maioria dos livros de SEO que eu encontrava naqueles tempos falava sobre boas práticas de SEO, recomendações importantes na hora de otimizar um site. E isso ajudava muito na hora de formar um analista (inclusive no Brasil tivemos ótimos livros sobre o assunto), mas quando era necessário treinar esse aprendiz para o contexto de projetos, organização de tarefas e prioridade, as recomendações eram de livros de projetos.

Na época, o meu foco foi escrever um livro tentando misturar técnica e aplicação em um fluxo que depois pudesse ser melhorado e desenvolvido.

Considerando que hoje temos um mercado mais maduro, desta vez resolvi escrever um livro que possa ser lido de forma não linear, para facilitar consultas rápidas, privilegiando as práticas importantes de qualidade que devem ser consideradas em um site, que acabam por impactar diretamente em SEO.

Isso significa que não vou falar de projetos neste livro? Vou, sim, mas será em um capítulo único. A metodologia de projetos não será diluída nas explicações técnicas, pois assim, como comentei, será facilitada a consulta e o aprendizado de itens independentes.

Considerando o aspecto objetivo deste livro, caso você não entenda nada sobre SEO, recomendo que faça a leitura linear. Depois use o material para consultas posteriores.

Boa leitura!

COMO ESTE LIVRO ESTÁ ORGANIZADO

Para o leitor ter mais facilidade para absorver o conhecimento exposto no livro, organizei os capítulos como se eu estivesse ministrando um treinamento ao vivo.

Nessas ocasiões, eu colaboro, através das informações que transmito ao aluno, para que os conceitos apresentados façam sentido na cabeça dele; assim, cada assunto puxará o outro. Os pontos de informação conectam-se. Às vezes precisará voltar em alguns conceitos, adiantar outros, mas sempre seguindo uma linha temporal em que, embora o leitor vá para frente ou para trás, há um crescimento na compreensão em relação aos requisitos importantes para um site otimizado.

Primeiramente, vou falar sobre o que é SEO. Uma definição sobre o tema é importante para um livro como este. Vejo muitos iniciantes da área com dúvidas sobre o trabalho, conceitos e até um pouco sobre a história. Sendo assim, apresentarei a minha visão do que é a otimização de sites, bem como a base de conhecimento e análises, a partir de seus pilares.

Antes de entrar nos detalhes dos pilares, vou tratar dos tipos de sites mais comuns para SEO, aqueles com maior demanda no mercado, suas particularidades, desafios, as diferenças entre eles, casos importantes com problemas e experiências que vivi em minha carreira.

Depois começo a entrar no escopo básico, iniciando nos pilares da otimização de sites. **Os itens de tecnologia** são aqueles que dependem diretamente de desenvolvedores, analistas de infraestrutura, segurança, entre outros profissionais de TI, para serem resolvidos. Gosto da ideia de abordar esse pilar inicialmente, pois ele é a grande base para os outros. Eu já vi um grande site, com excelente editoria, investimento em estrutura, publicidade, design e tecnologia, não ser indexado por conta de um redirecionamento errado, entre outros problemas técnicos.

É importante comentar que, se você olhar para o mercado, notará diversas interpretações desses aspectos. O meu modo de classificar essas divisões de conceito de tecnologia, reputação, usabilidade, conteúdo é baseado muito mais em quem vai ajudar o analista de SEO a resolver esse problema. Contudo, lembre-se de que o programa de SEO é multidisciplinar (vou lembrar isso durante todo o livro!). Em um ou outro bloco, o leitor pode compreender uma premissa como sendo pertencente a outro grupo também.

Na parte de conteúdo, trato dos itens necessários para uma boa estratégia deste quesito. Afinal, após ter um site, apto para responder tecnicamente às exigências do robô de busca, será necessário um empenho máximo para que ele seja considerado por temas e palavras-chave nos resultados de busca.

A reputação também é um tema que será tratado neste livro. Durante toda a minha trajetória profissional, este sempre foi um tema polêmico, devido às opiniões divergentes sobre ele. É um dos pilares de SEO, mais discutidos em toda a comunidade, em eventos, podcasts e artigos. Aqui, trago a minha visão do que vi durante esses anos e conceitos acerca do assunto.

Finalizo os pilares com o de **experiência do usuário, usabilidade e acessibilidade**. Este talvez seja um dos quesitos que mais se alinham com os outros. Posso dizer que, ao longo da minha jornada como profissional na área, tive contato com muitos colegas especialistas em usabilidade, com quem aprendi muito e entendi o quanto essas boas práticas são importantes para o trabalho de otimização de sites.

Na parte final do livro, abordo temas importantes sobre **gestão de projetos de SEO** e a **rotina do analista** (como comentei anteriormente), assunto pouco falado no Brasil. Também escrevo sobre **indicadores e métricas de SEO**, comentando os processos importantes de *web analytics* que devem ser observados para que seja possível acompanhar os resultados e realizar os ajustes necessários no projeto.

Existe algum pré-requisito para a leitura deste livro? Não há pré-requisito específico. É claro que um conhecimento prévio na operação de websites, HTML e de outros ativos tecnológicos, bem como a habilidade de aprender novos conceitos e ferramentas, pode ajudar muito. Contudo, este livro foi escrito para servir como uma formação para analistas de SEO, então procuro tratar dos assuntos com o maior detalhamento possível, o que não exclui, também, a necessidade de o leitor buscar informações e materiais extras sobre o assunto.

O QUE É O SEO?

Quando você tem uma dúvida, qual a primeira coisa a fazer? Pois é, já é parte da nossa cultura "perguntar ao Google". E da mesma forma que muitos brasileiros satisfazem a curiosidade nesse mecanismo de busca[1], alguns também usam a ferramenta para consultas sobre produtos e serviços, o que desde o seu início atraiu o interesse dos empresários em ter seus produtos e serviços nos resultados de busca em posições privilegiadas. **Diferentemente da busca paga**, em que a empresa que concorre por uma posição precisa participar de um leilão para aparecer, **na busca orgânica** o site aparecerá por merecimento, porque é um site incrível, com ótimo conteúdo e entrega uma experiência excelente ao visitante. Além disso, diferentes tipos de resultados se posicionam em locais distintos nos mecanismos de busca, como busca paga (anúncios), shopping, imagens, vídeos — tudo depende da busca realizada no Google. Nota-se que os resultados oriundos de anúncios acabam sempre ficando nas primeiras posições, privilegiados pela estratégia de negócio da empresa que está usando ele. No Bing, mecanismo de busca da Microsoft, temos um cenário parecido nos resultados de busca, em que tipos diferentes de resultados são evidenciados nas primeiras posições.

A busca orgânica, para muitos negócios, tem sido fonte de tráfego e receitas importantes. Costumo dizer que um site saudável em sua constituição e recursos possui pelo menos mais de 50% do tráfego oriundo de busca orgânica, uma vez que esse indicador já mostra que o site atende a itens básicos de qualidade (falarei sobre eles no decorrer deste livro). Sendo assim, o SEO vai impactar diretamente neste tipo de resultado.

//

1 Creio que a melhor forma de chamar o Google é de mecanismo/ferramenta de busca, uma vez que podemos entender "buscador" como a pessoa/usuário que busca algo. No mercado brasileiro, desde os primeiros momentos do search marketing, entendemos dessa forma.

No meu primeiro livro, introduzi o conceito comentando que (FORMAGGIO, 2010):

> *"O SEO, Search Engine Optimization (Otimização para Mecanismos de Busca), é um conceito amplamente popularizado atualmente. Em todo o mundo, as empresas preocupam-se em otimizar seus sites para que possam ser encontrados por seus clientes, quando estes buscam por produtos ou serviços relacionados às suas empresas".*

O que mecanismos de busca como o Google ou o Bing querem? Entregar uma experiência adequada à consulta que o usuário digitou no campo de busca.

Depois de muito tempo trabalhando na área, vejo o SEO como:

> **Um conjunto de processos e técnicas de análise é empregado para auditar os requisitos de qualidade que um site deve atender. O objetivo principal é aprimorar a sua visibilidade nos mecanismos de busca, proporcionar uma experiência positiva ao usuário e, como resultado, transformar visitantes em clientes.**

É necessário seguir as boas práticas que resultarão em um site que seja fácil de entender, rápido e que ajude o cliente a cumprir a tarefa que deseja. Dessa forma, o site entregará uma experiência incrível e estará apto a aparecer na pesquisa por palavras-chave importantes para aquele negócio.

Exemplo de uma página de resultados do Google.
É possível perceber a diferença dos resultados pagos
("Anúncio") e não pagos (busca orgânica).

Já ouvi muitos colegas se referirem a essas boas práticas como técnicas de SEO — eu mesmo já me referi a elas assim. Hoje entendo as coisas de maneira diferente, afinal não é possível elaborar uma técnica de posicionamento para um site no Google. Na verdade, você melhora a qualidade dos itens avaliados no site (velocidade, conteúdo etc). Prefiro chamá-las, então, de premissas, boas práticas, qualidade.

Geralmente o processo de melhorias e auditoria de qualidade dura todo o ciclo de vida de um site. Portanto, se faz necessária uma cultura de SEO nas áreas competentes ao desenvolvimento e à manutenção da plataforma que entregará as páginas aos visitantes. Na minha carreira, já vi empresas perdendo quantidades importantes de receita em virtude de alterações mal programadas. Sendo assim, é recomendável que todas as mensagens e boas práticas sejam divulgadas e lembradas amplamente. Isso é extremamente importante.

Pelo aspecto multidisciplinar da área, o site acaba por receber interferências de várias áreas como design, tecnologia, conteúdo, entre outras. Imagine que em situações nas quais não existam políticas claras sobre o cadastro de informações, imagens, mudança de código, cadastramento de produtos, entre outros, possam existir ações que vão prejudicar a qualidade do site. Um exemplo simples: a velocidade de carregamento de uma página é fator importante quando se trata da experiência do usuário. Embora possa existir um esforço tremendo da TI e equipe de *front-end* para que códigos e servidores entreguem a melhor experiência ao usuário, de nada isso adiantará se um profissional desavisado inserir uma imagem ou vídeo não otimizado — ou seja, artefatos pesados, cujo *download* seja lento. Consegue entender a complexidade do assunto e o motivo de todos estarem engajados?

Eu já passei por situações em que toda a parte de código HTML, JS e CSS do site foi otimizado, e um programador desavisado subiu, posteriormente, uma versão do site que tinha em sua máquina, para pequenas manutenções, sem as melhorias de front-end. Tal problema não ocorreria caso ele soubesse do que ocorreu.

Os Pilares do SEO

Eu comecei a falar disso muito cedo — há algumas publicações minhas em sites especializados e mesmo no meu livro lançado em 2010. As coisas mudaram? Sim, muita coisa mudou, mas para mim, com base naquilo que vivenciei e no que acredito dentro do SEO, sua essência de trabalho continua.

Por que me refiro a pilares? Pois se você pensar em SEO como algo estratégico para organização, e muitas vezes é, ele é o que sustenta e dá equilíbrio a todo trabalho feito e aos resultados que podem ser alcançados no futuro.

No início, quando comentei que já vi sites maravilhosos não serem indexados por problemas oriundos de tecnologia, também já vi sites maravilhosos não se posicionarem pois o conteúdo era péssimo. Por isso, ao longo da minha carreira, eu sempre usava esses pilares como forma de explicar, para clientes e pessoas que eu ensinava, o quanto o equilíbrio era importante.

Nos velhos tempos de SEO, eu dizia que ele tinha três pilares: tecnologia, popularidade e conteúdo. O pilar de popularidade estava muito relacionado com a quantidade de links oriundos de outros sites para aquele site que estava sendo trabalhado. Ou seja, na época, havia um grande esforço dos analistas por adquirir quantidades relevantes de links, achando que isso aumentaria o seu PageRank[2]. Com o tempo e maturidade da área, as coisas foram ficando mais claras. O que antes o mercado chamava de *popularidade* começou a ser chamado de *reputação*, por se entender que o interessante não era a quantidade de links que um site recebia (como se fossem simples votos). O contexto, a conveniência, do link é importante. Por exemplo, se eu tenho um site sobre jogos, faz sentido eu receber um link de uma página de pet shop? Os analistas também passaram a considerar a reputação do site, como marca, confiança, conteúdo, entre outros atributos relevantes, que exemplificarei melhor nos capítulos seguintes. Além dessa mudança de foco de popularidade para reputação, ficou claro para mim, depois do primeiro livro, que a experiência do usuário no site, com itens básicos de usabilidade e acessibilidade, é extremamente relevante para os mecanismos de busca.

Portanto, hoje meu trabalho com SEO é baseado nos pilares de: *tecnologia*, *conteúdo*, *experiência* e *reputação*.

Invocar esses pilares ajuda na hora de analisar, tomar decisões e entender a saúde do projeto ou programa de SEO em uma empresa, seja ela de varejo, serviços, entre outras que podemos encontrar, com os mais variados tipos de sites.

//

2   Trata-se do algoritmo desenvolvido pelos fundadores do Google, Larry Page e Sergey Brin. Ele é utilizado pelo Google para determinar a relevância dos links que apontam para um site, bem como a sua popularidade, com base nos apontamentos recebidos. Em 2016, a empresa americana informou que não iria mais disponibilizar a pontuação da ferramenta, que ia de zero a dez, deixando analistas de todo o mundo sem esse indicador.

SITES E SUAS DIFERENÇAS

Já fui abordado várias vezes com a pergunta: "É possível otimizar tal tipo de site?" Certamente, trata-se de um questionamento não tão comum atualmente, visto a evolução de tecnologias e a popularização do SEO. É importante salientar que, além da evolução tecnológica, a evolução cultural do mercado em relação ao tema também contribuiu significativamente para que, hoje, seja possível otimizar de forma fácil qualquer tipo de site.

Eu me lembro de uma época na qual alguns sites de e-commerce simplesmente não tinham funcionalidades importantes, por exemplo, a possibilidade de customização de metainformações para páginas de categorias e produtos de forma independente. Era difícil convencer algumas plataformas da época a implantar essa funcionalidade que, hoje, é comum.

Atualmente, a maioria das plataformas de e-commerce possuem funcionalidades específicas, algumas até menus só para atividades de SEO, em que é possível determinar regras, realizar a integração com ferramentas especializadas, dentre outras maravilhosas opções que facilitam, e muito, a vida do analista.

Na minha opinião, a grande virada de chave para o SEO no Brasil foi quando as plataformas de e-commerce entenderam a importância desse trabalho. Pois quando isso aconteceu, a demanda por consultoria e serviços na área aumentou muito no país. E quando a demanda aumenta, começam a surgir novas empresas, consultorias, mentores, o assunto começa a ficar mais popular na imprensa especializada, e a roda da economia começa a girar com mais força no setor.

Tive a sorte de vivenciar essa época e lembro que trabalhei muito. Participei de vários projetos de e-commerce, dentre eles, lojas famosas que hoje faturam e têm boa parte dos negócios centralizados na internet.

Uma vez, participei de um projeto de migração de e-commerce[3] — até hoje o calcanhar de Aquiles para muitos negócios e plataformas, quando se trata de SEO. Por quê? Principalmente porque é necessário fazer o Google e o Bing entenderem toda essa mudança e não perder todo o trabalho de otimização realizado no site antigo. Nesse caso específico, se tratava de uma grande loja, que mudaria de plataforma. Iria do sistema A, que não tinha muita amigabilidade ao SEO, mas teve alguma evolução ao longo do tempo, para a plataforma B, maior, mais robusta, pronta para o crescimento da loja. Na época, eu morava em Porto Alegre, mas ia frequentemente a São Paulo, só para me reunir com a equipe que cuidava da migração e avaliar o andamento do trabalho referente a SEO[4]. O trabalho estava indo bem. A cada reunião os itens pendentes se transformavam em concluídos, chegávamos perto da hora da migração e já preparávamos uma grande lista DE/PARA[5], visando realizar o redirecionamento das URLs antigas para as novas (vou explicar melhor quando for falar sobre redirecionamento). Era um site muito grande, então tudo precisava ser feito com o máximo de detalhe e cuidado, para não perder todo o trabalho de SEO que vínhamos fazendo nos meses anteriores. Certo dia, alguém deu uma ordem para o que site fosse migrado no dia seguinte[6], sem que todo o processo de migração fosse observado com os detalhes necessários e, mais importante, sem os redirecionamentos. Eu já vi muitos negócios perdendo anos de trabalho em otimização por não darem a atenção necessária a isso. Mas o que eles mais perdem é receita. Algumas lojas possuem mais de 50% do faturamento oriundo de busca orgânica. Ou seja, o resultado foi uma queda expressiva na receita da loja.

//

3   Aqui, me refiro àquelas migrações nas quais uma loja passa a utilizar outra plataforma, ou seja, muda todo o sistema para outro.

4   Imagine que um trabalho desses é multidisciplinar e que o SEO é só um pedaço mínimo de toda a operação de migração.

5   Basicamente, é o trabalho de rastrear todas as URLs atuais de um site e projetar, com base na nova arquitetura de URLs, para onde serão redirecionadas.

6   Essa situação foi há alguns anos, mas hoje ainda acontecem casos parecidos.

Outro tipo importante de site são aqueles que gosto de chamar de **sites institucionais**. São sites que têm como objetivo mostrar alguns dados da empresa, sua estrutura, missão, visão, valores, dados para acionistas, dentre outras informações institucionais importantes, principalmente para contratação de serviços, informações para acionistas e governo. O foco não são as vendas, embora, para algumas empresas, dependendo de seus produtos e serviços, a venda pode começar ali, através do preenchimento de um formulário ou interação com um chatbot. Um exemplo são empresas com pouca variedade de produtos e serviços ou com uma venda muito técnica. Aplicam-se a esse conceito sites de escritórios de advocacia, consultorias, serviços de contabilidade, dentre outros tipos, para os quais a venda parte da confiança que o *prospect* precisa ter no negócio. Nesse caso, as informações acerca dos sócios, alguns trabalhos e depoimentos fazem parte do conteúdo desse tipo de site.

Alguns desses sites possuem junto a eles um blog. Só para deixar claro, blogs também são um tipo de site, muito usados principalmente para estabelecer um diálogo maior da empresa com o público, divulgar novidades e opiniões, mas também podem ser usados junto a sites institucionais. Vejo muitas empresas usando essa estratégia. E funciona se for bem aplicada.

Passei por uma situação na qual estava com dúvida sobre um tipo de seguro. Busquei minha dúvida como frase-chave no Google e acabei clicando no resultado do blog de uma seguradora. O post que explicava minha dúvida era completo. Tinha perguntas e respostas, imagens, vídeo de um consultor explicando. Notei nos comentários, que eram abertos, que havia muitas pessoas tirando dúvidas de mais alguns detalhes.

Dois pontos importantes chamam a atenção aqui:

1. Imagine a quantidade de pessoas na mesma situação que a minha encontrando o site dessa seguradora, mediante busca, usando a dúvida como palavra-chave.

2. Muitas empresas têm medo de liberar os comentários com receio de que as pessoas fiquem reclamando de seus serviços quando problemas acontecem. Mas nesse caso notei que as

pessoas, ao comentarem, escreviam palavras-chave relacionadas ao tema, naturalmente, que não existiam no corpo do texto na página. E isso acontece muito.

Sites de e-commerce, frequentemente, usam blogs para estabelecer, também, um diálogo com os clientes e enriquecer o conteúdo das marcas.

Como muitas plataformas não permitem que o sistema de blog fique dentro da mesma estrutura de domínio, por questões de segurança, o conteúdo acaba não ajudando diretamente a loja em termos de SEO, mas contribui em outros aspectos.

Por exemplo: imagine que o endereço da loja seja www.pcgamerxpto.com.br e o blog, em vez de ficar em uma estrutura como www.pcgamerxpto.com.br/blog, fica em um subdomínio blog.pcgamerxpto.com.br. O algoritmo de busca vai considerar o subdomínio como um domínio único, ou seja, o blog como um site independente da loja, que, por sua vez, não terá acesso à consideração de conteúdo em SEO.

A questão da segurança de algumas plataformas de blog é muito debatida. Algumas plataformas têm plugins[7] que podem esconder brechas de segurança e, dessa forma, colocar em risco o site, banco de dados, entre outras informações. Acompanhe o seguinte caso: um cliente meu, de muitos anos, que tinha um site otimizado[8], bem trabalhado, com excelentes insumos para a experiência do usuário, aparecia em todas as palavras-chave que impactavam diretamente os negócios — na primeira página de resultados[9], a maioria do

//

7 Trata-se de uma extensão que adiciona funcionalidades. Existem plugins pagos e livres (sem custo). Alguns deles têm funcionalidades livres, como demonstração, e para utilização completa o usuário necessita comprar ou fazer uma assinatura.

8 Repare que, o SEO é um trabalho de longo prazo. Aqui, trata-se de um cliente que atendo há anos, e seu site chegou a um nível de otimização que impactava mais de 90% de seus negócios.

9 Gosto de falar "primeira página", pois as posições variam por inúmeros motivos, mas neste caso havia constância.

tempo. Certa ocasião, a empresa teve um problema de segurança no seu blog. Eles sofreram um ataque DDOS que tirou o site do ar. Além disso, por conta de outras vulnerabilidades de segurança, todo o site ficou instável por dias, caindo e voltando, lento, o que gerou inúmeros inconvenientes. O especialista de segurança contratado conseguiu resolver o problema depois de alguns dias, mas já haviam perdido posicionamentos importantes na busca orgânica, além de negócios.

Por que a perda de posicionamento? Tornando-se inseguro e instável, até que o problema fosse resolvido, o site ficava fora do ar. No Google Search Console, havia alertas de páginas não encontradas, fruto desse problema. Mecanismos de busca não vão entregar aos usuários opções de sites que estejam fora do ar, principalmente no caso de problemas de segurança.

A implementação de uma plataforma de terceiros, seja para qual tipo de site for (algumas plataformas de blog, entre outros gerenciadores de conteúdo, permitem sites institucionais), precisa ser observada com atenção não só pelo analista de SEO, mas por profissionais de segurança da informação, dentre outras disciplinas da web.

Há diferenças no SEO dependendo do tipo de site?

Com base na minha experiência, posso afirmar que sim.

Um e-commerce, na maioria das vezes, possui milhares de páginas a mais que um site institucional. Isso, por si só, já faz com que tudo seja diferente no dia a dia. Boas práticas e procedimentos são muito parecidos, ou quase iguais, em alguns aspectos; o que me refiro ser diferente é o esforço, a rotina, a atenção dedicada a ele, entre outras coisas.

Ao longo do tempo, reparei que, quando é feita uma mudança que resulta na melhoria de todas as páginas de um e-commerce, os resultados dessas melhorias aparecem mais rápido nos mecanismos de busca.

Em sites com menos páginas, eu já percebia sempre uma demora maior. Isso forçava o administrador do site a fazer a maior parte das alterações possíveis nas primeiras melhorias, o mais rápido possível. Por quê? Pois o tempo para impacto positivo seria maior. Isso não é uma regra, não há nenhum comunicado dos mecanismos de busca dizendo isso. É uma percepção, com base nos projetos que acompanhei.

No caso de blogs, também temos particularidades interessantes. Primeiro, pela característica de algumas plataformas. O WordPress, por exemplo, um dos sistemas para blogs mais usados no mundo, evoluiu tanto nos últimos anos que hoje possui uma estrutura muito otimizada, amigável às boas práticas de SEO, considerando aspectos técnicos importantes de codificação, performance etc.

Existem muitos plugins para WordPress, que ajudam em redirecionamentos, otimizações, entre outras funcionalidades que permitem ao analista de SEO trabalhar quase que independentemente de desenvolvedores. Como exemplo, recomendo ao leitor conhecer o YostSEO[10], um excelente plugin para o WordPress, utilizado em vários sites na plataforma. Ele dá sugestões de otimização de conteúdo, ligações internas, revisão de títulos, descrições, dentre outras funcionalidades que podem facilitar a vida do criador de conteúdo. O WordPress, hoje faz tanto sucesso, que alguns desenvolvedores usam-no para fazer sites institucionais, por possuir alguns modelos adequados para eles. Como já comentei, geralmente, blogs são muito utilizados com sites institucionais e e-commerce, por estenderem seu conteúdo para um local mais leve, onde o tom corporativo fica um pouco mais relaxado.

Em alguns negócios, os executivos e colaboradores das empresas expressam suas opiniões, escrevem sobre técnicas e tendências e, acima de tudo, acabam por trabalhar, naturalmente, as palavras-chave que orbitam os temas principais do seu negócio. Isso contribui para o posicionamento da empresa em buscas importantes no mecanismo de busca. Quando isso é um trabalho com foco em resolver os problemas do usuário, como no caso do seguro,

//
10   https://yoast.com/

que citei anteriormente, o blog cresce, a marca ganha exposição e negócios são realizados.

O problema é que, na grande maioria dos casos de sites para os quais dei consultoria, eles estavam muito desatualizados. Não havia calendário editorial, e pouca atenção era dada ao blog. Houve casos em que o último artigo tinha sido escrito havia mais de cinco anos. Isso dá uma sensação de abandono e desconfiança por parte do visitante.

A diferença entre os tipos de sites mostra a diferença entre os textos e as palavras mencionadas. O grande segredo das estratégias de palavras-chave no SEO não é saber quais são as mais procuradas. (Isso é fácil, embora trabalhoso, e eu ensinarei aqui.)

O grande segredo são as palavras utilizadas, de forma natural, por nós, humanos e como elas compõem aquilo que eu e alguns autores de inteligência artificial (RUSSEL; NORVING, 2004) chamam de "saco de palavras". Trata-se de utilizar palavras que complementem o tema principal e nos façam entender do que se trata um determinado conteúdo. As inteligências artificiais presentes nos mecanismos de busca atuais têm como objetivo emular a habilidade cognitiva humana na análise de elementos típicos de nossa experiência. Dessa forma, não é a repetição das palavras importantes que fará o conteúdo ser importante, mas o arranjo de palavras que participam desse tema, aquelas que comumente aparecem ao se tratar dele. Pense nisso!

Vou explorar mais o tema conteúdo e seus recursos no respectivo capítulo. Mas antes precisamos entrar nas questões relacionadas com tecnologia.

TECNOLOGIA

Premissas de SEO, relacionadas com o desenvolvimento, programação e infraestrutura de websites

INDEXAÇÃO

A indexação é importante para busca orgânica, pois o mecanismo de busca saberá que seu site existe. É o ato de armazenar em seu sistema as páginas dele!

O robô conhecerá as regras de engajamento com as páginas do site, ou seja, o que não deve ser indexado e quais são as URLs disponíveis para a indexação, mediante instruções contidas no robots.txt. Creio que o básico, para qualquer analista de SEO em formação, é entender como ela ocorre.

Parece-me conveniente começar um capítulo sobre o pilar de tecnologia falando sobre a indexação, pois muitos dos problemas que vi na minha vida profissional, como analista de SEO, se originaram na hora do mecanismo de busca acessar e tentar indexar o site.

Não se engane ao achar que basta colocar o site no ar e tudo acontece. Há uma série de medidas que precisam ser tomadas para que os bots (robôs) do mecanismo de busca possam entrar e avaliar o site. Para entender esse conceito, explicarei primeiro do que se trata a recuperação de informações.

Recuperação de informação

Como escrevi em meu livro em 2010 (FORMAGGIO, 2010), ao falar de busca, falo em **recuperação de informação**, ou seja: uma informação que deve ser recuperada em um sistema de informação, um site, um banco de dados ou até mesmo em um mecanismo de busca (o Google, por exemplo). Russel e Norving (2004, p. 813) definem a recuperação de informações como "a tarefa de encontrar documentos relevantes para as necessidades de informações de um usuário", o que leva a crer que, acima de tudo, um sistema como esse deve possibilitar uma boa experiência para o usuário. Ainda seguindo a esteira dos autores citados, um sistema como esse pode ser caracterizado por:

a. Exibir uma coleção de documentos, seja por meio de páginas ou parágrafos.

b. Possibilitar consultas relacionadas à linguagem da consulta. Nesse caso, a possibilidade do usuário utilizar operadores booleanos ou simples palavras-chave.

c. Classificar e imprimir na tela resultados relevantes para o usuário.

d. Apresentar um conjunto ordenado de resultados por títulos, descrições e outros dados importantes para a experiência do usuário.

Temos então os nossos mecanismos de busca, que organizam e indexam em seus bancos de dados as informações disponíveis nos sites, especificamente em suas páginas, de modo que se tornem passíveis de ser encontradas por usuários na busca por palavras-chave relacionadas.

Um site possui um conjunto de páginas. São documentos requisitados através de um protocolo HTTPS pelo agente, que pode ser um robô ou navegador de Internet, por exemplo.

Um agente, segundo Russel e Norving (2004, p. 6), "é simplesmente algo que age", mas que, do ponto de vista da informática, espera-se que possa reconhecer seu ambiente, executar ações autônomas e fazer aquilo que foi programado, diferenciando-se um pouco de softwares convencionais. O ambiente do agente, por sua vez, pode ser tratado como seu ambiente de atuação. No caso de um *spider* de um mecanismo de busca, seu ambiente é toda a web. O agente do mecanismo de busca deve conseguir perceber seu ambiente (RUSSEL; NORVING, 2004).

A busca orgânica é realizada através dos robôs, agentes que vasculham os sites da Internet e também são conhecidos como *crawlers*, *spiders*, *bots*, entre outros nomes. Gosto de chamá-los de "robôs", na maioria das vezes, quando me refiro a esses agentes. Os robôs andam de site em site (através de links), compactam e indexam (armazenam em seu índice) no seu banco de dados as páginas dos sites que visitaram, classificando-as por palavras-chave relevantes em determinados contextos.

Há alguns elementos básicos, descritos por Langville e Meyer (2006), em mecanismos de busca baseados em robôs, como:

- **Módulo Crawler**: responsável por acessar as páginas e levá-las até o módulo de armazenamento.

- **Armazenamento de páginas**: onde as páginas ficam armazenadas até partirem para o processo de indexação.

- **Módulo indexador**: gera uma versão compacta de cada página.

- **Módulo de pesquisa**: nele, a linguagem e a metodologia utilizadas no processo de indexação serão convertidas em um resultado.

- **Módulo de classificação**: responsável pela classificação das páginas perante as pesquisas realizadas.

É claro que essa estrutura trata de um modelo conceitual, e não necessariamente terá compromisso com os atuais e avançados sistemas de busca com inteligência artificial e aprendizado de máquina.

Dessa forma, o mecanismo de busca deve obter as páginas de um site através de um processo no qual classificará e disponibilizará o conteúdo em suas páginas de resultados orgânicos.

No caso dos resultados orgânicos, robôs são responsáveis pela indexação e organização das informações. Não há nenhuma influência financeira para essa classificação, ao contrário dos links patrocinados, para os quais é realizado um leilão de palavras-chave, baseado em lances e outros fatores (Google e Bing, por exemplo, possuem sistemas de anúncio com leilão).

São raros hoje os casos de sites que o Google não conhece ou para os quais não há caminhos (links de outros domínios). Contudo, em casos de novas empresas, é necessário que seja feita a requisição de indexação de novos domínios através da URL https://www.google.com.br/intl/pt-BR/add_url.html.

Robots.txt

É importante definir as regras de engajamento do site antes de iniciar a indexação. Para isso, temos um recurso importante que se chama `robots.txt`.

Alguns sites possuem áreas e páginas em que não há interesse, ou há até mesmo restrição, quanto à sua visibilidade. Imagine o caso de um sistema interno que não pode ser mostrado, por exemplo. Não é interessante que sua página de *login* seja conhecida nos resultados de busca. O mesmo pode acontecer em relação a uma pasta de arquivos temporários de um servidor, onde são armazenadas páginas montadas através de pesquisas realizadas por um usuário na busca interna do site, além de outros possíveis motivos.

Há um recurso que visa bloquear essas áreas (diretórios e pastas), para não serem indexadas pelos mecanismos de busca. Trata-se de um arquivo conhecido como `robots.txt`, o Robots Exclusion Protocol, ou seja, "protocolo de exclusão de robôs", que deve ser localizado na raiz do website, como mostra o exemplo a seguir.

Exemplo de URL completa com o Robots:

> https://www.pcgamerfantastico.com.br/robots.txt

Exemplo de especificação `robots.txt`:

```
User-agent: *
Disallow: /search/
Sitemap: https://www.pcgamerfantastico.com.br/sitemap.xml
```

O `robots.txt` exemplificado trata do bloqueio do diretório "/search/". Além disso, ele mostra ao robô o caminho para o `sitemap.xml`, no qual é possível encontrar as URLs de todas as páginas importantes do site (veremos ainda neste capítulo).

O User-Agent serve para especificar para qual mecanismo de busca será válida a regra. No caso do seu preenchimento com um asterisco (*), as regras serão habilitadas para todos os robôs.

O Disallow serve para especificar qual diretório ou páginas não devem ser indexados pelos robôs.

É possível especificar no `robots.txt` para quais robôs vale determinada regra. No exemplo a seguir, o `robots.txt` explica qual a regra para o robô do Google e depois para todos os outros:

```
User-agent: Googlebot
Disallow: /
User-agent: *
Disallow: /Search/
```

No exemplo, o robô do Google não irá indexar nenhuma página do site e os outros robôs não irão indexar somente o diretório "/Search/".

Na instrução a seguir, a regra restringe o acesso do robô de imagens do Google a todas as áreas do site e, para os demais robôs, somente ao diretório "/Search/":

```
User-agent: Googlebot-Image
Disallow: /
User-agent: *
Disallow: /Search/
```

Alguns cuidados:

- Quando criar regras específicas para algum robô, tome o cuidado de primeiro escrever as regras específicas e depois as regras gerais.

- Coloque sempre um espaço depois dos dois-pontos (:).

- Ao especificar a regra para alguma pasta, não se esqueça de fechar com a barra (/). Por exemplo, caso coloque somente "/ins", sem a barra, alguns robôs podem entender que não deverão indexar os diretórios com nomes que iniciam com "ins" como "/instrumentos", "/instrucoes", arquivos com nomes iniciados em "ins", entre outros problemas.

Como medida de segurança, páginas que você necessita bloquear, pode fazê-lo via meta *tag* "noindex".

Trata-se de uma alternativa ao uso do robots.txt, afinal esse documento é o primeiro lugar onde algum hacker mal-intencionado pode procurar por diretórios de extranet, pastas, subpastas, entre outros locais importantes, para ataques e invasões. Para evitar isso, basta colocar a meta *tag* dentro do <head> da página a ser bloqueada, como no exemplo a seguir:

```
<head>
...
<meta name="robots" content="noindex">
</head>
```

Perceba que o atributo name="robots" refere-se a todos os robôs dos mecanismos de busca, já o atributo content="" indica qual o comportamento esperado. Os valores desta última podem ser:

noindex, follow	Não indexa a página, mas segue todos os links da página
index, nofollow	Indexa a página, mas não segue os links da página
noindex, nofollow	Não indexa a página nem os links

Sendo assim, o robô não irá indexar as páginas que possuírem metainformação com as regras definidas anteriormente.

> **IMPORTANTE:**
>
> No caso de páginas ou locais que não devem ser acessados pelo grande público, é recomendável que o bloqueio da indexação e do acesso seja realizado diretamente no servidor. Um analista de infraestrutura pode auxiliar na implementação de medidas adicionais para garantir a segurança de pastas e documentos sigilosos.
>
> É importante ressaltar que o controle de acesso deve ser configurado adequadamente no servidor, utilizando recursos como autenticação, permissões de arquivo e criptografia, para garantir a proteção dos dados sensíveis.

Sitemap.xml

O `sitemap.xml` é um protocolo de indexação. Como comentei no meu primeiro livro (FORMAGGIO, 2010), ele tem como objetivo mostrar ao robô os caminhos para as principais páginas de um site. Principalmente no caso de grandes portais ou quando o site tem problemas na estrutura que dificultam a passagem dos robôs dos mecanismos de busca, será um protocolo muito importante.

Os robôs de mecanismos de busca como o Google e o Bing utilizam os links de um site para que a navegação se torne viável. Mas principalmente no caso de sites como os citados anteriormente com grandes estruturas, ele é de grande valor.

Alguns CMS mais modernos já possuem em seu sistema mecanismos de sitemaps.xml que formam automaticamente as páginas desse protocolo, para garantir que os mecanismos de busca encontrem todas as suas páginas, mesmo aquelas que estejam órfãs. O protocolo não garante que todas as páginas do site serão posicionadas por alguma palavra-chave importante e serve apenas como um caminho que vai garantir que todas as páginas do site serão encontradas (FORMAGGIO, 2010).

Também é importante comentar que, se uma das páginas ficar fora do ar no momento da entrada do robô, será impossível para o agente realizar seu trabalho, mesmo com esse recurso. E isso acontece com frequência em alguns sites com problemas nos servidores. Ou seja, o robô do mecanismo de busca entra no site, acessa o sitemap.xml e começa a entrar nas primeiras páginas, até que o site fica fora do ar. É necessário que analista se atente sempre para esse tipo de problema, através de alertas que podem ser vistos por meio de ferramentas de monitoramento.

O desenvolvimento do sitemap.xml é feito com tags XML. Trata-se de uma extensão chamada de Extensible Markup Language, conhecida como uma linguagem de marcação, utilizada para estruturar e organizar dados de forma hierárquica.

Ela foi projetada para ser legível tanto para humanos quanto para máquinas. Embora seja mais usada para definição de protocolos, caminhos, lista de dados, estruturas etc., é amplamente utilizada para representar e trocar informações de forma estruturada na web. Um documento XML consiste em etiquetas (tags) que definem os elementos e seus relacionamentos.

Recomenda-se que seja utilizada a chamada padrão para a versão do XML utilizado, junto ao seu encoding, que deve ser UTF-8. Veja a seguir um breve exemplo da anatomia deste documento.

```xml
<?xml version="1.0" encoding="UTF-8"?>
<urlset xmlns="http://www.sitemaps.org/schemas/sitemap/0.9">
  <url>
  <loc>http://www.pcgamerfantastico.com.br</loc>
  <lastmod>2023-03-01</lastmod>
  <changefreq>monthly</changefreq>
  <priority>0.8</priority>
  </url>
</urlset>
```

A primeira tag a ser utilizada é a `<urlset>`. Ela é responsável por fazer o encapsulamento do arquivo e a referência ao protocolo (FORMAGGIO, 2010). O seu fechamento é feito com a inclusão de uma barra `</urlset>`. O mesmo deve ser feito para as demais tags.

Para informar o destino de uma página, basta utilizar a tag `<url>` e dentro dela a tag `<loc>`, como no exemplo anterior.

As tags a seguir também contribuem para informar o robô sobre os documentos que irá indexar (FORMAGGIO, 2010).

- `<lastmod>` data da última modificação da página.
- `<changefreq>` frequência com que a página é atualizada. Pode ser "always", "hourly", "daily", "weekly", "monthly", "yearly" e "never".
- `<priority>` a prioridade do documento é definida com valores que vão de 0.0 (menor prioridade) a 1.0 (maior prioridade). O valor-padrão para páginas de médio valor é 0.5. As páginas com maior índice de atualização e mais importantes do site precisam ter os maiores valores. No entanto, penso que isso não define diretamente o posicionamento de um website nos mecanismos de busca.

Exemplo de sitemap.xml para um e-commerce:

```
<?xml version="1.0" encoding="UTF-8"?>
<urlset xmlns="http://www.sitemaps.org/schemas/sitemap/0.9">
<url>
    <loc>http://www.xptovarejo.com.br/</loc>
    <lastmod>2023-03-21</lastmod>
    <changefreq>monthly</changefreq>
    <priority>0.8</priority>
</url>
<url>
    <loc>http://www.xptovarejo.com.br/eletronicos</loc>
```

```
        <lastmod>2023-03-21</lastmod>
        <changefreq>monthly</changefreq>
        <priority>1.0</priority>
    </url>
    <url>
        <loc>http://www.xptovarejo.com.br/eletronicos/notebooks</loc>
        <lastmod>2023-03-21</lastmod>
        <changefreq>monthly</changefreq>
        <priority>0.5</priority>
    </url>
</urlset>
```

Alguns cuidados devem ser tomados, principalmente, no caso de caracteres especiais. É necessário utilizar escape, no caso de alguns caracteres, como mostro na tabela a seguir (FORMAGGIO, 2010):

Caractere		Escape
"E" comercial	&	&amp;
Aspas simples	'	&apos;
Aspas duplas	"	&quot;
Maior que	>	&gt;
Menor que	<	&lt;

Você também pode compactar o sitemap quando for necessário. De fato, isso acontece bastante em grandes e-commerces. Eles fazem a utilização do Gzip, um formato de compactação oriundo de movimentos de software livre, que faz a compressão necessária, em grandes volumes de dados.

O arquivo compactado não deve ultrapassar 50 MB ou mais de 50.000 URLs. Se o site for realmente grande e o analista perceber que isso acontecerá, ele pode criar um índice (sitemap_index.xml) para alocar diferentes sitemaps. Eu noto que sites de e-commerce, por exemplo, fazem isso, dividindo o site em categorias, cada uma com o seu respectivo sitemap compactado.

Alguns CMS fazem esse índice, também, sem fazer a compactação, somente para organizar melhor o protocolo:

```xml
<?xml version="1.0" encoding="UTF-8"?>
<?xml-stylesheet type="text/xsl" href="//diariodacienciadedados.com.br/wp-content/plugins/wordpress-seo/css/main-sitemap.xsl"?>
<sitemapindex xmlns="http://www.sitemaps.org/schemas/sitemap/0.9">
    <sitemap>
        <loc>https://diariodacienciadedados.com.br/post-sitemap.xml</loc>
        <lastmod>2023-06-08T00:40:48+00:00</lastmod>
    </sitemap>
    <sitemap>
        <loc>https://diariodacienciadedados.com.br/page-sitemap.xml</loc>
        <lastmod>2023-02-28T20:25:49+00:00</lastmod>
    </sitemap>
    <sitemap>
        <loc>https://diariodacienciadedados.com.br/category-sitemap.xml</loc>
        <lastmod>2023-06-08T00:40:48+00:00</lastmod>
    </sitemap>
</sitemapindex>
<!-- XML Sitemap generated by Yoast SEO -->
```

Nesse exemplo, do blog Diário da Ciência de Dados, o plugin de WordPress, Yoast SEO, inicia o índice com uma tag específica para esse tipo de sitemap, o `<sitemapindex>`, para que seja possível que o mecanismo de busca o entenda como tal.

> **Dica: para saber mais sobre o protocolo sitemap.xml, procure mais informações no site:**
> `http://www.sitemaps.org/protocol.php`

O analista pode utilizar ferramentas como o `https://www.xml-sitemaps.com`, um excelente recurso para gerar esse protocolo, principalmente para sites que não possuem um mecanismo de atualização automática do `sitemap.xml`.

Tome cuidado para não cometer alguns erros que sempre encontro quando vou avaliar um sitemap, como (FORMAGGIO, 2010):

a. Erro de compactação, em que o mecanismo de busca não consegue descompactar o seu sitemap, por algum problema na hora de fazer a compactação. Minha recomendação nesse caso é baixar o sitemap compactado e tentar descompactá-lo.

b. Erro na redação de tags XML, em que é utilizado um valor não conhecido pelo protocolo.

c. Valores de data e outros atributos não conhecidos pelo padrão.

d. URLs inválidas por não serem utilizados os caracteres adicionais para especificar caracteres não alfanuméricos (que não têm especificação UTF-8), como expliquei anteriormente.

Caso esteja tudo correto, basta inserir o sitemap no Google Search Console, para que o Google comece a fazer o rastreamento das páginas do site.

O Bing também possui uma ferramenta parecida para que o analista possa submeter seu sitemap, o Bing Webmaster Tools.

Ferramentas para webmasters

Os mecanismos de busca disponibilizam ferramentas para webmasters, que auxiliam a compreender como um site é visualizado por eles, identificando potenciais erros e problemas. Tanto o Google quanto o Bing oferecem essas ferramentas, que apresentam funcionalidades semelhantes. Neste livro, vou abordar o Google Search Console em detalhes, mas recomendo aos leitores que também instalem o Bing Webmaster em seus sites, especialmente quando estiverem envolvidos em projetos de SEO.

Google Search Console

Talvez esse seja um dos recursos mais valiosos presentes para o analista de SEO. A ferramenta, que no passado se chamou Google Webmaster Tools, passou por várias atualizações ao longo do tempo e certamente ainda sofrerá muitas modificações. Mas mesmo depois de alguns anos mantém a sua essência.

O Google Search Console, também conhecido pelos analistas como GSC, é uma ferramenta que lhe possibilita verificar métricas de busca orgânica, importantes para o dia a dia do SEO.

Através do GSC eu já descobri, em sites de clientes, problemas que poderiam causar muito dano, comprometendo sua indexação e capacidade de gerar negócios. É por isso que faz parte da minha rotina, e da minha equipe, verificar com uma periodicidade razoável os avisos emitidos pela ferramenta.

Por muito tempo (principalmente nos primeiros anos dela), esta foi a única ferramenta que o analista de SEO tinha à disposição. No início, ela até fornecia informações sobre punições e outros problemas que mesmo naquela época ainda não eram tão bem conhecidos pelos profissionais.

Com o GSC, hoje, é possível realizar uma série de análises importantes para mensurar a evolução da otimização do site e seus resultados.

Instalação do GSC

A instalação do Google Search Console é simples, como todas as ferramentas do Google.

Para instalar a ferramenta siga os seguintes passos:

- Entre na página inicial do GSC (https://search.google.com/search-console/about) e faça seu login com sua conta do Google.

- Clique em Adicionar propriedade.

- A ferramenta apresentará uma tela para que você insira o endereço do site que vai administrar. A tela terá duas opções, sendo possível fazer a inclusão do site através de domínio, assim como trabalhar com todos os subdomínios do endereço principal ou prefixo de URL somente para as páginas do endereço definido, não incluindo subdomínios etc.

- Depois basta escolher o método de validação.

Para o caso da validação de **propriedade de domínio**, é necessária a validação por DNS, o único tipo de validação para esse caso. Para esse método, é preciso que você ou o administrador do site inclua um arquivo TXT com um código de validação no painel do domínio.

Esse método deve ser utilizado quando o analista quer rastrear o domínio e todos os seus subdomínios.

A validação por DNS também pode ser feita no caso de propriedade de **Prefixo de URL**, meu método predileto. Nesse caso o GSC vai rastrear somente as URLs do endereço cadastrado.

Para a validação de **Prefixo de URL** também é possível fazer a validação por:

- Arquivo HTML, sendo necessário incluir na raiz da pasta do site um arquivo fornecido pelo próprio Google Search Console, com a chave de validação.

- Tag HTML que será colocada no HTML da página inicial do site.

- Através do Google Analytics, no qual é necessário que você tenha a permissão para edição da propriedade na ferramenta.

- Ou pelo gerenciador de tags do Google onde é necessário ter permissões para publicação de contêineres.

Esses métodos de verificação são necessários, uma vez que configurações críticas podem ser realizadas através do GSC. Dessa forma, o Google precisa ter a certeza de que a pessoa fazendo a configuração está autorizada a operar o controle de indexação do site.

Indicadores de cliques e impressões

Um dos dados mais importantes a serem analisados no Google Search Console são de impressões e cliques. Quando um usuário busca por uma palavra-chave no mecanismo de busca, vários resultados aparecem. Isso é a impressão, ou seja, se o seu site apareceu nessa listagem, significa que ele foi impresso na busca por uma palavra. Sendo assim, a quantidade de impressões corresponde à quantidade de vezes que o site apareceu na busca por uma palavra-chave.

Se o usuário vê o seu site impresso na listagem e entra na respectiva página que está sendo exibida, isso conta como um clique. Logo, cliques correspondem à quantidade de vezes que o site apareceu e foi "clicado". Isso é importante, pois através desses dados será calculado outro indicador, o CTR, ou Click Through Rate, conhecido como taxa de cliques, a proporção de usuários que clicam na página em relação aos que visualizam. A fórmula é:

(Número de cliques / número de impressões) * 100(%)

Para encontrar os dados de cliques e impressões, no menu principal, vá até **Desempenho > Resultados da pesquisa.**

*A tela apresenta um gráfico onde é possível fazer
um comparativo entre as frequências.*

Observe que o Search Console apresenta as frequências para cada uma das métricas apresentadas. Assim, é possível que o leitor faça sua análise e busque por possíveis anomalias[11]. Uma vez, em um cliente, percebi haver um problema quando comparei as linhas de total de impressões e cliques. Tratava-se de um site com poucas páginas (institucional) e duas ou três concentravam para si a maior parte do tráfego. No Google Analytics (GA), notei que o tráfego havia caído razoavelmente. Quando fui investigar no GSC, vi que os cliques também haviam caído, mas as impressões não. No estudo realizado, para entender o motivo, constatei que algo tinha sido feito nos títulos e descrições, que o Google usa para formar seus resultados. O que antes tinha uma descrição chamativa, interessante ao usuário, passou para um trecho do conteúdo (em breve falarei mais sobre títulos e descrições) sem atratividade, diminuindo o CTR.

//

11   Aqui me refiro à anomalia no sentido da estatística, ou seja, comportamentos gráficos fora do padrão com elevações ou declínios expressivos. Quando isso acontece no gráfico, deve ser investigada a causa, para entendimento desse comportamento. Entre as causas mais comuns, estão problemas no próprio site e mudanças nos algoritmos de busca.

Quando fizemos o ajuste para os conteúdos desses elementos, tudo voltou ao normal. Mas é importante dizer que foi a análise através do GSC que colaborou para que algo pior não acontecesse.

Remoção de URLs ou links duvidosos para o seu site

Em anos de trabalho com SEO já vi sites ganhando e perdendo posicionamento devido a links que apontavam para eles. A verdade é que muitas vezes o analista luta para conquistar links de outros sites para o seu (vou me aprofundar sobre nos próximos capítulos) e dá pouca atenção para os links que já apontam para o seu site. Isso é perigoso. O Google Search Console permite que você elimine esses links duvidosos.

Outra função importante é a remoção de URLs do seu site que você não deseja mais que estejam nas SERP[12]. Às vezes, por questões e marketing ou imagem, o administrador do site pode solicitar essa remoção através de **Indexação > Remoções**.

Encontre problemas e erros no momento da passagem do robô pelo site

Ao tentar indexar um site, o mecanismo de busca pode encontrar problemas que impeçam a correta inspeção de algumas URLs. É sempre bom lembrar que o ato mais importante de qualquer evento de SEO é a indexação; sem ela nada acontece.

Tenho visto muitos casos semelhantes, nos quais problemas com a passagem do robô pelas páginas do site foram identificados e seus respectivos dados enviados pelo Search Console.

//

12 Search Engine Result Pages, em português, páginas dos resultados de busca.

Ele pode exibir problemas relacionados com:

- Erros 404, ou seja, páginas que não foram encontradas.
- Redirecionamentos.
- Páginas excluídas por recursos de não indexação, como o robots ou meta tags noindex.
- Páginas que foram rastreadas, mas por algum motivo não foram indexadas no momento.

A maior parte desses itens pode ser encontrada em **Indexação > páginas**.

Também pode haver problemas de experiência para o usuário no site.

Avaliar a experiência que os usuários estão tendo no site

Isso tem sido um grande diferencial, pois noto que sites com uma experiência ruim em dispositivos móveis[13] não possuem bons posicionamentos por palavras-chave. Para o caso de dispositivos móveis, no menu principal, clique em **Experiência > Facilidade de uso em dispositivos móveis**. Você verá informações sobre possíveis dificuldades que o mecanismo de busca encontrou em algumas páginas.

//

13 É importante que o leitor entenda que, para muitos sites, a maioria das visitas é oriunda de dispositivos móveis. Na verdade, dos sites nos quais administro programas de SEO, mais de 50% do tráfego deles vem desses dispositivos. É extremamente importante que o leitor considere sempre uma otimização universal (focada em desktop e mobile), mas privilegie aquilo que a audiência pede.

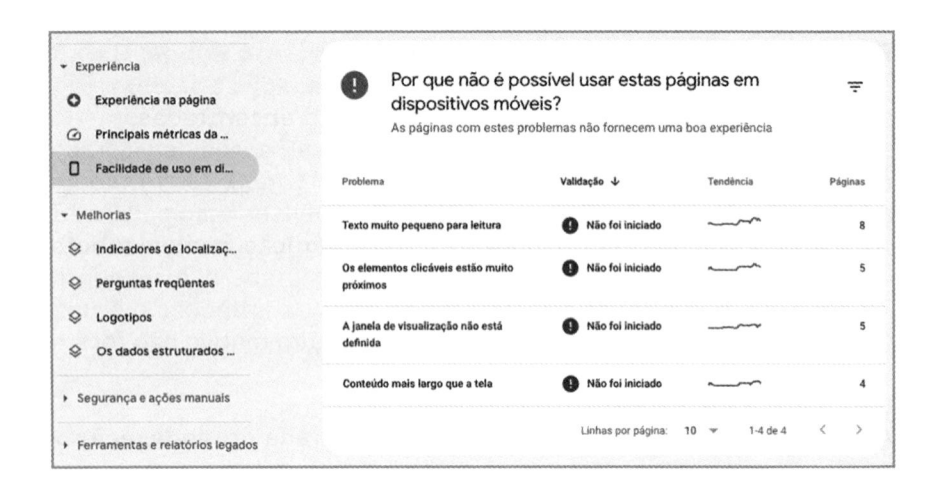

Problemas encontrados pelo mecanismo de busca e reportados através do Google Search Console.

Como mostra a imagem anterior, o robô do mecanismo de busca relata problemas que podem prejudicar a navegação mobile. Considere que muitas pessoas acessam sites através do celular, e que em muitos casos o espaçamento de itens clicáveis e tamanhos de fontes prejudicam bastante a experiência do usuário. São problemas que podem ser resolvidos com a ajuda de um profissional de UX, que propõe melhorias para os elementos da versão do site para dispositivos móveis. Recomendo que você faça isso.

O SEO é uma área multidisciplinar, então não recomendo que fique preso somente em suas análises e peça a ajuda de profissionais especializados. A sua missão, como analista, é constatar o problema e propor soluções, mas nem todas as soluções precisam ser suas!

Controle da indexação do site

O Google Search Console também vai permitir que você tenha um controle da indexação do site. **Com ele você pode analisar a quantidade de URLs indexadas e não indexadas**. Para isso, no menu principal, vá em **Indexação > Páginas**.

Por trabalhar com SEO desde 2007, eu já vi muitos casos envolvendo o GSC, e em alguns deles a verificação constante da ferramenta, alertas e uma rotina de processo de análise salvaram sites à beira da desindexação.

- **Desindexação**: aconteceu comigo uma única vez (uns bons anos atrás) um aviso de desindexação. Tinha iniciado o atendimento um cliente, com problemas de visitas no site, ou seja, pouco tráfego. Mas ele não tinha a explicação de aquilo acontecer. Ao entrar na ferramenta, o GSC, percebi que havia um aviso, relatando técnicas abusivas que envolviam a tentativa de manipulação do algoritmo. O cliente usava o que chamávamos de *doorway page*[14]. Na época, isso podia funcionar por algum tempo, mas depois o mecanismo de busca detectava e realizava as devidas punições. Na ocasião, tiramos o recurso abusivo do site e tudo voltou ao normal. Atualmente, o Google não emite mais avisos claros como esse. Talvez por não querer revelar o que ele pode detectar ou não.

//

14 A técnica consistia em entregar um conteúdo pré-carregamento da home, visto somente pelo mecanismo de busca, com conteúdo e links ricos em palavras-chave.

- **Problemas antigos**: tive acesso ao Search Console de uma empresa e fiz uma verificação geral[15] da ferramenta. Na parte de indexação, encontrei um sitemap.xml que parou de ser processado anos antes. A lição aqui foi que, em alguns casos, você pode encontrar problemas antigos que causam efeitos até a presente data da análise, e com isso entender um pouco do que aconteceu e da história do site.

Envio de sitemap

Quando se trata de indexação, algo inteligente a se fazer é enviar o sitemap.xml para mostrar ao mecanismo de busca onde estão todas as suas URLs. Através do **menu principal > Indexação > Sitemaps**, já encontrei muitos erros em sitemaps de sites que eu estava trabalhando.

É importante que você insira o endereço para o sitemap no Google Search Console, pois assim ele fará o rastreamento e emitirá avisos caso existam erros. Se tudo estiver certo, é mais uma garantia que o Google encontrou todas as URLs do seu site. Para isso, no menu de Sitemaps, basta inserir o endereço dele em Adicionar um novo sitemap e clicar em enviar.

//

15 Sempre que tiver acesso ao GSC de um site, faça essa verificação geral. Trata-se de ir passando pelo menu da ferramenta, anotando problemas em um documento que pode ser um .doc, .txt, planilha etc., e assim, já tomar o conhecimento da situação. Sempre navegue por essas ferramentas abertas e faça anotações; elas o ajudarão a montar avisos, relatórios e e-mails informativos. Faça prints para anexar esses documentos, guarde tudo em uma pasta organizada com suas anotações, imagens, auditorias, do respectivo site. Essa coleção de documentos será importante durante o programa de SEO daquele site.

Você pode configurar alertas de e-mail, para o caso de problemas

Através do sino no canto superior direito da ferramenta, você verá algumas mensagens-padrão que o Search Console envia. São mensagens relacionadas com o aumento de tráfego, problemas, páginas detectadas, entre outros recados que o Google considera importante.

Clique em **configurações do usuário**, ao lado esquerdo do sino, e depois em preferências de e-mail. Dê um check no ativar notificação por e-mail, para receber as informações e *insights*.

Note que o Google sempre faz melhorias de usabilidade adicionando novas funcionalidades ao GSC. Aqui eu apresentei algumas das funcionalidades mais importantes e que mais uso no meu dia a dia.

Sempre instale o Google Search Console no site em que você fará o programa de SEO. Depois faça a integração dele com o Google Analytics, para que seja possível combinar os dados e, através de ambas as ferramentas, analisar os dados de busca orgânica.

Inclusão no Google Analytics

Uma ação importante que não deve ser esquecida é a inclusão do Google Search Console no Google Analytics. Para isso basta que o analista tenha acesso ao administrador da conta da ferramenta.

A utilização do Google Analytics para visualizar dados de origens de tráfego é muito ampla e útil para determinar sucesso de projetos, campanhas e consolidação de estratégias de negócios. Com a chegada do Google Analytics 4 (GA4), algumas formas de exibição de dados mudaram um pouco, podendo ser necessárias adaptações em alguns relatórios enviados ao cliente. A seguir vou mostrar algumas informações úteis sobre a visualização de dados de busca orgânica no GA4.

Por trabalhar muito tempo com SEO, na versão antiga do GA (o Universal Analytics), o meu menu predileto era o de aquisição. Não que eu não desse atenção aos outros, mas, em razão do meu trabalho, para mim acabou sendo rotina ligar o computador, abrir o Google Analytics e buscar, através do menu de aquisição, os dados de busca orgânica.

Houve um tempo em que era possível visualizar dados de palavras-chave no GA, ou seja, por quais palavras-chave as pessoas chegaram ao site. Mas depois do *not provided*[16], isso só foi possível através do Google Search Console, no qual você pode analisar cliques, impressões e o posicionamento por algumas palavras.

Fazendo a integração

Quando o GA integrou o Search Console, esse recurso também virou uma rotina de análise para mim na ferramenta.

Antes de tudo, é preciso que o GA4 e o Google Search Console estejam na mesma conta do Google para fazer a vinculação. Para isso, faça os passos a seguir:

1. No GA4, vá até o menu lateral, clique em Administrador (tem o ícone de uma engrenagem) e na janela seguinte em Vinculações de produtos.

2. Depois cole o endereço do site, da propriedade associada ao Google Search Console.

3. Ele vai pedir para que você escolha a conta associada.

4. Selecione o fluxo desejado.

5. Revise se está ligando a propriedade certa com o fluxo correto e clique em Enviar.

6. Caso o Google Search Console não apareça automaticamente em Relatórios, basta ir até o menu Biblioteca, encontrar o Search Console na aba Coleções e clicar em Publicar.

//

16 Trata-se de um termo utilizado no Google Analytics para descrever o tráfego de pesquisa orgânica no qual a palavra-chave utilizada pelo usuário não é exibida nos seus relatórios. Antes dessa medida, que foi implementada em 2011, o GA mostrava a palavra-chave.

Palavras-chave orgânicas

Com o Search Console dentro do seu GA4, será possível observar alguns dos dados captados com a ferramenta. Um deles, é sobre as palavras-chave em que seu site está tendo impressões e cliques.

Para saber as palavras que mais geram tráfego no site, basta ir ao menu Relatórios > Search Console > Consultas, no qual é possível encontrar as palavras-chave em que seu site está aparecendo.

Eu gosto de fazer um filtro entre palavras oriundas de marca e as que não são. Isso é importante porque trato as palavras-chave oriundas de marca como outra categoria de palavras, afinal elas remetem a uma espécie de busca navegacional. Por outro lado, palavras relacionadas com seus produtos e serviços podem ser de característica informacional, transacional ou navegacional.

Buscas navegacionais são aquelas em que, ao pesquisar pelo nome de uma marca, se espera encontrar, praticamente, um único resultado. Por exemplo, às vezes você quer entrar no site de sua rede social favorita, mas não salvou o endereço. É muito mais prático você buscar por ela no Google e clicar no link, certo? Além disso, essa própria característica de busca navegacional faz com que o resultado do site por esta pesquisa acabe ganhando mais cliques e impressões.

Já as buscas informacionais remetem à característica de procura por informações, por exemplo: *"qual é o melhor notebook?"*, *"quais os 5 melhores teclados?"*, entre outras formulações, ou seja, praticamente um pedido de opinião ou informação perante um produto.

As buscas transacionais são aquelas em que o usuário já pode ter feito algumas pesquisas informacionais e, assim, estar mais perto do que ele realmente quer. Por que "já pode ter feito"? Pois esse processo não é linear.

Sendo assim, eu tendo sempre separar essas categorias de palavras-chave em relatórios PPT ou no Looker Studio[17].

Bing Webmaster Tools

O Bing Webmaster Tools é uma ferramenta de webmaster da Microsoft, responsável pelo mecanismo de busca Bing. É uma ótima opção, com funcionalidades muito parecidas com a do concorrente Google Search Console.

Instalando a ferramenta

Para instalá-lo basta entrar em https://www.bing.com/webmasters e clicar no botão Entrar, no canto superior direito.

1. Uma janela será aberta para que você insira uma conta Microsoft, Google ou Facebook.

2. Após escolher a conta, terá duas opções, sendo que a primeira é importar os dados de sites do Google Search Console, e a segunda, inserir um site manualmente. Se você já tem sites no GSC, faça a importação, é bem mais fácil. Basta dar as permissões de sua conta Google e ele irá adicionar todos os sites que você administra no painel do Webmaster Tools.

3. Caso queira, basta incluir manualmente, adicionando a URL do site.

4. Após isso irão aparecer opções de incluir um arquivo XML, no servidor do site, usar uma meta HTML ou adicionar um registro CNAME ao DNS. Opções bem semelhantes ao GSC.

---

17 O Looker Studio é um software para criação de dashboards e relatórios do Google. Ele tem uma integração muito boa com toda a suíte de ferramentas da empresa, como planilhas, Google Analytics, Google Search Console, Google Ads etc. É uma excelente ferramenta de visualização de dados, usada amplamente no mercado.

Relatórios e informações importantes

Na página inicial, temos indicadores de desempenho de pesquisa com dados como cliques, impressões, CTR médio, posição média, dentre outros.

Em um dos seus cards, temos Relatórios de SEO, que mostra problemas com tags, atributos, entre outros, rastreados pelo robô de indexação da ferramenta.

O menu também conta com:

- Desempenho de pesquisa — além dos dados de cliques, impressões e CTR, ele mostrará as palavras-chave que mais oferecem visibilidade e tráfego para o site, além do posicionamento.

- Inspeção de URL — aqui o analista pode testar uma página específica para observar se o Bing já a indexou e se existem problemas relevantes para serem resolvidos.

- Explorador do site — com dados sobre as URLs, impressões e cliques de cada uma, além de informações sobre quando foi descoberta pelo mecanismo, o tamanho do documento, o código HTTP (200, 302, 301, etc), entre outras informações relevantes para o analista de SEO.

- Mapas do site — é possível enviar um sitemap (igualzinho no GSC) e também verificar o status dos que já foram enviados.

- IndexNow — uma lista das URLs mais recentes enviadas ao Bing.

- Envio de URL — o analista pode enviar URLs manualmente para o Bing. Ele também oferece o recurso de automatizar o envio por API, o que pode ser muito útil para sites gigantes!

O leitor deve estar percebendo que a ferramenta é muito semelhante ao seu concorrente mais famoso, no entanto ele tem recursos muito interessantes. Um exemplo é a Pesquisa de Palavras-Chave. Essa tela ajuda o profissional a entender a relevância de algumas palavras-chave utilizadas em seu site.

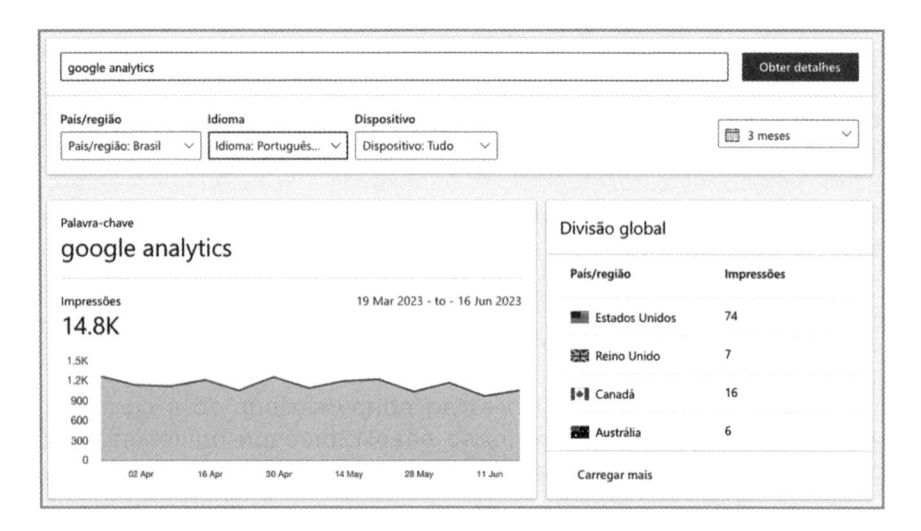

Pesquisa pela palavra-chave "google analytics"

Note que ele mostra o número de impressões pela palavra-chave no Brasil (filtro aplicado), além de dados de outros países. A ferramenta também mostra palavras-chave relacionadas, que o analista pode considerar na pesquisa de palavras (que falarei mais adiante).

Esse é um dos recursos que eu mais gosto de utilizar no Bing Webmaster Tools.

Nas versões mais novas do sistema operacional Windows, o Bing já vem como padrão de mecanismo de busca. Ele tem se mostrado um competidor importante no mercado, principalmente por ser a solução de busca padrão no sistema da Microsoft.

Recomendo que o analista acompanhe as estatísticas referentes a esse mecanismo de busca no Google Analytics e utilize a solução Bing Webmaster Tools para analisar os dados de indexação, posicionamento e páginas, além de outras informações fornecidas pelo robô desse sistema.

URLS

O planejamento da estrutura de URLs em um site é de grande importância, uma vez que elas expressam uma parte do conteúdo. Uma organização clara e informativa colabora diretamente para uma boa navegação e indexação por parte dos mecanismos de busca. Sendo uma referência importante para como o conteúdo está organizado, é importante que esse artefato transmita o conteúdo da página, bem como uma unicidade da informação disposta.

Alguns desenvolvedores optam por utilizar estruturas parecidas com pastas hierárquicas, como no exemplo a seguir.

    www.pcgamerfantastico.com.br/categoria/
    subcategoria/produto

    www.pcgamerfantastico.com.br/roupas/masculinas/
    camisetas

Esse tipo de organização é comum ainda em algumas plataformas de e-commerce, pois facilita expor ao usuário o "caminho de pão", ou seja, onde ele está, quando se trata da navegação do site.

Por outro lado, a URL pode ficar extensa, o que atrapalha a sua própria exibição como conteúdo na página de resultados do Google (SERP[18]), como mostro no exemplo a seguir:

//

18 Search Engine Results Page, ou página de resultado dos mecanismos de busca, é a página que o usuário recebe depois de realizar uma pesquisa. Diferente de alguns anos atrás, essa página oferece muitas opções de exibição de resultados, como texto, imagens, mapas, vídeos, entre outras. Recomendo sempre que seus projetos de *snippets* de resultados na página tenham como foco chamar a atenção para o clique, mas, acima de tudo, entenda o que faz com que a persona do seu negócio não clique em um ou outro resultado.

> **Precisando de Roupas Masculinas? Encontre tudo o que precisa na XPTO**
> Roupas Masculinas. Encontre Camisetas, Camisas, Shorts, Cuecas, Meias e mais. Tudo em 6X no Cartão e com Frete Grátis para Sul, Centro Oeste e Norte.
> www.dominio.com.br/categoria/.../produto-codigo-34854737 - Cached - Similar -

URL com excesso de caracteres.

Recomendo sempre uma versão mais simplificada da URL, com no máximo 70 caracteres, deixando a fluidez do caminho de navegação para outros recursos. Além de uma URL mais focada no real motivo da página, haverá garantias de que todo seu conteúdo será exibido nas SERP. Exemplo:

```
www.dominio.com.br/roupas-masculinas
```

Não se esqueça de utilizar palavras-chave que auxiliem o usuário a entender o tema da página, que estejam diretamente relacionadas com o conteúdo.

Use separadores com hífen, para as palavras e não tenha uma categorização muito ampla da URL, dividindo-a por barras, imitando a profundidade da navegação. Isso vai deixar a URL muito grande e você terá problemas na página de resultado.

URLs dinâmicas

Outro ponto para se comentar, nesse sentido, é **evitar o uso de URLs dinâmicas**, quando possível, ou pelo menos bloqueá-las quando necessário. URLs dinâmicas são aquelas oriundas de buscas, que acabam sendo utilizadas pelo administrador do site como um link. Alguns sites possuem sistemas de busca que formam URLs como:

```
www.pcgamerfantastico.com.br/
pesquisa?cat=placamae&sub=asus
```

Isso não é problema. O problema é quando um logista, por exemplo, decide criar uma categoria, mas em vez de seguir o processo-padrão da plataforma de e-commerce, simplesmente a cria através de uma URL de busca. Ou seja, faz uma pesquisa dentro do site e usa a URL proveniente dessa busca para criar um link no menu.

Eu já vi casos em que o logista fez isso e, depois de um tempo, se deu conta do erro e montou uma categoria, da forma correta. Ele deletou o link antigo, mas se esqueceu de fazer um redirecionamento da URL antiga para a nova. Ou seja, ficou com duas URLs, com o mesmo conteúdo = conteúdo duplicado.

> **ATENÇÃO!**
>
> Evite conteúdo duplicado sempre. Faça uma inspeção no site, periodicamente, atrás do problema. Algumas ferramentas como o Semrush, Screaming Frog, dentre outras, podem fazer essa análise de forma muito eficiente e entregar ao analista informações sobre onde estão ocorrendo essas duplicações, para que o profissional aplique as medidas necessárias.

Canonização de URLs

Um problema que pode ocorrer em sites de e-commerce, principalmente, é a variação de filtros por produto, que geram novas URLs. Por exemplo:

```
www.camisetafantastica.com.br/camiseta-basica
www.camisetafantastica.com.br/camiseta-basica?cor=amarela
www.camisetafantastica.com.br/camiseta-basica?cor=vermelha
```

Não há praticamente nenhuma mudança além da cor. Ou seja, o usuário entrou na página para ver um produto, selecionou uma cor através de um filtro e recebeu uma URL diferente, com o mesmo conteúdo, só que com uma imagem do produto com uma cor diferente.

O recurso que pode ser utilizado aqui é `rel=canonical`.

Para usá-lo, determine qual é a versão da página que você deseja definir como canônica. No caso do exemplo anterior, será a URL:

www.camisetafantastica.com.br/camiseta-basica

Será necessário adicionar o que chamamos de tag canônica no código HTML das páginas que geram a variação da primeira, na tag `<head>`. Por exemplo, na variação camiseta-basica?cor=amarela (e todas as outras), será adicionado o código a seguir:

```
<head>
<link rel="canonical" href="https://www.camisetafantastica.com.br/camiseta-basica">
...
</head>
```

Há uma recomendação que essa instrução seja colocada sempre antes de qualquer tag `<link>`. Portanto, se possível, faça dessa forma.

Não esqueça que tanto o link do `rel=canonical` quanto qualquer outro link precisa sempre contar o endereço completo com HTTPS, domínio etc. Faça sempre um teste desses links, para ver se estão corretos, de modo que a indexação não fique prejudicada.

Protocolo HTTPS

As URLs também contêm informações relacionadas à segurança, como o protocolo HTTPS. Ele indica que há uma preocupação clara com a preservação dos dados que trafegam por aquele site. Segundo a Wikipédia[19] trata-se de um protocolo de transferência seguro:"[...] é uma implementação do protocolo HTTP sobre uma camada adicional de segurança que utiliza o protocolo SSL/TLS. Essa camada adicional permite que os dados sejam transmitidos por meio de uma conexão criptografada e que se verifique a

//
19   https://pt.wikipedia.org/wiki/Hyper_Text_Transfer_Protocol_Secure

autenticidade do servidor e do cliente por meio de certificados digitais". Há uma relevância natural na utilização desse recurso, uma vez que a segurança é um assunto importante quando se trata de manipulação de dados e principalmente em meio às exigências da LGPD[20]. Além disso, o próprio Google se preocupa em entregar aos usuários sites seguros[21]. Sendo assim, recomenda-se que todo site que tenha interesse em figurar nos resultados mais relevantes das SERP, bem como oferecer uma experiência segura aos usuários, faça uso desse protocolo.

> **FIQUE ATENTO:**
>
> É muito importante criar regras no servidor que tratem tentativas de acesso de URLs sem o HTTPS, contendo somente a versão sem a camada de segurança. Para esses casos, deve ser implementado um *redirect* 301 para o protocolo correto.

Unicidade de informações

Unicidade de informação trata de algo que é único, singular. O que acontece é que o mecanismo de busca, ao encontrar conteúdos iguais com URLs diferentes, pode tratá-los como uma duplicação. Muitos especialistas afirmam que o Google, por exemplo, aplica penalidades ao site nesses casos.

Tenho dificuldade de concordar com isso, afinal, em muitos casos, o administrador do site nem sabe que isso está acontecendo nem fez isso esperando algum tipo de benefício. Creio que o mecanismo de

---

//

20 Lei Geral de Proteção de Dados:http://www.planalto.gov.br/ccivil_03/_ato2015-2018/2018/lei/L13709.htm

21 https://webmaster-pt.googleblog.com/2015/12/indexacao-de-paginas--https-por-padrao.html

busca pode não atribuir relevância ao site que possui duplicações, mas não como uma punição.

Se o leitor fizer uma pesquisa, vai encontrar sites com a utilização de algumas URLs com www ou sem www. Não há um problema quando se opta por utilizar uma das versões, mas há um problema de fato quando o servidor do site entrega suas páginas para ambas.

Vou explicar melhor. "Entregar" significa que o servidor está enviando o código de status 200 para o agente (navegador, robô do mecanismo de busca, software de análise). O código 200 é como se o servidor dissesse ao agente:

> *Servidor: "Ok, eu tenho essa página, pode começar a fazer o download do seu conteúdo!"*
>
> *O mesmo caso pode acontecer com versões de URL com barra ou sem barra no final.*
>
> *domínio.com.br/categoria*
>
> *domínio.com.br/categoria/*
>
> *Servidor: "Ok, eu tenho essa página aqui, pode começar a fazer o download do seu conteúdo!"*
>
> *Robô de busca: "Hum, elas possuem o mesmo conteúdo, mas URLs diferentes, que site confuso... acho que vou ter mais trabalho aqui."*

É o mesmo cenário. Se o agente faz a requisição que entrega ambas as versões e o servidor responde 200 a elas, temos mais um caso de conteúdo duplicado.

Isso também vale para o HTTP e HTTPS. Caso o administrador do servidor não execute o redirecionamento, e seja entregue o código de status 200, teremos o mesmo problema.

Vamos imaginar um caso somente, no qual existem versões das URLs do site em HTTP e HTTPS. Ele possui 500 conteúdos. Se há a duplicação (duas versões da mesma URL), ele passa a ter 1.000

conteúdos. Uma duplicação grande. Não é raro ver esse problema em sites de e-commerce.

Mas, afinal, como resolver? Para isso, vou falar mais de códigos de status e protocolos.

Códigos de status

Códigos de status são a maneira que o servidor indica o sucesso ou problema ao se comunicar com o navegador. Quando requisitamos uma URL, esse pedido é processado pelo servidor, que "olha para a requisição" e entrega todos os itens necessários para montagem da página HTML. Fazendo uma analogia com o mundo real:

Agente: "Olá, preciso dessa URL, com esse conteúdo."

Servidor: "Claro OK! Já achei ela aqui, estou enviando agorinha para você."

A resposta do servidor é o que chamamos de 200 ou OK, como comentei anteriormente. Ou seja, o servidor diz que tem essa página, que a conhece, e vai enviá-la a você.

Redirect 301 — redirecionamento permanente

No caso de duplicação de URLs, em que temos o mesmo conteúdo em duas variações de URLs diferentes, é necessário existir um tratamento por parte do servidor. Que ele mostre ao agente qual o caminho seguir. Nesses casos, a melhor opção é o *redirect* 301 — permanente.

Esse redirecionamento é um dos mais importantes dentro do SEO, pois ele resolve problemas em uma escala inimaginável por algumas pessoas. Até o fim deste livro, você vai entender por quê. Sempre prefira o 301!

Sendo assim, para tratar o caso de URLs com versões como: com e sem www, http/https, com e sem barra no final, basta usar esse redirecionamento.

Exemplos:

```
https://www.domínio.com.br/categoria/ -> 301
https://www.domínio.com.br/categoria
http://domínio.com.br/categoria/ -> 301
https://www.domínio.com.br/categoria
https://www.domínio.com.br/categoria/ -> 301
https://www.domínio.com.br/categoria
```

O que acontece então é:

> *Agente: "Olá, preciso da página http://domínio.com.br/categoria/. Você a tem por aí?"*
>
> *Servidor: "Sim, tenho, mas vou entregar uma versão mais segura dela e também a sua exata localização, porque ela não deve ter essa barra no final. Vou redirecionar você, OK?"*

Logicamente, você não detalhará isso para cada uma das URLs. O analista pode pedir ao administrador que faça uma configuração no servidor em que o site está hospedado, considerando essas regras.

A configuração para o redirecionamento 301 no servidor apache[22] consiste em adicionar o código a seguir, no .htaccess, informar a URL antiga e a nova, para onde o usuário deve ser redirecionado: `Redirect 301 /antigo.php /nova-pagina.php`

Já vi casos em que tentam fazer esses redirecionamentos via programação, JavaScript, dentre outros métodos. Não recomendo. Conforme já vi, o redirecionamento é mais seguro quando é feito diretamente no servidor, como toda forma de tratamento de protocolos é sempre mais segura.

Fazendo isso você garantirá o tratamento das URLs, entregando ao mecanismo uma unicidade de conteúdo por meio de suas páginas.

//

22 Note que aqui se trata só de um exemplo. Dependendo da versão de servidor, pode haver variações nos métodos de redirecionamento.

Você pode encontrar sites com *redirect 302*, que são os redirecionamentos temporários. O próprio nome já diz, que não é definitivo, sendo assim mecanismos de busca tendem a não seguir esse tipo de redirecionamento. Então, inspecione as páginas do seu cliente, para avaliar se existem redirecionamentos temporários[23] e troque-os por definitivos (301). Uma forma de buscar páginas com redirecionamentos é utilizando ferramentas. No mercado existem várias, como o ScreamingFrog, Semrush, Moz, dentre outras que fazem o papel de automatizar análises de SEO, o que pode se tornar um trabalho muito exaustivo, principalmente em sites com milhões de URLs. Essas ferramentas podem rastrear o seu site e mostrar quais URLs têm esse tipo de problema, além de muitos outros, que vou comentar ao longo deste livro. A que eu gosto mais para esse tipo de trabalho é o Screaming Frog[24]. Ela tem versões desktop para MAC e PC, e opções free para o rastreamento de até 500 URLs. Ferramentas de automação de análise, como essas que eu comentei, também mostram outros protocolos importantes para quem trabalha com SEO, por exemplo: 200, 301, 302, 307, 404, 503, entre outros.

Mas como eu configuro o `.htaccess`?

O arquivo `.htaccess` é nada mais nada menos que um arquivo de configuração utilizado pelos servidores Apache. O termo "htaccess" significa Hypertext Access.

Ele permite que o administrador do site personalize várias configurações e regras específicas para um diretório sem precisar alterar o arquivo de configuração principal do servidor.

//

23 Existem casos raros nos quais faz algum sentido a utilização de redirecionamentos temporários. Mas foram poucas as vezes em que vi isso em minha carreira. Convém analisar caso a caso com o administrador do site, para entender melhor.

24 https://www.screamingfrog.co.uk/seo-spider/

Geralmente está localizado no diretório raiz do site, no servidor Apache. O diretório raiz é o diretório principal no qual todos os arquivos do site são armazenados.

Em muitos sistemas, como distribuições Linux, é comum ter um diretório chamado "public_html" ou "htdocs" dentro do diretório inicial do usuário, e esse diretório é considerado o diretório raiz do site. Recomendo que procure a pasta do site lá.

Quando encontrar a pasta do site, um cliente de FTP ou um painel de controle do servidor, procure pelo .htaccess.

Caso ele não exista, crie um arquivo chamado .htaccess[25] (com um ponto antes do nome) no diretório raiz do site ou na pasta em que deseja aplicar as regras de configuração. Depois, basta abrir o arquivo em um editor de texto (pode ser o bloco de notas do Windows). É necessário que o servidor web esteja configurado para permitir o uso do arquivo .htaccess. Isso pode ser feito no arquivo de configuração do Apache (httpd.conf) ou através do uso da diretiva AllowOverride (consulte isso com o administrador ou empresa de hospedagem).

> **ATENÇÃO:**
>
> Você, como profissional de SEO, deve conversar com o desenvolvedor ou administrador do servidor do site e instruí-lo de que são necessários alguns redirecionamentos, além de algumas regras de formação de URLs, como as comentadas anteriormente. Mas confesso que algumas vezes eu tive que fazer isso, para agilizar algum trabalho em benefício do cliente.

//

25 O analista pode contar com um gerador de arquivos htaccess como este: https://pt.rakko.tools/tools/28/

No exemplo a seguir, temos um exemplo de conteúdo de um arquivo .htaccess.

```
<IfModule mod_rewrite.c>
1 RewriteEngine on
2 # https com www
3 RewriteCond %{HTTPS} off
4 RewriteRule ^(.*)$ https://%{HTTP_HOST}%{REQUEST_URI} [L,R=301]
5 RewriteCond %{HTTP_HOST} !^www.(.*)$ [NC]
6 RewriteRule ^(.*)$ https://www.%{HTTP_HOST}/$1 [R=301,L]
7 # Arquivo de redirecionamento 301
8 Redirect 301 /antigo.php /nova-pagina.php
9 </IfModule>
```

Note que, no código anterior, temos algumas instruções importantes. Nas linhas 3 e 4, por exemplo, temos a instrução que obriga que exista um redirecionamento 301[26] para o HTTPS, no caso de uma tentativa de acesso via HTTP. Nas linhas 5 e 6, temos as condições para a canonização do www, ou seja, sempre que alguém tentar acessar o site com uma URL sem o www, será redirecionado para a versão canonizada. Na linha 8, temos o exemplo de um *redirect* 301, direto, de uma página para a outra.

Lembre-se de que o arquivo .htaccess afeta apenas o diretório em que está localizado e seus subdiretórios, por isso, se as instruções são para todo o site, deve ficar na pasta-raiz.

//

26 Vivenciei experiências em que pedi esse tipo de regra ao administrador do site, mas por algum motivo, quando fui testar o servidor, fazia o redirecionamento 302, não o 301. O que é um problema, afinal eu quero comunicar ao agente (robô de busca, navegador etc.) um redirecionamento permanente. Avisei o profissional que me auxiliava, até que ele conseguiu resolver o problema.

É importante tomar cuidado ao modificar o arquivo .htaccess. Erros de sintaxe ou configurações incorretas podem causar problemas no funcionamento e tornar problemático o trabalho do analista.

Recomendo que sempre faça *backup* do arquivo original antes de realizar alterações. Eu geralmente faço uma cópia no servidor, só que com outro nome, até terminar meus testes.

404 not found

Quando uma página não é encontrada pelo servidor, existem algumas possibilidades como: o usuário digitou uma página com o endereço errado; ela não existe mais; ou o link que direciona a ela tem algum problema de grafia. Se isso acontecer, o servidor responde com o código de status 404.

Existe um grande erro, que muitas vezes é cometido. Vou explicar melhor: quando o usuário requisitar alguma página que não exista, o certo é o servidor mostrar uma página personalizada com uma mensagem de erro e responder o código de status 404 (esse protocolo só é visível para o agente, no caso, o navegador).

Às vezes, quem desenvolveu o site programou o servidor para redirecionar (via 301 ou 302) para outra página com a mensagem de erro. Isso não é certo, pois o mecanismo de busca vai entender que aquela página mudou de lugar, não que ela não foi encontrada.

Então, lembre-se: **o certo é sempre entregar para o agente uma página de recuperação de erro com o código de status 404**. É possível montar uma página de erro personalizada.

A configuração no Apache é uma das mais simples que podem ser realizadas. No arquivo .htaccess, basta incluir a linha a seguir para que seja carregada a página personalizada:

```
ErrorDocument 404 /pagina-personalizada.html
```

Assim, o usuário recebe uma mensagem de erro ao acessar uma página não existente, seja através de um link quebrado ou de uma URL não existente, através da página personalizada de erro 404 e artefatos para se recuperar do erro.

Algumas empresas optam por páginas bem-humoradas, com imagens de cães, gatos, desenhos, em situações engraçadas[27]. Outras optam por páginas com mensagens mais formais, opções com links e um campo de busca para que o usuário possa realizar uma pesquisa.

503 Service Unavailable ou serviço indisponível

Trata-se de um problema no servidor, como sobrecarga, estar fora do ar, entre outros problemas.

Esse é um caso bem complicado em SEO. Imagine que você é o mecanismo de busca e está querendo indexar determinado site. Contudo, toda vez que tenta acessar as páginas do site, recebe como resposta que o serviço está indisponível. É como dar de cara com uma porta toda vez que tenta visitar alguém. Isso é um problema, e muito sério.

//

27 https://blog.hubspot.com/blog/tabid/6307/bid/33766/10-clever-website-error-messages-from-creative-companies.aspx

Eu já vi sites, muito bem feitos, com excelentes conteúdos e um grande investimento em desenvolvimento, mídia e tudo mais, perderem quantias enormes de dinheiro por problemas como esse. E aqui não falo só de SEO. Imagine que, para muitos negócios, a busca orgânica é somente uma das fontes de negócios. Que existem diversas outras, como a busca paga. Imagine a empresa gastando horrores com uma campanha, com links para o site, mas na hora de o cliente clicar no anúncio de uma campanha para iniciar sua navegação, o site está indisponível. Isso é bem preocupante.

O que percebo é que muitas vezes as empresas gastam muito dinheiro com desenvolvimento, marketing, conteúdo etc. — e isso não está errado —, mas calculam mal o tráfego que vão receber, possíveis problemas de segurança e *uptime*[28] do servidor que vai utilizar. Os sites podem ficar fora do ar devido a uma quantidade massiva de usuários requisitando as páginas do site. Lembre-se de que uma página não é um único documento formado de conteúdo textual. Se a página requisita arquivos .CSS, .JS, imagens, dentre outros arquivos, cada um desses é uma requisição no servidor. Um ensaio simples, só para explicar didaticamente: imagine que cada página necessita fazer dez requisições ao servidor para serem carregadas[29]. Agora, multiplique todas essas requisições para uma página, com 5 mil usuários. Já temos aí 50 mil requisições. Dependendo da configuração do servidor, é como se 50 mil pessoas estivessem tentando passar por uma porta. Isso leva a uma sobrecarga e faz com que ele pare de responder (código de status 503!). Também

//

28 O *uptime* do servidor é o tempo que ele fica operando no ar. Muitas empresas de host, que alugam servidores para que as empresas possam hospedar seus sites, prometem 99% de *uptime*, o que acaba fazendo com que o site raramente fique fora do ar. No entanto, o analista de SEO deve observar e monitorar essas quedas para que elas não prejudiquem a indexação e classificação do site nos mecanismos de busca.

29 Algumas são muito mais. Principalmente em se tratando de sites de e-commerce, monitorados por diversas tags, esse número pode crescer muito. Além disso, alguns sites apresentam artefatos como documentos .JS e .CSS em servidores externos, o que pode ser um fator de complexidade adicional.

é possível personalizar a página que avisa o usuário que o serviço está indisponível. Basta adicionar no .htaccess uma nova instrução:

```
ErrorDocument 503 pagina-indisponivel.html
```

Logicamente, não queremos que o site fique fora do ar, mas caso aconteça, será bacana ter uma mensagem personalizada.

Para testar o código de status que a página requisitada está entregando, o analista pode utilizar o Ayima Redirect Path[30], uma extensão para o navegador Chrome, que será muito útil no dia a dia.

DOMÍNIO

Se você tem um site, tem um domínio, e ele é uma parte muito importante não somente do seu site, mas do seu negócio.

O domínio, o endereço principal do site, carrega a sua marca e provavelmente a intenção de busca do usuário. Muitos domínios, por exemplo começam com "loja", "restaurante", "pizzaria", "papelaria", "farmácia", enfim, palavras que remetem ao principal objetivo funcional do negócio. Mas isso é necessário? Na minha opinião, não nos dias de hoje.

Antigamente, no SEO, eu percebia uma relevância maior em domínios com palavras-chave. Hoje não vejo isso. O usuário pode não necessitar de uma palavra-chave do domínio para compreender o que é a marca em questão.

A cognição humana não exige que, em um shopping, as lojas tenham nomes com palavras-chave. As pessoas conseguem identificar do que se tratam os negócios só olhando para as lojas e suas vitrines. Algo parecido acontece na web.

//

30 Mais informações sobre a extensão: https://www.ayima.com/*insights*/*redirect*-checker.html

Outro fator importante é que, no passado, algumas pessoas utilizavam de domínios com a palavra-chave para obter alguma vantagem nos resultados de busca. Aí o Google foi endurecendo cada vez mais a observação de critérios de posicionamento, impedindo que esse tipo de situação ocorresse.

Mas os domínios não são menos importantes. Na minha visão eles atraem e carregam a reputação do negócio. Um domínio bem escolhido, com um bom nome, pode alcançar resultados de negócios além dos esforços de SEO. E isso tem muito a ver com a marca.

Mas qual os cuidados que eu preciso ter na hora de escolher um domínio?

Verifique a história do domínio. Punições anteriores podem prejudicar o seu negócio. Vi isso duas vezes na minha carreira. Em um dos casos o cliente estava iniciando um negócio e encontrou um domínio que continha sua marca, que por sinal também era uma palavra-chave para aquilo que vendia. Antes de ele colocar o site no ar, fui pesquisar o passado do domínio e percebi que já tivera sofrido várias punições no Google.

Como fiz isso? Não existe uma receita exata. Mas primeiramente busquei no cache do Google para ver a última versão do site abrigado por aquele domínio. Não tinha nada.

Para saber o cache do domínio, basta digitar o seguinte comando no Google Chrome:

```
cache:www.dominio.com.br
```

Existem ferramentas de idade do domínio. Eu fiz uma pesquisa e notei que o domínio era antigo. Fiquei pensando "por que alguém desistiria de um domínio antigo?", já que era um fator importante para profissionais da época.

Para saber a idade de um domínio, o analista pode utilizar o protocolo Whois. A pesquisa dessa informação consiste na seguinte linha de comando, tanto para o prompt de comando do Windows quanto o terminal do Mac OS:

```
whois www.dominio.com.br
```

Será possível encontrar diversas informações sobre o domínio, proprietário, data de criação, dentre outras informações.

Por um acaso do destino, na época, resolvi fazer o mais simples. Eu participava de algumas listas e fóruns de discussões, e com frequência as pessoas comentavam sobre punições que alguns sites haviam sofrido. Fiz uma pesquisa na caixa de pesquisa do fórum e — bingo! O domínio tinha sido desindexado do Google, na época, por técnicas abusivas do proprietário.

A minha recomendação é: investigue, avalie, não tome decisões precipitadas. Você pode encontrar bons domínios antigos a serem usados, como também pode investir em novos domínios. Por que não? O seu projeto de SEO precisa se adaptar à realidade do mercado.

Eu já participei de projetos em que novas marcas estavam nascendo e, com elas, novos domínios. Não há problema nenhum nisso.

Acredito que, em geral, as normas empresariais prevalecem sobre as boas práticas de SEO, e creio que este é um momento bom para falar disso também.

Case da marca de meias

Uma vez participei de um projeto no qual a marca de meias não queria que usássemos a palavra "meia", ao chamar o produto dentro do site, mas queria se posicionar por essa palavra-chave. A marca queria que o consumidor citasse o nome dela quando quisesse meias — algo parecido com a Apple e o Iphone, em que as pessoas não dizem "meu celular", e sim "meu Iphone", ou como o caso das lâminas de barbear, frequentemente chamadas de Gillette. Interessante, não? Trata-se de uma regra de negócio importante, que deve ser respeitada.

Houve um tempo, no mercado brasileiro, que todas as lojas de e-commerce que vendiam geladeiras escreviam "refrigerador" em seu conteúdo. Alguns mal mencionavam a palavra "geladeira" em qualquer trecho de texto.

Na época, nós e o cliente tínhamos consciência do trabalho de marca que precisava ser feito, para as pessoas associarem "meias" ao nome da marca. E com alguma negociação, conseguíamos colocar pedaços de texto dentro das páginas com alguma menção a "meias" para que o mecanismo de busca entendesse que aquele domínio, com o nome da marca, era sobre uma marca de meia. E deu tudo certo.

O novo domínio, com o tempo, foi ganhando relevância; um grande trabalho de marca, conteúdo e SEO foi executado. Depois de um tempo, a marca atingiu seus objetivos para o público-alvo.

O que foi necessário? Uma grande conversa. Quando o analista de SEO tem que lidar com uma situação como essa, é preciso ter habilidade de gestão de risco e de gestão de pessoas. O que eu quero dizer com isso? Que ele precisa entender quais os riscos de suas decisões.

O profissional de SEO deve conversar com o cliente para esclarecer o que pode acontecer, o tempo que as coisas podem levar, para que as regras de negócio, os resultados esperados e as ações estejam em conformidade. Isso é importante, para gerenciar as expectativas das pessoas. Eu já vi diversos empreendimentos fracassarem devido a expectativas mal gerenciadas.

HTML

O HTML (*HyperText Markup Language* — Linguagem de Marcação de Hipertexto) é muito confundido com uma linguagem de programação, o que é errado, embora muitas vezes programadores saibam manipulá-la e escrevê-la. Trata-se de uma linguagem de marcação utilizada para montar as páginas de um site.

Um documento HTML pode conter diversos elementos que caracterizam a página de um site, como imagens, texto, botões, links, vídeos e outros elementos relevantes. Também são considerados itens de estrutura e estilização das páginas. Podemos dizer que um documento HTML é dividido entre conteúdo e apresentação.

Os conteúdos são aqueles que o usuário visualiza e que são relevantes para ele, tais como textos, imagens e vídeos, que são indexados pelos mecanismos de busca.

Para a apresentação, teríamos diversos marcadores importantes, tags, de parágrafo, títulos, links, além de elementos de estilização como o CSS e comportamento JS. Eles organizam o conteúdo nas páginas do site, de modo que fiquem agradáveis para a leitura.

O CSS (.css) é o *Cascading Style Sheets*, conhecido, popularmente, como documento ou folha de estilo. Ele tem regras para cores, espaços, fontes, entre outros atributos importantes para a identidade da página. Em um passado recente, toda a estilização era realizada por meio das tags HTML, mas com o tempo isso foi mudando, o que tornou o desenvolvimento de páginas web mais organizado e com uma manutenção mais inteligente, afinal, se quisesse mudar a cor dos títulos de 200 páginas, sem o CSS o desenvolvedor teria que passar por todas elas mudando a cor diretamente na respectiva tag de título. Com o CSS isso mudou, pois só é necessário mudar a regra para títulos no documento.

Por sua vez, o JS é um componente de comportamento que acaba por ativar recursos importantes como abertura de menus, trocas de imagens, entre outros que deixam o site e suas páginas mais dinâmicas.

Os códigos HTML, que auxiliam na organização visual do conteúdo, têm uma função crucial para a melhoria da experiência do usuário, além da organização estrutural da página. Através das tags HTML é possível mostrar títulos, subtítulos, links, imagens e fornecer acessibilidade ao usuário.

Tags importantes do HTML

Não faz parte deste livro ensinar sobre HTML, que por si só é tema para um livro inteiro. Há diversos autores competentes no mercado que escrevem há anos sobre as versões de HTML, boas práticas de codificação, dentre outros pontos relevantes, mas quero mostrar, pelo menos, algumas tags relevantes que o analista precisa conhecer e inspecionar nas páginas.

Na minha carreira, estudei muito sobre HTML, JS, CSS, pois frequentemente me deparava com reuniões nas quais precisava explicar para profissionais de *front-end*[31] sobre a aplicação de SEO em alguns cenários importantes e como precisava da ajuda deles para adequar o site às boas práticas que eu recomendava. Sendo assim, para que o analista possa debater em pé de igualdade com esses profissionais e tomarem juntos boas decisões, recomendo o estudo deste tema.

<head>

Esta tag apresenta o cabeçalho da página. Dentro dela ficam as tags de título da página e metadescrições. Ela não aparece para o usuário.

Em sua estrutura também ficam as chamadas para folhas de estilo e JavaScript, além de outras metainformações adicionais.

<title>

É o título da página. Geralmente o mecanismo de busca utiliza o conteúdo desta tag para formar o título do resultado de busca nas SERP (*Search Engine Results Page*). Recomenda-se que não tenha mais de 60 caracteres (contando espaços) no conteúdo. Geralmente alguns CMS[32] possuem espaços para a inserção de conteúdos dessas tags; nesses casos, basta tomar cuidado para inserir a quantidade de caracteres necessária. Recomendo também incluir um conteúdo que contribua diretamente para que o usuário tenha interesse pela página, assim, ao atrair cliques no mecanismo de busca, eles serão considerados visitas dentro do site. Se o primeiro conteúdo do site é o que está presente na tag title, pense em algo atrativo, que tenha a palavra-chave relacionada ao produto. Você pode pensar em uma fórmula como:

//

31 Desenvolvedor front-end é o profissional responsável por montar a interface gráfica do site, utilizando HTML, CSS, JS, entre outros recursos.

32 CMS é a sigla para content management system ou simplesmente sistemas gerenciadores de conteúdo.

```
<title>chamada para a ação + palavra-chave</title>
<title>Você buscou por Geladeira Frost Free?</title>
<title>Encontre Geladeira Frost Free com Desconto</title>
```

Caso o CMS não tenha um campo para inserir o conteúdo dessa tag, fale com o desenvolvedor do site, para que ele possa incluir manualmente ou crie esse campo.

É importante dizer que alguns gerenciadores de conteúdo possuem regras para a formação de títulos automáticos, caso não sejam customizados. Muitas vezes, essa automação pode ultrapassar o número de caracteres recomendados e, dessa forma, prejudicar a exibição nas SERP.

<meta name="description" content="">

Esa meta tag[33] comporta o conteúdo com o resumo de cada página, por isso recomenda-se que seja sempre customizada para cada página. Mas por que meta tag? Pois fornece pequenos trechos de informações sobre as páginas que podem ser usados por robôs (como o Google), que por sua vez transformarão esses dados em *snippets*[34] de resultados em buscas, redes sociais etc. No caso das meta descriptions, recomenda-se um máximo de 150 caracteres e uma descrição importante da página.

```
<meta name="description" content="chamada para a ação + palavra-chave + produto + promoção + praça">
<meta name="description" content="Precisando de Geladeira Frost Free? Veja a variedade de Refrigeradores das Marcas: X, Z e W. Pague no pix com X% de desconto. Entrega em todo Brasil">
```

//

33 Conhecidas também como metainformações, metadescrições etc.
34 Aqui podemos entender *snippets* como trechos de informações ou descrições.

Note que na descrição anterior antes da chamada para a ação eu faço uma pergunta. Depois, na chamada para a ação, que começa com "veja", eu foco a possibilidade de marcas, um foco nos produtos que podem ser encontrados.

Nos anúncios desse tipo é recomendável alguma promoção. Neste caso, coloquei o desconto no pagamento por Pix, popular em várias promoções, o que é ótimo, pois o consumidor já espera encontrar isso. Por fim, determino a praça, ou seja, onde estou disposto a entregar, no caso, para todo o Brasil.

Da mesma forma que os títulos, as descrições podem ser colocadas nas páginas através de campos específicos nos CMS e também podem ser criados automaticamente.

<h1>, <h2> e outras heading tags

Tags de títulos e subtítulos são importantes para mostrar ao usuário a organização das sessões dos textos, principalmente naqueles que são longos demais.

Imagine que a leitura através do computador não é simples para os olhos humanos. Pense também em um texto sem uma divisão hierárquica, sem uma boa divisão entre as partes. Para o usuário, é como se ele estivesse olhando para uma parede.

Embora sejam úteis, recomendo utilizar estas tags com parcimônia para não poluir ou hierarquizar demais o conteúdo. Lógico que para textos maiores podem existir mais.

```
<h1>Título</h1>
<h2>Subtítulo</h2>
<h2>Subtítulo</h2>
<h3>Subtítulo</h3>
```

O segredo é buscar a agradabilidade para os olhos.

Erros possíveis:

- Já vi desenvolvedores colocarem a tag de H1 na logomarca da empresa, no site — recomendo utilizar só no conteúdo.

- Repetir o mesmo conteúdo em várias *heading tags* pelo site — isso é conteúdo duplicado.

- Uso exagerado da tag pode deixar a leitura "pesada" — procure temas importantes no tema principal e, assim, distribua subtítulos e parágrafos de forma fluida.

<strong>

Outro recurso importante para aquilo que eu chamo de usabilidade do conteúdo. Com esta tag você pode chamar a atenção no conteúdo, afinal seu direcionamento é para textos com maior importância. Graficamente, ela deixa os caracteres mais fortes e maiores visualmente.

Como as *heading tags*, esta deve ser usada quando realmente necessário. Pense que o uso é para destacar coisas importantes; se tudo é destacado com strong, o usuário não saberá o que é importante!

Esta tag geralmente fica dentro de tags de parágrafo:

```
<p>texto do parágrafo <strong>texto importante</strong> continuação</p>
```

<ul><ol>

A utilização de listas nos conteúdos pode ser muito útil principalmente quando você precisa destacar alguns passos dentro do conteúdo. Trata-se de um recurso que pode ser aproveitado em textos técnicos, explicativos, dentre outros.

A lista pode ser numerada ou não.

Não numerada:

```
<ul>
  <li>Texto</li>
  <li>Texto</li>
  <li>Texto</li>
</ul>
```

Resultado:

- Texto

- Texto

- Texto

Numerada:

```
<ol>
  <li>Texto</li>
  <li>Texto</li>
  <li>Texto</li>
</ol>
```

Resultado:

1. Texto

2. Texto

3. Texto

Na imagem a seguir, note que fiz a utilização da lista numerada com uma *heading tag* <h2> antes:

Medidas importantes

1. É necessário que existam planos e normativas para que sejam protegidos, para isso, a segurança precisa ser considerada na concepção do projeto de big data;
2. Mensuração e mitigação dos riscos. Entender os possíveis ataques e seus impactos ajuda a gerenciar os riscos e suas respectivas respostas. Digo que até a priorização da mitigação dos riscos será escolhida através daqueles que causam maior impacto estratégico;
3. Segurança física. A investigação de incidentes anteriores, em organizações e governos, pode ajudar no entendimento de quais os meios de segurança falharam e quais as medidas corretivas. Outras ameaças, como desastres naturais, a exemplo de terremotos, tempestades e alagamentos, devem ser consideradas. No caso, principalmente de governos, a probabilidade de atos de terrorismo, guerras, precisa ser analisada e medidas de proteção física, implementadas. Por exemplo, se a sede de inteligência de um governo fica em um local, seu data center precisa ficar em outro, imune a desastres naturais. Seu centro de backup precisa ficar em um local diferente também. Pode parecer uma preocupação excessiva, mas necessária;

Combinação de tags para melhorar a organização do conteúdo[35].

<img> e seus atributos

Imagens são extremamente importantes para a comunicação, principalmente em conteúdos que exigem a exploração de recursos gráficos para explicação de itens complexos, esquemas, ilustrações de determinadas realidades, exemplos etc.

Ajudar os mecanismos a entender o sentido de uma imagem pode colaborar para incluir seu conteúdo como relevante para algum tema.

//

[35] Texto originalmente publicado em: https://diariodacienciadedados.com.br/big-data-seguranca-da-informacao/

Em um site, você pode ter imagens oriundas do conteúdo e também da estrutura do site, como: menus, rodapés, da estrutura visual que dá identidade às páginas. Recomendo que essas imagens que formam e dão características importantes ao design do site sejam inseridas sempre via o CSS.

As imagens referentes aos conteúdos são aquelas, como comentei, que complementam o assunto tratado na página (em um site de e-commerce, por exemplo, será possível ver o produto e os seus detalhes). Elas devem fazer parte da estrutura do HTML principal, junto com o conteúdo textual e outros elementos de navegação.

No trecho a seguir[36], é possível perceber que a tag <img> declara no HTML: a) onde a imagem se encontra, através do atributo src, ou seja, o endereço de localização da imagem; b) qual é seu conteúdo, com o atributo alternativo alt — muito importante para o caso de o usuário utilizar leitores de tela e para o robô de busca entender do que se trata a imagem. Recomendo aqui uma descrição curta do que é a imagem; c) as dimensões que a imagem deve ocupar na página; d) além de informações relacionadas ao estilo que deve herdar dentro do CMS[37].

```
<img decoding="async" width="500" height="290"
alt="aghata um dos precogs" class="wp-
image-964 ls-is-cached lazyloaded" src="https://
diariodacienciadedados.com.br/wp-content/
uploads/2023/01/aghata-precogs.gif">
```

//

36 Originalmente publicado em: https://diariodacienciadedados.com.br/minority-report-analises-preditivas/
37 Alguns CMS possuem templates com diversos recursos de design, que por sua vez estabelecem regras de cores, posicionamento de elementos, entre outros recursos, a fim de estilizar o conteúdo.

Links <a>

Links são as estradas na internet, através dos quais os usuários navegam pelas páginas do site.

Os mecanismos de busca (com seus robôs) utilizam os links para navegar pelo site. Eles indexam todas as páginas do site, determinam relevância, conhecem a navegabilidade, usabilidade, entre outros aspectos.

Os links são formados por:

- `<a>` — tag que o identifica.

- `href=""` — o endereço do link.

- texto-âncora, conteúdo visível para o usuário, que fica entre as tags `<a>exemplo</a>` e seus atributos.

Considerando a importância dos links, é necessário que o analista de SEO tenha o cuidado de examiná-los para garantir que:

1. Os links sejam absolutos e não relativos. Ele deve conter o endereço completo da URL (ex: `href="http://www.dominio.com.br/pagina.html"`), e não somente o endereço da página (ex: `href="/pagina.html"`).

2. Que seja um link puro, não um javascript. É necessário que o link esteja visível no código, com todos os seus atributos necessários. Conteúdos como links, textos e imagens devem sempre ficar no HTML puro, não dentro de códigos JavaScript.

3. O texto-âncora precisa dar uma ideia sobre o tema do destino. Links como: clique aqui, veja mais etc., não são proibidos, mas aqueles que estão dentro de conteúdos e especificam o que o usuário vai encontrar funcionam melhor. É necessário que o usuário tenha uma pista do que ele vai encontrar. Ex: *Veja as dicas adicionais para essa configuração*; *Encontre mais modelos de relatórios*.

Validação do HTML

O HTML possui versões, que ao longo do tempo foram mudando, acompanhando a evolução dos navegadores. Sendo assim, é importante para que as páginas sejam carregadas corretamente nos navegadores modernos, que sejam validadas pela entidade que organiza os padrões HTML, CSS, dentre outros.

Não se trata de um fator de ranqueamento direto, mas de algo que irá colaborar para a experiência do usuário no site, uma vez que todos os elementos serão carregados corretamente, como foram projetados pelo profissional de *front-end*.

Para a validação, você pode utilizar o validador do W3C no endereço:

```
https://validator.w3.org/
```

Esse recurso pode ajudar a encontrar potenciais elementos HTML com erros, que podem prejudicar a visualização da página, por exemplo: tamanho de imagens não declarados, falta de fechamento de algumas tags, entre outros erros.

Por mais que o projetista de *front-end* tenha competência para elaborar um bom código, esse controle de qualidade é importante ser feito pelo analista de SEO.

Mas por que é importante que o analista de SEO conheça essas tags?

Você provavelmente vai ouvir algumas pessoas falarem de uma certa relevância que essas tags podem oferecer ao conteúdo e que os mecanismos de busca podem notar isso como algo importante, elevando o posicionamento das páginas do site.

Eu gosto de dizer que alguns desses recursos melhoram a visibilidade do conteúdo do site, permitindo uma leitura mais agradável, que o usuário encontre as informações necessárias, e que assim a sua experiência na página seja mais agradável.

Imagine que o mecanismo de busca entregue um resultado relacionado com aquilo que foi buscado, bem como uma experiência excelente. Este é o objetivo principal, afinal ninguém quer encontrar uma parede de texto na tela do computador. Veja a diferença:

Uma tag sozinha não fará com que o conteúdo seja bem classificado, mas o conjunto de vários fatores apresentados neste livro, associado a uma boa organização do texto, ajudará para que isso aconteça.

Dados estruturados

São dados utilizados por robôs e mecanismos de busca para que determinados elementos de conteúdos sejam classificados como determinados tipos de informações. Por exemplo: endereços, telefones, eventos, preços, imagens, entre outros.

Eles não garantem uma boa classificação no que se refere ao posicionamento do site nas listagens de busca, mas no que diz respeito ao tipo de informação apresentada. Ou seja, é uma espécie de classificação da informação, que mecanismos de busca como o Google ou Bing utilizam para melhorar a exibição na listagem nos resultados de busca.

Se o leitor fizer uma pesquisa por hotéis no Google, por exemplo, encontrará resultados com *rich snippets*, ou seja, *snippets* ricos em informações, como classificação de hotéis por usuários, entre outros dados que o mecanismo de busca estrutura para entregar ao usuário uma experiência excelente.

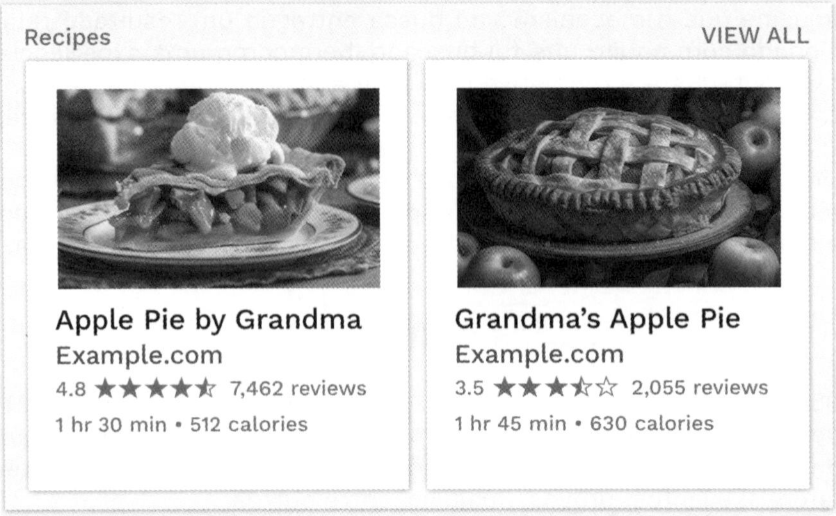

Exemplo de um resultado exibindo avaliações de clientes.

Para obter listas com maior riqueza de detalhes, o analista de SEO pode recomendar aos desenvolvedores do site que adotem a utilização de alguns dados estruturados.

Eu sempre recomendo como referência o schema.org, pois ele possui diversos tipos de vocabulários que podem ser utilizados para os mais diversos tipos de negócios, fazendo assim a estruturação de informações de modo que elas possam ser utilizadas pelo mecanismo de busca como referência para tipos importantes de informação.

Por exemplo, uma rede hotel quer colocar nas páginas dados sobre a localização dos seus hotéis pelo Brasil. Para isso, pode usar como referência os atributos contidos no http://schema.org/Hotel. Trata-se de uma espécie de microdado que pode ser bem utilizado para isso.

```
<div itemscope itemtype="http://schema.org/Hotel">
<h1 itemprop="name">Nome do Hotel</h1>
<div itemprop="address" itemscope itemtype="http://schema.org/PostalAddress">
```

```
<span itemprop="streetAddress">Endereço</span>
<span itemprop="addressLocality">Cidade</span>,
<span itemprop="addressRegion">Estado</span>
<span itemprop="postalCode">CEP</span>
<span itemprop="addressCountry">País</span>
```

Note que existem várias soluções em microdados que podem ser utilizadas para enriquecer os resultados e aplicadas no site. Para utilizar microdados em uma página HTML, basta pedir para o desenvolvedor incluir a marcação diretamente no código HTML, nos itens correspondentes às marcações de dados estruturados.

Um e-commerce, por exemplo, pode utilizar esse recurso para estruturar os dados das páginas dos produtos, fornecendo mais informações sobre o tipo de cada um dos dados.

Para a página de produto, os seguintes recursos servem como opções:

- http://schema.org/Product — para dados como nome, descrição, imagem

  ```
  <div itemscope itemtype="http://schema.org/Product">
  <h1 itemprop="name">PC Gamer Extremo</h1>
  <div itemprop="description">PC Gamer para jogos pesados e que exigem uma grande capacidade de processamento</div>
  ```

- http://schema.org/Offer — para informações sore preço, moeda

  ```
  <div itemprop="offers" itemscope itemtype="http://schema.org/Offer">
  <span itemprop="price">R$5225.99</span>
  <meta itemprop="priceCurrency" content="BRL" />
  ```

- http://schema.org/Brand — para definição da marca, entre outras informações

```
<div itemprop="brand" itemscope itemtype="http://schema.org/Brand">
<span itemprop="name">PC Gamer Fantástico</span>
```

Recomendo que o analista entre no schema.org e leia sobre os principais formatos utilizados de microdata. Eu os uso há anos. E como eu os recomendo aos meus clientes?

1. Primeiro analiso se o seu site utiliza algum tipo de microdata.

2. Caso não use nenhum, vejo quais os potenciais dados a serem estruturados através dessa ferramenta.

3. Em seguida busco, no schema.org, potenciais formas para taguear esses dados (como nos exemplos anteriores).

4. Envio essas instruções para o desenvolvedor que faz a manutenção do site do cliente, faço uma espécie de manual, com as informações que o tagueamento incluirá.

5. Depois de feito, testo esses dados através do https://search.google.com/structured-data/testing-tool.

Basta esperar que os mecanismos de busca comecem a reconhecer e utilizar esses recursos para produzir boas e atrativas listagens nas SERP.

VELOCIDADE E PERFORMANCE DE CARREGAMENTO

A velocidade de um site é importante pois colabora para que o consumidor tenha uma ótima experiência e possa realizar as atividades necessárias dentro do site.

Embora, atualmente, a velocidade das conexões de internet seja maior, e o poder de processamento de computadores, dispositivos móveis e servidores tenha aumentado, alguns sites acabam tendo tecnologias de carregamento mais eficientes, mas alguns elementos podem deixá-los pesados.

Pense na quantidade de imagens que uma vitrine de e-commerce possui. A diferença é que hoje, muitas vezes, a carga oferecida por esses artefatos não é sentida por conta de todas as evoluções na informática citadas.

Verdade seja dita, em alguns momentos o usuário pode não ter paciência. Uma página que demora mais para carregar, a falta de usabilidade e uma experiência desagradável farão com que o consumidor continue sua busca por outra opção.

Além das pessoas, também precisamos "agradar" o mecanismo de busca, que pode utilizar a velocidade de carregamento de uma página como um requisito importante para que ela seja ranqueada.

Para examinar se um site está com o carregamento de suas páginas nos limites do normal, é possível contar com ferramentas que automatizam parte dessa análise. Uma das minhas prediletas é o WebPageTest[38]. Trata-se de uma ferramenta que testa o carregamento em vários navegadores diferentes. Basta, na home da ferramenta, incluir o domínio, selecionar o navegador, região e iniciar o teste.

//

38 https://www.webpagetest.org/

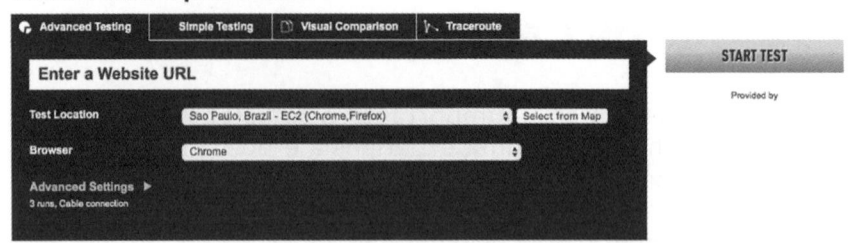

Configuração do teste no WebPageTest.

A ferramenta apresenta os dados resumidos e em detalhes, como em Waterfall View, em que são mostradas, em modo cascata, informações como início da conexão, tempo de *download*, dentre outras, que podem colaborar para a otimização da velocidade das páginas do site.

Essas ferramentas servem como apoio para entender o que prejudica diretamente o carregamento da página. Por exemplo, na imagem a seguir, é possível perceber que há diversas chamadas CSS e JS que consomem tempo relevante no total e que, se diminuídas, com linhas otimizadas no sentido de fazer uma limpeza de código[39], podem encurtar o tempo de carregamento da página.

//

[39] Muitas vezes, arquivos JS e CSS oriundos de CMS possuem diversas instruções, muitas delas nem utilizadas no site que está sendo inspecionado. Já encontrei inúmeros problemas desse tipo, e depois de uma boa conversa com desenvolvedores, resolveram trabalhar em soluções limpeza e otimização de código.

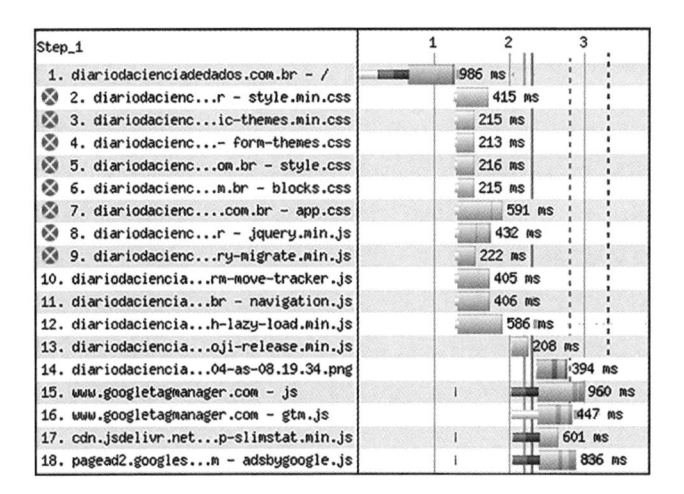

Step_1	1	2	3
1. diariodacienciadedados.com.br - /	986 ms		
2. diariodacienc...r - style.min.css	415 ms		
3. diariodacienc...ic-themes.min.css	215 ms		
4. diariodacienc...- form-themes.css	213 ms		
5. diariodacienc...om.br - style.css	216 ms		
6. diariodacienc...m.br - blocks.css	215 ms		
7. diariodacienc....com.br - app.css	591 ms		
8. diariodacienc...r - jquery.min.js	432 ms		
9. diariodacienc...ry-migrate.min.js	222 ms		
10. diariodaciencia...rm-move-tracker.js	405 ms		
11. diariodaciencia...br - navigation.js	406 ms		
12. diariodaciencia...h-lazy-load.min.js	586 ms		
13. diariodaciencia...oji-release.min.js		208 ms	
14. diariodaciencia...04-as-08.19.34.png		394 ms	
15. www.googletagmanager.com - js		960 ms	
16. www.googletagmanager.com - gtm.js		447 ms	
17. cdn.jsdelivr.net...p-slimstat.min.js		601 ms	
18. pagead2.googles...m - adsbygoogle.js		836 ms	

Chamadas CSS e JS exibida na visão waterfall do WebPageTest.

FIQUE ATENTO: Ao realizar testes nessas ferramentas, sempre inspecione modelos de páginas do site. Isso significa testar um exemplar de cada nível estrutural, como: home, categoria, subcategoria e página de produto.

A seguir, comento alguns itens importantes de verificação quando se trata de velocidade de carregamento:

- **Diminua o código HTML o quanto for possível**. Remova espaços e comentários, exceto caso sejam muito importantes — os arquivos podem passar por procedimentos, no próprio servidor, de minificação, onde os espaços e indentações são retirados para ficarem menores.

- Para **código JavaScript e CSS, reúna-os em arquivos externos** ".css" e ".js". Esta é uma forma de tirá-los das páginas do site e posicioná-los em arquivos externos, que serão baixados e mantidos no cache do navegador[40].

//

40 Contudo, isso não exclui o fato de que eles também precisarão ser otimizados, como comentei na nota anterior. Afinal, eles serão carregados, se o HTML fizer a chamada deles.

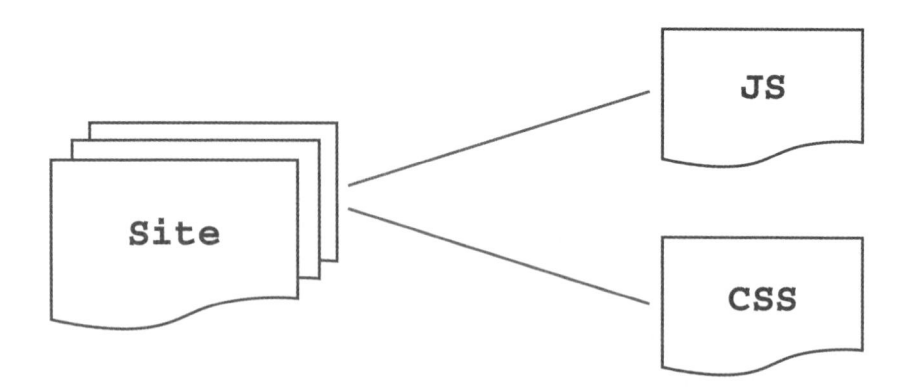

Páginas do site obtêm as instruções CSS e JS de arquivos externos (FORMAGGIO, 2010).

- **Cuidado ao exportar instruções CSS e JS** para não exagerar no número de chamadas. Cada chamada é uma requisição HTTP diferente, e cada requisição requer tempo para resposta e carregamento.

- **Diminuição de requisições HTTP**, pois segundo Steve Souders (2007) 10 a 20% do tempo de resposta ao usuário final envolve recuperar o documento HTML e os 80 ou 90% componentes restantes são imagens, scripts, dentre outros. Não se trata de comprometer as funcionalidades que esses elementos proporcionam, mas de incluir na empresa uma cultura em prol da otimização de recursos.

- Converse com especialistas em CSS e JS a fim de **buscar maneiras viáveis de otimização de código**. Sabe-se que há técnicas para diminuir o número de linhas de instrução em CSS e JS, dessa forma, o próprio arquivo independente também ficará mais rápido. Além disso, muitas bibliotecas prontas e modelos de WordPress, por exemplo, trazem consigo uma infinidade de recursos muitas vezes não utilizados.

- **A otimização de imagens também deve ser bem observada**, afinal, de todos os artefatos, é o que mais leva tempo para carregar. Pense em opções, principalmente em caso de sites de e-commerce, miniaturas e otimização de formatos e tamanhos de imagens. Em muitos casos, em programas de edição de imagens, é possível alterar uma imagem de 50kb para 40kb sem prejudicar a qualidade da visualização. Imagine a diferença que isso pode fazer em dez imagens em uma página.

- **Evitar redirecionamentos desnecessários.** Redirecionamento, no SEO, é um assunto que deve ser observado com muito cuidado, por particularidades como de popularidade/reputação, dentre outras. No caso de performance, excesso de redirecionamentos também podem ser prejudiciais. A dica é estudar e avaliar sempre o custo/benefício.

- **Redes de distribuição de conteúdo** também são úteis. Segundo Souders (2007), se os servidores estão perto do usuário, o tempo de resposta de uma requisição será menor. Outra vantagem desse tipo de planejamento é também a absorção de picos de tráfego devido a propagandas etc. Neste caso, é importante observar tanto a capacidade de processamento dos servidores principais quanto a de redes de distribuição de conteúdo.

- **O armazenamento de cache no navegador** pode ajudar para que o site tenha o carregamento das páginas mais rápido nos navegadores. Alguns servidores têm soluções que fazem esse cache automaticamente e, por sua vez, incluem regras de tempo, entre outras funções. Procure conversar com o responsável pelo host do site, para entender como são determinados os tempos de cache. Através do próprio WebPageTest, é possível ver quando há algum tipo de problema nessa função.

> **Leverage browser caching of static assets: 8/100** Learn More
>
> 1. FAILED - **(No max-age or expires)** - https://diariodacienciadedados.com.br/wp-includes/css/dist/block-library/style.min.css?ver=6.1.1
>
> 2. FAILED - **(No max-age or expires)** - https://render.consensu.io/js/chunk-527579db.31fe343b.js
>
> 3. FAILED - **(No max-age or expires)** - https://render.consensu.io/css/chunk-70761645.ed65fb00.css
>
> 4. FAILED - **(No max-age or expires)** - https://render.consensu.io/css/chunk-746e063b.ddfe4dd3.css
>
> 5. FAILED - **(No max-age or expires)** - https://render.consensu.io/css/chunk-74b64b4c.820aa580.css
>
> 6. FAILED - **(No max-age or expires)** - https://render.consensu.io/css/chunk-773d9d30.ed65fb00.css

Problemas de cache em uma inspeção realizada através do WebPageTest. Você pode encontrar esses dados, depois do teste realizado, no menu suspenso Optimization.

- No caso de alguns itens carregados nas páginas, há ainda uma opção adicional, além da otimização desses recursos, que é a **compressão de arquivos**. Você pode utilizá-la através do servidor, que automaticamente comprimirá os arquivos e oferecerá uma otimização adicional.

- **A otimização de banco de dados** também é um recurso interessante para aumentar a velocidade de carregamento do site. Imagine que da mesma forma que imagens, HTML e alguns tipos de arquivos são hospedados em servidores, também existem banco de dados que armazenam o conteúdo do site. O que ocorre é que alguns sites são muito grandes, possuem um imenso histórico de conteúdo, principalmente no caso de sites de notícias. Embora não seja um problema tão comum quanto dez anos atrás, ainda é possível encontrar alguns sites que demoram a carregar algumas páginas, em virtude da demora da recuperação daquela informação no banco de dados. Então, não é raro, atualmente, encontrar esse problema. Não é escopo desta obra falar sobre aspectos técnicos de banco de dados, mas a recomendação que fica é que o analista converse com o responsável por essa área no site que estiver analisando, para saber como ocorre o carregamento nas páginas e se há possibilidade de melhorar. Eu já encontrei sites que, mesmo depois de várias melhorias de carregamento, ainda demoravam muito para serem exibidos por completo no navegador e, por vezes, era exibido algum erro, com informação relacionada ao limite de tempo de carregamento; na maioria das vezes, isso significava problemas no servidor ou na recuperação daquelas informações no banco de dados.

- **Core Web Vitals**. Podemos entender que, entre várias definições para Core Web Vitals, uma das mais adequadas é que se trata de sinais de qualidade que irão otimizar a experiência do usuário. Tem alguns indicadores importantes como:

  a. LCP, *largest contentful paint*, que na prática mede o desempenho do carregamento. Essa métrica tem como parâmetro o carregamento da página dentro de 2,5 segundos após o início do seu *download*.

  b. FID, *first impute delay*, que mede o tempo de resposta do site a uma interação. Por exemplo, ao clicar em um link, em quanto tempo o site começa a responder — se o navegador continua carregando elementos, ou mesmo um JavaScript que carrega os comportamentos de botões não estiver ativo ainda, o tempo de resposta pode demorar.

  c. *Cumulative Layout Shift* (CLS), ou seja, quando um elemento na página muda de posição após uma interação com o usuário. Por exemplo, ao tentar clicar em um botão, o usuário clica em outro acidentalmente, em função de uma mudança de layout. Esses itens também podem ser examinados através do WebPageTest, no menu suspenso basta clicar em Web Vitals. Note, na imagem a seguir, que há alguns links no espaço inferior. Um deles, o View Video, mostra uma gravação do carregamento da página realizado no teste. Geralmente uso esse recurso para exemplificar, através de relatórios e reuniões, o problema de carregamento, principalmente em dispositivos móveis.

Resultado do teste e indicadores de Web Vitals.

A velocidade de carregamento é um requisito que impacta diversas áreas e profissionais, como você deve ter percebido. Eu indico sempre diálogo — ele é fundamental para você, que é analista de SEO, poder unir esses vários atores em prol de um objetivo. Aliás, esta é a vida do profissional de SEO, na minha visão; uma habilidade pouco comentada, mas que no fim das contas, quando bem utilizada, pode trazer resultados fantásticos para o negócio.

Destaques importantes:

- A velocidade de carregamento do site é um fator importante para a experiência do usuário.

- O https://www.webpagetest.org/ é uma excelente ferramenta para teste e verificação de indicadores de velocidade.

- É importante realizar o teste de todas as páginas ou pelo menos dos templates que representam sua estrutura (Home, categoria, página).

- Menos é mais quando se trata de JS, CSS, imagens e todos os documentos declarados no HTML. Lembre-se de que cada declaração é uma nova requisição HTTP para o servidor.

- A configuração do servidor pode ajudar quando se trata de compactação e cache de alguns tipos de arquivos.

- Considere junto ao cliente a utilização de CDN — *Content Delivery Network*. São redes de distribuição de conteúdo, espalhadas regionalmente. Elas armazenam boa parte do conteúdo estático do site, de modo que fique mais perto dos usuários e o site seja carregado mais rapidamente.

- Concentre-se em unir todos os profissionais que estão trabalhando para executar as otimizações recomendadas, de modo que todos sigam em uma mesma direção.

O analista deve considerar que esses itens otimizados em sua melhor performance irão colaborar diretamente para a experiência do usuário nos mais diversos dispositivos, principalmente em celulares, que muitas vezes dependem de redes móveis para conexão com a internet.

DISPOSITIVOS MÓVEIS

Celulares e tablets dominam nosso dia a dia. Eu mesmo tenho meu celular como ferramenta de trabalho, entretenimento e estudo. Além disso, hoje esses dispositivos funcionam como nossas carteiras.

Considerando o tempo que passamos conectados no celular, não é de se surpreender o quanto boa parte das buscas são realizadas através dele. Não me refiro só a Google e Bing, mas a outros sites de redes sociais que acabam funcionando como uma espécie de oráculo moderno.

No YouTube, por exemplo, são realizadas cada vez mais buscas, principalmente com palavras-chave que iniciam em "como fazer", pela facilidade que é você assistir a um vídeo enquanto executa aquilo que precisa.

Em boa parte dos celulares e tablets, existem atalhos para que o mecanismo de busca do Google fique na primeira tela — prático para usuários assíduos, que não deixam de realizar buscas um dia sequer.

Muitos sites têm como principal fonte de acessos celulares e tablets, o que não surpreende ninguém, afinal hoje eles funcionam como nossa primeira tela. Assistentes pessoais também estão conquistando cada vez mais espaço, ainda que de forma tímida, o que mostra a importância de entender como funcionam as pesquisas por voz.

É comum que sites sejam desenvolvidos de maneira responsiva, para que possam se adaptar aos mais diversos tamanhos de dispositivos. Contudo, alguns requisitos precisam ser observados, para que seja possível uma boa indexação e consideração deles pelos mecanismos de busca, bem como uma experiência excelente para o usuário.

Existe uma preocupação tão grande do Google para que o usuário tenha uma boa experiência nos dispositivos móveis que até mantém uma ferramenta para que você possa testar o seu site, o "Teste de compatibilidade com dispositivos móveis". A seguir, estão alguns requisitos que devem ser observados em dispositivos móveis.

Tamanho de links e botões

Imagine sua experiência ao navegar por um site no celular e não conseguir clicar nos elementos. Isso é mais comum do que se imagina. Mesmo com os avanços da tecnologia e do desenvolvimento web, é necessário que esses elementos sejam observados para possibilitar uma boa experiência do usuário.

Cuidados como o tamanho dos elementos e como eles se adaptam na transição do site do design desktop para mobile. Nesse caso, o ideal é realizar testes com o usuário para constatar sua experiência. No caso desses elementos, o ideal é que estejam a uma distância adequada para que o clique seja certeiro no elemento-alvo do usuário.

O Google Search Console mostra alguns desses problemas. Você pode encontrá-los em "Facilidade de uso em dispositivos móveis", no menu principal da ferramenta.

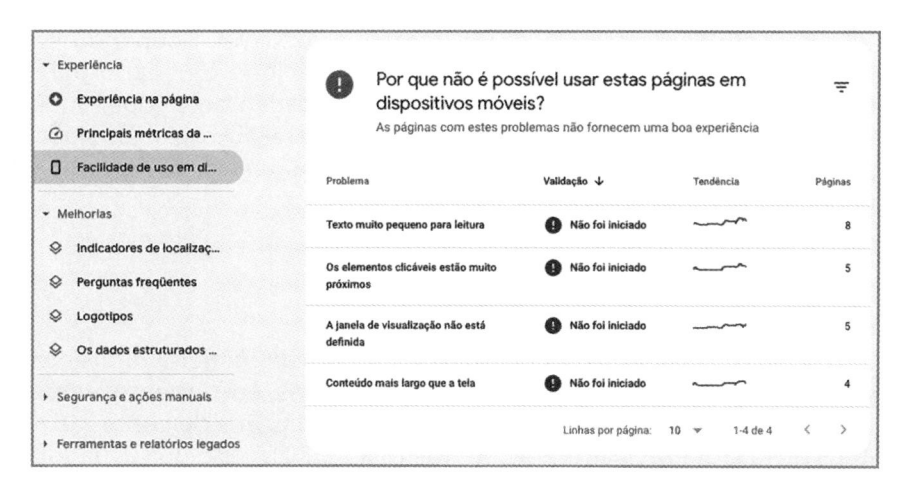

Google Search Console exibindo problemas que não fornecem boa experiência ao usuário nos dispositivos móveis.

No que diz respeito ao caso específico dos elementos clicáveis que estão próximos, ao se clicar no título do problema, a ferramenta mostra quais as URLs das páginas que necessitam de melhorias para atender a esse critério.

Pop-ups

São aquelas caixas com conteúdo de promoções, inscrições, descontos, que aparecem ao entrar em um site. Elas podem ser necessárias para alguma comunicação ou vantagem importante que leve o usuário a efetuar alguma conversão no site, contudo podem se tornar inconvenientes se estiverem mal posicionadas, atrapalhando a navegação, principalmente em dispositivos móveis, cujas telas são menores.

Este recurso também pode causar problemas na indexação do site pelos mecanismos de busca, o que dificulta a compreensão do conteúdo.

O Google recomenda a utilização de *pop-ups* que não atrapalhem a navegação e privilegiem a experiência do usuário para com o conteúdo, de modo que não sejam interrompidos, mas, sim, avisados somente. Você pode usar banners pequenos que ficam no topo ou rodapé da tela, com um tamanho razoável, ocupando só um pequeno pedaço da tela, sem que redirecione o usuário para outros locais. Com a LGPD (Lei Geral de Proteção de Dados), muitos sites têm usado banners como esses para autorizar cookies, políticas de privacidade, dentre outros avisos legais, obrigatórios pela legislação brasileira.

Foco no conteúdo

Se a leitura nos dispositivos móveis acontece de maneira diferente do que em notebooks ou em grandes monitores, certamente o conteúdo precisa se adaptar. Tamanho de fonte, imagens de conteúdo e itens de layout precisam se ajustar às telas utilizadas pelos usuários.

Atualmente, muitos sites são desenvolvidos com o pensamento na experiência mobile, projetados já com os recursos necessários para uma boa experiência não só em telas grandes como também pequenas. Mas inspecione sempre: revisar, nunca é demais, e já encontrei problemas que teriam passado despercebido se não tivesse testado. Verifique sempre:

- Tamanhos de fonte para que se adaptem às mudanças de tamanho de tela, de modo que não fique muito pequeno ou grande, fazendo com que a leitura seja confortável.

- Respiro entre parágrafos também é importante, pois na leitura em dispositivos móveis todos os elementos estão próximos. Com um respiro entre parágrafos, a leitura ficará mais agradável.

- Cabeçalhos, listas — recursos de títulos, subtítulos e listas, como explicado no capítulo sobre HTML, também podem colaborar na leitura em dispositivos móveis, afinal, além de serem itens de ajuda para encontrabilidade de tópicos e pontos importantes, servem como respiro para a leitura, pois iniciam novos tópicos e destaques.

- Tamanhos e proporções de elementos clicáveis — verifique a proximidade deles e se ao clicar em um, o outro não é ativado em conjunto.

Imagens leves

Imagens precisam ser leves para facilitar o carregamento, uma vez que esses dispositivos dependem muitas vezes de recursos de conexão através de dados. Apesar de a tecnologia ter avançado o carregamento das imagens, se forem muito pesadas, podem atrapalhar o processamento de outros recursos e deixar o carregamento mais lento.

Uma inspeção aprofundada utilizando ferramentas como o *Web Page Test* pode auxiliar na verificação deste carregamento e na identificação de imagens que estão tendo um atraso considerável no carregamento.

Outra ferramenta que o analista pode utilizar para execução de testes mobile é o *Page Speed Insights*[41]. Ele mostra alguns indicadores, como o Web Page Test, só que em outros formatos. Além disso, a ferramenta mostra itens como acessibilidade, utilização de contraste, segurança, comparativos, entre outras métricas importantes.

SEGURANÇA

Como comentei anteriormente, é importante que o site que está sendo otimizado tenha uma boa estrutura de segurança para não passar por problemas que possam deixá-lo instável e até mesmo perder posições por palavras-chave importantes, afinal, o Google e o Bing não apresentarão sites instáveis e inseguros aos usuários.

O Google, por exemplo, mostrava um ou outro site nas listas de busca, se considerasse que era relevante para o usuário. No entanto,

---

//

41 https://pagespeed.web.dev/

com os riscos que podem surgir, se o mínimo de segurança não for observado, como a utilização de protocolos HTTPS, as chances de ele aparecer no posicionamento por palavras-chave importantes diminuem muito.

Eu sempre me preocupo muito com esse tema. Na minha carreira, já encontrei vários sites que, por não observar direito as boas práticas de segurança, ficaram fora de resultados importantes dos mecanismos de busca. Fizeram todo um trabalho e investimento em SEO, e após isso o site foi hackeado e ficou fora do ar, ou foi simplesmente "pichado", algo péssimo para a reputação da marca.

Em 2017, por exemplo, diversos sites desenvolvidos em WordPress foram vítimas de pichação virtual, devido a uma falha de segurança. Lembro que na época um cliente meu foi alvo desse tipo de ataque. Existem cuidados que devem ser tomados e que o analista de SEO pode verificar para saber se estão sendo implementados.

> **IMPORTANTE:**
>
> O analista pode verificar e recomendar soluções a respeito de cada um dos itens a seguir, mas a implantação deles bem como escolhas entre técnicas A ou B de produtos, soluções de segurança devem ficar a cargo de um especialista na área. A função do profissional de SEO perante esse tema é provocar, através de uma inspeção inicial, mas a responsabilidade de resolução desses itens é de um especialista na área.

Certificado SSL

Para o site poder utilizar URLs com HTTPS (*Hypertext Transfer Protocol Secure*), é necessário instalar um certificado SSL (*Secure Sockets Layer*) no servidor. Ele garante que todas as comunicações cliente/servidor sejam criptografadas, para evitar rastreamento através de técnicas de hacking como *man in the middle* (MITM, ou "homem no meio").

Nos ataques MITM, o intruso se posiciona entre o usuário (cliente) e servidor, de modo a observar e manipular a comunicação, roubando senhas e outras informações sigilosas. Principalmente sites que possuem pagamento, envio de formulários, entre outros precisam tomar esse cuidado.

O certificado SSL é emitido por uma empresa especializada nisso. Ela contém informações sobre a identidade do proprietário do site, juntamente com a chave pública usada para criptografar as comunicações, e permite autenticar a identidade do servidor e estabelecer uma conexão segura com os visitantes do site. Esses certificados podem ser individuais (dedicados) ou compartilhados.

O certificado dedicado é usado para um único site, e a empresa fornecedora terá os dados de propriedade do domínio. Esse certificado não é compartilhado com mais nenhum domínio. Ele é altamente recomendado para empresas que necessitam de alto nível de segurança e privacidade no site.

No modelo compartilhado, vários sites (domínios) em um servidor compartilham o mesmo certificado de segurança. A maioria dos serviços de hospedagem, principalmente aqueles de caráter mais econômico, oferece essa modalidade, para que seja possível que todos os sites hospedados tenham uma URL com a camada de segurança necessária.

O modelo compartilhado é ruim? Não vejo dessa forma, mas como ele não é exclusivo, alguns profissionais podem considerar menos confiável. O que recomendo é sempre uma boa conversa com o analista de segurança de sua confiança para compatibilizar modelo e necessidade.

Atualizações regulares do CMS e plugins

Talvez esta seja uma das maiores fontes de problemas quando se trata de segurança. Muitos dos sites que eu vi com problemas de invasão ou malware foram aqueles que não tinham uma atualização regular do sistema de gerenciamento de conteúdo, bem como de plugins de terceiros.

Se você notar, muitos CMS, como o WordPress, por exemplo, sofrem atualizações frequentemente, visando corrigir e melhorar questões de segurança importantes. Existem até ferramentas de procura por vulnerabilidades para esse gerenciador, como o WPScan, muito conhecido por quem trabalha com a plataforma. Minha recomendação aqui é que o analista verifique sempre se o CMS e seus respectivos plugins são atualizados pelo cliente. O profissional de SEO pode até utilizar um software de scan (como o que comentei no caso do WPScan) para verificações iniciais de segurança, passando para uma investigação maior, posteriormente, com a ajuda de um analista de segurança. Um software que gosto muito de utilizar em minhas inspeções é o OWASP ZAP. Trata-se de um scanner que busca vulnerabilidades conhecidas em um site. Ele é baseado na sua comunidade, que rastreia e busca resolver problemas de segurança conhecidos em aplicações web. Nos relatórios que eu faço, reservo um capítulo para esses itens de segurança, no qual mostro os problemas encontrados através desses scanners de vulnerabilidades e as possíveis soluções.

Políticas de backup

Após diversos ataques a sites que presenciei, foram necessárias reposição de *backups* para a sua recuperação. Sendo assim, manter políticas de cópias de segurança de todo o site e seu banco de dados é importante, para que, caso um ataque seja bem-sucedido, depois das medidas tomadas, o site volte a funcionar adequadamente.

Esses ciclos de *backup* podem e devem ser automatizados para não serem esquecidos. Assim, será possível garantir que mesmo que exista algum tipo de dano, proveniente de um ataque, o negócio poderá se recuperar, através de cópias de segurança.

É importante que o *backup* não seja mantido no mesmo local que o site. Um cliente, certa vez, salvava os arquivos de *backup* de seu site no próprio servidor. Quando perdeu o controle sobre o site por conta de um ataque, também perdeu todas as cópias de segurança. Eles devem ser guardados em outra máquina, preferencialmente em locais diferentes.

Políticas de acesso

Permita o acesso ao seu site somente para pessoas autorizadas. Tenha senhas exclusivas para áreas restritas e conceda privilégios de acesso apenas quando necessário. Isso é muito importante!

Quando peço acesso ao CMS de um cliente, ao entrar na área de usuários, é comum encontrar um número excessivo de logins, alguns deles usando até e-mails pessoais para entrar no gerenciador de conteúdo.

Avise o cliente quando isso acontecer. Peça para atualizar os usuários que realmente devem acessar o CMS e use políticas de acesso como: tempo para troca e senha; obrigatoriedade de e-mail profissional; ter somente os privilégios necessários para realizar seu trabalho etc.

Proteção contra ataques de força bruta

Recomende aos seus clientes que implementem medidas efetivas para proteger o site contra tentativas de força bruta. Algumas dessas medidas podem ser: limitar o número de tentativas de login, implementar CAPTCHAs ou utilizar soluções de segurança, como firewalls.

Um analista de infraestrutura e outro de segurança podem ajudar o profissional de SEO a incluir, no relatório de problemas e soluções, alternativas importantes, de tecnologia, para mitigar riscos nessa área.

Conteúdo e links externos

Confirme que os links externos do seu site são seguros. Evite links para sites suspeitos ou com reputação duvidosa, pois isso pode afetar negativamente seu posicionamento nos mecanismos de busca.

Procure e remova qualquer tipo de conteúdo malicioso, não só links! Já vi casos em que o cliente fez o site com WordPress e comprou um template para customizar e otimizar, e o modelo pronto tinha uma brecha de segurança, imperceptível para olhos destreinados.

Depois de ele incluir alguns conteúdos no site, eu estava navegando e percebi uma página, escondida (uma página órfã, sem links importantes que apontassem para ela), com conteúdo em outra língua e cheio de links. Aquele conteúdo não condizia com o restante do site. Ou seja, se tratava de algum conteúdo malicioso, incluído através de alguma brecha de segurança. É recomendado que o site seja constantemente verificado, para identificar qualquer conteúdo potencialmente maléfico, como links infectados ou conteúdos não autorizados. Remova imediatamente qualquer conteúdo suspeito ou malicioso, pois ele pode afetar, e muito, a reputação do site e, como efeito colateral, fazer com que os mecanismos de busca tenham restrição a ele.

Políticas de segurança e privacidade

São muito importantes para garantir que existe uma preocupação da empresa com os dados utilizados e para preencher requisitos de confiança, buscados pelos mecanismos de busca. No rodapé do seu site, peça para o cliente que inclua políticas de cookies, de privacidade, entre outras, que possam aumentar a confiabilidade do site. No local em que o site está hospedado e sua companhia presta serviços, ele pode estar sujeito à legislação local, como LGPD ou GDPA. No Brasil, nós temos a Lei Geral de Proteção de Dados (LGPD), promulgada em 14/08/18 e que entrou em vigor em setembro de 2020, com as sanções iniciando a partir do dia 01/08/21. A LGPD no Brasil se inspirou em leis existentes em outros países.

Ela regula e determina os limites de tratamento de dados pessoais. Antes da lei havia muitos abusos. Dados eram vendidos, trocados e administrados por empresas que entendiam essas informações como delas, quando, na verdade, os dados pessoais são de direito do titular — "pessoa natural a quem se referem os dados pessoais que são objeto de tratamento" (art 5/V).

Na Europa existe a GDPR (General Data Protection Regulation — Regulamento Geral sobre a Proteção de Dados). Podemos dizer que os princípios da lei brasileira são os mesmos, com as adaptações necessárias relacionadas a nossas particularidades.

Nos EUA, existem algumas diferenças, pois lá cada estado tem as próprias leis. A Califórnia, que é um dos estados com mais empresas de tecnologia, acaba tendo algumas das leis mais completas nesse sentido, como a CCPA — California Consumer Privacy Act, ou Lei de Privacidade do Consumidor da Califórnia.

Por que é importante o analista de SEO ter esse conhecimento? Para avaliar se o site do cliente tem as políticas devidas, afinal, embora não seja um fator de ranqueamento para o site, certamente há um benefício indireto desse material, uma vez que mostra seriedade e cuidado com a segurança e a privacidade do usuário, fazendo com que o site e a organização sejam vistos pelo mecanismo de busca como confiáveis.

Como comento sempre: o SEO é uma área multidisciplinar, e o analista é um facilitador de diversos encaminhamentos e decisões dentro de projetos e programas de otimização de sites. Dessa forma, muitas vezes o profissional será envolvido em assuntos que podem não estar diretamente ligados às suas atividades, mas que tenham impacto indireto.

Em geral, tive muitas reuniões com profissionais de outras áreas que, ao longo da minha trajetória, acabam fazendo um trabalho que não era de SEO, mas o resultado do seu trabalho tinha impacto direto nas metas do negócio.

Valorize os itens de segurança, tenha referências na área a quem consultar quando perceber que alguns requisitos acabam impactando o seu trabalho e, por fim, considere-os em seu *checklist* de verificação, sempre que for analisar um site.

CONTEÚDO

Saiba como criar textos envolventes e relevantes, para melhorar a classificação nos mecanismos de busca. Aproveite todo o potencial do conteúdo para melhorar a experiência do usuário.

Em um passado recente, tirei alguns dias de férias e fiz uma experiência que idealizava há muito. Ficar no mínimo uma semana sem a utilização de qualquer equipamento eletrônico, o que certamente incluiria qualquer dispositivo que me desse acesso à internet. Não consegui. Por duas ou três vezes precisei ligar o computador.

Em uma das ocasiões, tive a oportunidade de buscar informações sobre "picada de insetos". Após alguns dias com uma alergia insistente em um local do corpo (após fazer trilhas em mata fechada) e, posteriormente, procurar um médico, este me informou de um quadro que indicava a possibilidade de um acidente com animal peçonhento. Sendo assim, após receber os cuidados médicos, bem como orientações, entrei no Google e busquei mais informações. Encontrei sites, artigos, relatos de pessoas, um emaranhado de informações que me ajudaram a entender um pouco mais como os sintomas se manifestavam.

Há 20 anos, seria difícil encontrar todas essas informações complementares, sobre: sintomas, tratamento etc., sem o intermédio do médico. Hoje é possível encontrar dados sobre tudo, em poucos minutos. A verdade é que a web como conhecemos hoje congrega diversos conteúdos sobre vários temas através de páginas e mais páginas, e não falo só de texto.

Quando se fala em conteúdo para web, muitos imaginam blocos de texto, com diversas palavras, em que cada uma delas expressa informações importantes para a lógica de um determinado contexto. No entanto, não é exatamente isso. A importância do conteúdo vai além do elemento texto. Como citei em minha experiência, além de encontrar informação em modo texto, encontrei também muitas imagens e vídeos que me ajudaram a entender um pouco do que estava acontecendo.

A internet hoje possui quantidades significativas de informação, resultado do fácil acesso à rede, bem como do baixo custo de transição de dados entre mundos *offline* e *online*. O fato é que hoje o conteúdo transita através de meios e tecnologias de uma maneira muito mais interessante ao usuário do que nos anos 1980.

Além disso, essas informações são disponibilizadas não somente para humanos (em sites, blogs e redes sociais), mas também para robôs que rastreiam a internet em busca de conteúdo para mecanismos de busca, sistemas de monitoramento de notícias, entre outros, programados para os mais diversos fins. Nesse caso, imagine que muitas das informações captadas não são representadas unicamente, através de um simples texto.

Considere todos os artefatos visíveis em um site como itens que contribuem para todo um contexto, ou seja, o conteúdo do site. Dessa forma, é possível perceber um aspecto mais amplo e diversificado daquilo que pode ser considerado pelo usuário como importante. Então, o conteúdo de um website não é exclusividade, nem responsabilidade, de um único tipo de profissional. No contexto da engenharia web, por exemplo, o projeto de conteúdo envolve a definição do layout, estrutura, bem como sua relação com outros objetos (PRESSMAN; LOWE, 2009).

O que é relevante, afinal? Atrair um cliente em potencial para um site? Fazer com que ele execute alguma tarefa? Não somente. O site deve proporcionar uma experiência adequada com um desempenho que proporcione ao usuário não só a conclusão de suas metas, mas privilegie uma satisfação relacionada a seus objetivos na totalidade.

Quando falo em satisfação, não é somente do prazer em realizar uma compra, de adquirir aquilo que o site oferece, mas também do suporte a essa ação. Muitos usuários na internet compram por impulso e, quando voltam ao site procurando suporte, podem não encontrar os parâmetros necessários àquilo que buscam. Sendo assim, torna-se relevante a preocupação com os **tipos de conteúdo** que um site pode ter, seja em sua estrutura voltada a **operações transacionais** ou simplesmente **informacionais**.

A preocupação com a utilização de recursos e estruturação de conteúdo também se torna muito importante para o analista de SEO. Recursos de marcação (HTML), imagens, vídeos, listas, documentos (disponibilização de PDFs, DOCs etc.) irão colaborar diretamente para uma navegação proporcional à qualidade do conteúdo que o usuário procura e que resultará, consequentemente, na satisfação dele.

Junto à **utilização de recursos**, uma **estruturação semântica** do conteúdo pode tratar a informação, nivelando sua importância em tópicos. Mesmo para sites de elementos transacionais, é preciso utilizar uma hierarquia de informações que irá privilegiar e promover a encontrabilidade adequada de informações para o usuário. Ou seja, independentemente do tipo de conteúdo, a preocupação com a estruturação da informação torna-se importante para guiar o usuário através da navegação.

Além da estruturação, é necessária uma preocupação relacionada com a mensuração das estratégias de conteúdo. A mensuração permite traduzir o quão eficiente é o conteúdo de um site mediante seu objetivo. Uma das maiores vantagens da web (dentre milhares) é a possibilidade da realização de inspeções navegacionais e coleta de estatísticas, entre outras, de modo a utilizar essa inteligência coletiva inconsciente proporcionada pelos usuários a favor do negócio, viabilizando uma curva de experiência cada vez mais adequada ao usuário. Ou seja, através das análises de navegação do usuário perante determinados conteúdos, é possível melhorar um site e diminuir a distância entre o que o usuário deseja e a informação, ou seja, diminuir o número de cliques.

Encontrabilidade de informações na web

A internet surgiu através de um esquema militar que visava um objetivo completamente diferente de seu atual cenário. Conforme ela foi crescendo, absorveu maior quantidade de informação, que precisava ser recuperada quando houvesse necessidade. Por recuperação de informação, pode-se entender o ato de encontrar informações através de sistemas web, embora se trate de uma ação que não é exclusiva do mundo online. Os primeiros mecanismos de busca surgiram para melhorar a experiência de encontrabilidade de informação, que consistia em não somente procurar informações através dos mecanismos de busca, mas rastreando links, bancos de imagens, diretórios, pastas de arquivos, dentre outros. O que se pretendia objetivar nesse tipo de experiência seria aquilo que podemos chamar de "extensão do que se procura", ou seja, a relação da informação procurada com o conteúdo encontrado. O conteúdo, então, mostrava aí o seu fim básico. A encontrabilidade envolve vários comportamentos, desde o simples ato de navegar buscando uma informação através do menu de links em um website, até o ato de busca através de interfaces de busca projetadas para esse fim. A quantidade de dados disponibilizados na web proporciona, a todo o momento, experiências parecidas como as que foram descritas anteriormente. E, nesse contexto, "experiência" é uma palavra muito utilizada neste livro. Ao passo que um usuário absorve conhecimento perante determinada situação, a "curva de aprendizado" aumenta. Ou seja, conforme sua experiência aumenta, maior a facilidade para executar a tarefa. Por exemplo: usuários sabem que se clicarem em um link serão transportados para outro local. Essa experiência tornou-se uma espécie de convenção. Da mesma forma que apertar a mão de uma pessoa é um padrão, clicar em um link e ser transportado para outro local é um padrão reconhecido. Na web é possível perceber alguns padrões preestabelecidos, por exemplo: clicar em links, copiar e colar, encontrar links agrupados em áreas visíveis, buscar através de interfaces de busca (busca interna do site), preencher formulários, entre tantos outros.

Essas convenções foram se estabelecendo ao longo do tempo entre os usuários. Segundo Ash (2008), quando usuários entram em um website, eles não são uma página em branco, pois trazem consigo suas experiências anteriores junto à soma de suas experiências de vida, o que inclui medos, atitudes, crenças e suposições.

No entanto, às vezes essas convenções são ignoradas em alguns websites. Não sempre como se nunca tivessem existido, mas em tentativas de usar outros recursos que não são o padrão utilizado amplamente em sites pelos usuários, por exemplo, um menu de links que não se encontra em uma localização geralmente comum. Então surgem alguns problemas relacionados à usabilidade e, consequentemente, a perda de valor útil do conteúdo, pois isso irá colaborar diretamente para que o usuário não consiga acessar a informação necessária ou mesmo não consiga navegar através dela.

O analista de SEO precisa sempre estar atento a esse tipo de coisa. Lembre-se de que o mecanismo de busca quer entregar uma **experiência adequada ao cliente**.

Usabilidade é o que define a utilização de artefatos navegacionais em um website de modo a proporcionar a facilidade da manipulação de informações, bem como uma experiência adequada ao usuário.

Trata-se de um termo amplamente popularizado para definir a facilidade ou dificuldade na utilização de um website. Exemplo: um site que apresenta problemas navegacionais, como links quebrados, possui problemas de usabilidade. Por isso, fatores relacionados ao conteúdo não são independentes de itens de usabilidade.

Arquitetura de informação é considerada a forma como as informações são estruturadas, como são caracterizados os conteúdos para que o usuário tenha facilidade de encontrá-los, ou seja, define a forma como a informação é organizada no site (ASH, 2008).

Quando falo da disponibilização de um com conteúdo, ou seja, algo possível de se ler, entender e navegar, não penso em sua disponibilização unicamente para humanos. Na internet há milhares de robôs à procura de informação com um conteúdo de qualidade para a utilização de diversos fins. Robôs são responsáveis por ¼ do tráfego de websites atualmente. O Google Alertas, por exemplo, busca conteúdo sobre determinada palavra-chave na web de modo a entregar conteúdo relacionado para os seus clientes. Trata-se de uma ferramenta na qual você cadastra uma palavra-chave e recebe diariamente um relatório com as páginas que mencionaram aquele termo durante um determinado período, e é também uma forma de atrair usuários ao site, ou seja, facilitar a encontrabilidade de informação. Os mecanismos de busca também procuram e indexam páginas da internet para que possam ser listadas, quando relevantes, em busca de uma palavra-chave específica. A prioridade para um mecanismo de busca é entregar ao usuário uma página web com um conteúdo de qualidade, adequado à busca. Nesse caso, o processo de reconhecimento das páginas por esses mecanismos também é realizado por um robô, como comentei algumas vezes. Novamente, é possível perceber que, mesmo no caso dos robôs que rastreiam a web em busca de informações, isso é feito para que essas informações sejam encontradas por humanos.

A seguir, aprofundarei o tema relacionado aos tipos de conteúdo presentes na web, bem como naqueles fatores que atraem os usuários.

TIPOS DE CONTEÚDO

O que atrai um consumidor a uma loja? O que o faz comprar um produto? Quais as características que o usuário procura em um site? Muitas vezes, nem o próprio consumidor sabe responder a essas e outras perguntas. O que acontece, no caso da web, é que o usuário navega através dos sites utilizando sempre sua memória de curta duração. Você já teve aquela sensação de, alguma vez, estar utilizando o computador e de repente esquecer o que estava fazendo?

É algo parecido com o que acontece quando dirigimos por um caminho costumeiro e, embora seja conhecido, não lembramos de detalhes do trajeto. Especialistas chamam isso de "amnésia de estrada" ou "hipermnesia de estrada", afinal o motorista não se lembra conscientemente dos detalhes do percurso.

No entanto, há alguns padrões estabelecidos, convenções que, de tanto serem utilizadas, proporcionaram uma experiência comum ao usuário (como se fosse um caminho conhecido). Nesse sentido, há tipos de conteúdo específicos que atraem os usuários mediante o objetivo desejado, e esse será o foco deste capítulo.

O que atrai em um conteúdo?

Ao utilizar um mecanismo de busca, o usuário está sempre buscando aquilo que porventura lhe trará algum valor. Nesse sentido, na ação do mecanismo de busca para um site, o objetivo principal será encontrar uma extensão daquilo que se busca através de uma palavra-chave. O mesmo ocorre em interfaces de busca de redes sociais como o YouTube.

Uma das diferenças entre um resultado e outro é que em mecanismos de busca haverá resultados orientados à transação, informação e conteúdo gerado pelo usuário, enquanto em uma interface de busca de redes sociais será comum encontrar resultados de conteúdo gerado pelo usuário — no caso do YouTube, um vídeo com a avaliação de um produto, uma receita, como consertar algo, entre outras buscas populares na rede.

O processo de busca não envolve somente sistemas direcionados simplesmente à busca. Envolve também a procura através do processo convencional de navegação, clicando em links, rolando a barra de rolagem do navegador, entre outros recursos navegacionais importantes. No processo de busca (seja em mecanismos de busca, interfaces de busca ou através de navegação convencional), atrairá o usuário aquele resultado que mais condiz com a informação procurada. Ao visualizar o texto-âncora de um link, dependendo do título, já é possível para o usuário saber qual será a próxima página.

Tanto nas listagens como na navegação convencional, há características que podem colaborar para que o usuário entenda que a informação se relaciona com a sua procura, dentre elas: a contextualização de uma determinada informação perante o tema pesquisado; a utilização de palavras-chave destacando a relação com o tema; e o detalhamento, evitando sempre a perda de objetivo. Ou seja, o usuário precisa encontrar a informação, entender o contexto em que ela se aplica e encontrar seus tópicos relacionados.

Em resultados de busca, além das características mencionadas, a palavra-chave buscada é colocada em destaque automaticamente. Mas e a navegação convencional? Esse pode ser o maior coringa. Apesar de, na navegação convencional, ocorrer um processo de busca (pelo próprio usuário), as palavras-chave só podem obter algum destaque se quem criou o conteúdo fizer com que isso aconteça. Para isso, são utilizados alguns recursos de marcação HTML (como expliquei anteriormente) que visam destacar a importância de determinadas palavras ao longo do conteúdo.

Evite utilizar palavras orientadas à escrita promocional

Palavras como "o melhor", "maior", "melhor loja" devem ser evitadas e, nesse caso, privilegiadas palavras de cunho descritivo com uma chamada para ação como: "encontre", "veja", "utilize", entre outras.

Steve Krug (2006) afirma que é necessário evitar o "papo alegre", de modo a diminuir palavras desnecessárias, ou seja, aquelas orientadas à escrita promocional. No entanto, isso não significa que elas não devam nunca ser utilizadas afinal, trata-se de um recurso de comunicação eficiente quando é usado na dose certa, aproveitando outros tipos de conteúdo.

Tratando-se de conteúdo web, podemos trabalhar com algumas disposições de conteúdo: orientados à transação; orientados à informação; conteúdo gerado pelo usuário; conteúdo orientado à promoção; e conteúdo orientado à navegação.

Conteúdo orientado à transação

Este tipo de conteúdo tem como objetivo dar suporte a uma ação transacional, ou seja, aquela ação que envolve uma transação, que pode ser a compra de um produto, um *download*, um *upload*, o preenchimento de um formulário etc. Dessa forma, é possível entender que se trata de um conteúdo que precisa ser objetivo, direcionado a uma determinada tarefa. Um exemplo que pode ser utilizado é o de uma página de e-commerce na qual são apresentadas informações como: imagens de um produto, preço, formas de pagamento, descrição técnica do produto, entre outras, que, em conjunto, são consideradas participantes de um conteúdo orientado à transação.

É importante comentar que um dos grandes problemas do conteúdo web nos dias de hoje é a duplicação de conteúdo, e as descrições de produtos sofrem muito com isso.

Às vezes, equipes editoriais replicam as descrições que recebem dos fornecedores dos produtos. Em consultorias de SEO para alguns sites de e-commerce, ao conversar com responsáveis por essa área, constatei que, até pelo volume de produtos, seria muito demorado fazer uma descrição para cada produto, o que resultava nessa solução.

Isso é um veneno do ponto de vista da qualidade. Não que os conteúdos vindos dos fornecedores não tenham boa qualidade, mas eles não se tornarão uma fonte de referência ou autoridade para o cliente com dúvidas sobre aquele produto. E acredite, é cada vez mais comum usuários tirarem dúvidas referentes aos produtos que querem comprar nas suas respectivas páginas, pois é normal que hoje esses conteúdos estejam dispostos ali.

Em alguns casos, há o agravante de os conteúdos chegarem para as equipes editoriais em outras línguas, às vezes com problemas ortográficos etc. Replicá-los, simplesmente, nas páginas de produtos ou categorias pode soar como falta de capricho ou simplesmente estranho ao usuário. Isso pode acabar com as chances de conversão.

Não quero dizer que os conteúdos que vêm do fornecedor não são úteis. Pelo contrário, são extremamente úteis, contudo servem como caminho para a personalização e adaptação à necessidade dos usuários.

Atualmente alguns conteudistas de sites de e-commerce estão utilizando os textos enviados por fornecedores de produtos para realizar a customização de conteúdos. Algumas vezes até contam com o apoio de ferramentas como ChatGPT para estruturação deles. No Brasil temos também a Niara (`https://niara.ai/`), uma ferramenta baseada na tecnologia do ChatGPT só que mais voltada para quem trabalha com SEO, que pode dar uma boa ajuda para esse tipo de trabalho.

Caso o especialista em conteúdo opte por usar ferramentas como essas, não recomendo que os textos gerados sejam utilizados integralmente. Eles devem servir como inspirações, ideias, e também fonte de correção (ortografia, estilo etc.), quando necessário, já que os mecanismos de busca estão cada vez mais tentando encontrar e até reclassificar textos produzidos por robôs.

Comportamentos e ações

É possível identificar diversos tipos de comportamento relacionados à compra online (através da web). Primeiramente, a compra por impulso, ou seja, aquela cuja necessidade é provocada por outra mídia (TV, jornal etc.) que não seja a internet, e o usuário decide comprar determinado produto sem fazer uma pesquisa prévia. Isso pode ocorrer, quando um usuário visualiza um banner promocional com alguma chamada incluindo um caráter de urgência como: "últimas unidades!", "promoção irá durar somente 2 dias!" (conteúdo orientado à promoção).

Existe também aquele comportamento que envolve um processo de pesquisa em diversas fontes antes de comprar determinado produto. Normalmente, o usuário pesquisa sobre um determinado modelo ou marca em redes sociais, comparadores de preços e mecanismos de busca, para depois escolher onde comprar. Em ambos os casos, há um comportamento que tem como objetivo uma transação, como conclusão desse processo.

Na hora de pesquisar um produto, o usuário pode entrar em uma rede social para verificar o que outras pessoas estão dizendo sobre ele e, dessa forma, encontrará **conteúdo gerado por usuários**. No caso do banner, encontrará **conteúdo promocional** ou mesmo, dependendo do produto, algum **conteúdo informacional** dentro de sites ou blogs especializados. É importante entender que cada um dos tipos de conteúdos não trabalha de maneira isolada, pois a convergência entre eles será um fator de sucesso para um website.

No caso de um site direcionado à venda de produtos, é importante que exista **conteúdo orientado à transação** também, de maneira que os usuários, depois de realizarem uma compra por impulso e não tenham verificado prazos de entrega, encontrem o suporte necessário.

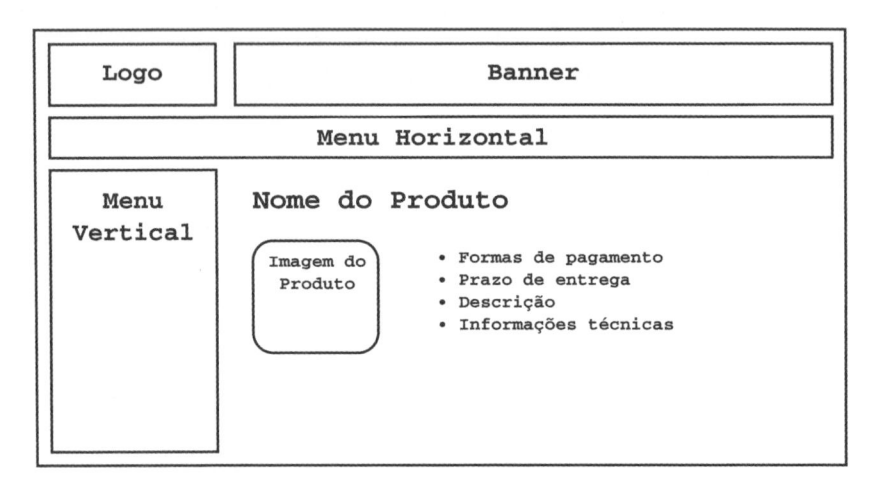

```
+----------------+---------------------------------+
|      Logo      |             Banner              |
+----------------+---------------------------------+
|              Menu Horizontal                     |
+----------------+---------------------------------+
|     Menu       |  Nome do Produto                |
|    Vertical    |                                 |
|                |  +-----------+                  |
|                |  | Imagem do |  • Formas de pagamento
|                |  |  Produto  |  • Prazo de entrega
|                |  |           |  • Descrição
|                |  +-----------+  • Informações técnicas
+----------------+---------------------------------+
```

Convenções para página de um produto.

Um recurso marcante nos conteúdos orientados à transação é a presença de formulários. Frequentemente, para possibilitar uma transação, os sistemas que dão suporte à compra exigirão cadastro do usuário, no qual ele precisará informar dados pessoais, bancários, entre outros. Os nomes dos campos, bem como os dados necessários para preenchimento, devem ser claros ao usuário. É comum sites de e-commerce perderem vendas por não tomarem o cuidado necessário no projeto de seus formulários de cadastro, pois, em alguns casos, eles não possuem as especificações necessárias para preenchimento.

Outros problemas que também devem ser observados e evitados em conteúdos orientados à transação são (ASH, 2008):

- ***Pop-ups*** que abrem durante o processo de compra. Essas janelas, além de não serem eficientes, são irritantes para o usuário e podem ser prejudiciais na conclusão ou mesmo durante o caminho do processo de compra.

- **Ofertas periféricas**, não relacionadas. Tirar a atenção do usuário para ofertas não relacionadas e em banners animados, quando a conclusão da compra está para ocorrer, também pode prejudicar a conclusão da meta.

- **Inclusão de aumento de preços ou termos e condições extras**. O que é prometido na chamada principal do produto precisa ser cumprido. Aumento do preço do produto ou mesmo taxas extras não informadas previamente podem causar o abandono, bem como uma sensação de falta de credibilidade no site.

- **Mudanças na disponibilidade do produto** ou **datas de entrega** durante o checkout.

- **Pedir informações desnecessárias**. As pessoas não gostam de preencher longos cadastros nem fornecer informações extras em demasia. Dessa forma, devem ser requeridas para a transação somente aquelas informações que são estritamente necessárias para a conclusão da transação.

- **Pedir informações em ordem fora do padrão**. Manter campos relacionados em sequência, como telefone celular depois do fixo, telefone comercial etc. (hoje a maioria das pessoas nem usa mais telefones residenciais, tome cuidado com isso).

- **Não avisar as pessoas sobre a informação de apoio** que elas precisam ter em mãos para realizar a transação.
- **Não especificar as formas de pagamento**, algo muito grave.

De modo geral, um site voltado a um conteúdo de orientação transacional (um e-commerce) precisa oferecer um ambiente confortável ao comprador para que este, por sua vez, sinta-se seguro em realizar a compra. Esse conforto remete a um estado de espírito em que o usuário não terá de se preocupar com a credibilidade do website.

A credibilidade do site está sendo avaliada a todo momento, através do desempenho que este oferece no momento de navegação. Por isso é importante que a navegação seja adequada, que os aspectos informacionais estejam conforme os dados necessários que o cliente precisa para avaliar o produto e sua necessidade.

A prática do bom atendimento online deve ser uma melhoria constante. Opções de suporte à transação online, como chats, telefones, e-mail, entre outros, devem permanecer sempre visíveis caso o usuário precise de mais informações que não esteja encontrando no site. É fato que alguns consumidores utilizam lojas online como apoio à compra por telefone, ou seja, verificam a disponibilidade de alguns produtos pelo site e depois ligam para fazer o pedido ou então vão até o local para comprar o produto. Sendo assim, é importante garantir a visibilidade das informações necessárias para a compra por telefone.

Algo a se acrescentar é que o tipo de conteúdo, mais do que uma forma de classificação, explana um momento, uma interpretação. Alguns podem considerar um artigo no Wikipédia um conteúdo informacional, bem como se pode entender também como um conteúdo gerado por usuários. A questão é que os artigos da Wikipédia são gerados através de um processo de **inteligência coletiva**, em que vários atores contribuem para um bem comum que é a informação. Sendo assim, trata-se de um conteúdo gerado por usuários da comunidade, mas orientado à informação, adquirindo as duas classificações.

Ou seja, o momento e a intenção são importantes. Por que é importante o analista de SEO saber disso? Compreendendo o papel e as diferentes classificações propostas, será mais fácil articular o trabalho em prol de uma experiência satisfatória ao usuário, que atenda às suas necessidades e também aprimore a autoridade do conteúdo.

O conteúdo que faz a diferença

Uma das ações mais básicas que o consumidor realiza antes de comprar um produto é buscar informações sobre ele. Isso impacta diretamente a competitividade de um mercado e também na forma como os competidores atuam. Afinal, eles podem disputar formas de anunciar e vender seus produtos com base nisso. Nesse ponto o conteúdo de apoio, como gosto de chamá-lo, pode colaborar, e muito, para que o produto seja vendido.

O conteúdo de apoio pode ser considerado todo aquele que fornece ao usuário informações complementares, contribuindo, dessa forma, para seu conhecimento e para a conclusão da conversão.

É comum que o consumidor tenha dificuldades para entender as peculiaridades de um determinado produto ou serviço. Assim, o conteúdo de apoio irá colaborar diretamente para sanar essas dúvidas.

Por exemplo: na página de categoria de placa-mãe para PC Gamer. Trata-se de um produto com configurações diversas, com compatibilidades específicas. É importante que nessa categoria, por exemplo, existam informações antes das listagens, sobre como procurar a placa-mãe ideal e possíveis configurações.

Certa vez, um cliente meu tinha um e-commerce de suplemento alimentar. Na época ainda havia muita confusão por parte do cliente em entender determinadas particularidades do uso, diferente de hoje, que são produtos mais populares no Brasil.

Uma das soluções encontradas foi colocar textos curtos e simples nas categorias de produtos, antes das listagens, de modo que não prejudicasse a navegação, explicando rapidamente a diferença entre os produtos e oferecendo suporte.

É interessante notar que esses conteúdos podem ser internos ou externos. Um texto falando de um determinado aplicativo do iPad, por exemplo, sozinho em um blog, pode não representar um conteúdo de apoio se as pessoas não tiverem sua visibilidade para fim informacional. Se o usuário está em uma loja de aplicativos pesquisando por uma aplicação e vai ao Google, para buscar mais informações e, assim, encontra o blog com o respectivo texto, este torna-se um conteúdo de apoio. Entendam, a navegação e a busca por informação não são lineares! O analista de SEO precisa estar atento a isso.

Essas informações também não precisam necessariamente estar disponíveis somente em texto, mas em imagens, gráficos, vídeos, dentre outros elementos que ajudem o usuário. A grande ideia disso tudo é compreender como o cliente em potencial procura conteúdo que o oriente quanto à informação necessária para que seja garantida a sua conversão. O usuário não converte se está inseguro.

Perceba que o conteúdo de apoio não precisa estar necessariamente no site de um produto ou serviço, mas em redes sociais, blogs, dentre outros espaços nos quais é comum para o usuário buscar informações.

Como esse tipo de conteúdo será encontrado? Para responder a essa pergunta, precisamos responder outra: como ele busca essas informações? Resposta: é comum que o usuário busque por essas informações na própria *landing page* do produto, redes sociais, ChatGPT, blogs, dentre outros.

Dentro da *landing page*, reviews de outros usuários, informações extras e até referências externas em forma de links (principalmente para fontes patrocinadas pelo negócio, como seu próprio blog) podem servir como ótimas fontes de informação. Ou seja, isso precisa fazer parte da experiência do usuário com sua marca, seu site, seu produto. É dessa experiência que ele vai se lembrar e o que poderá fazê-lo voltar outro dia.

As avaliações de compradores, realizadas nas páginas dos produtos, trazem impressões sinceras sobre a experiência com o produto adquirido e, em muitas ocasiões, mencionam termos-chave que o logista nem mesmo considerou em seu conteúdo. Pense nisso.

Como esse conteúdo afeta os visitantes?

É simples. Trata-se de uma conta básica que envolve o quanto esse conteúdo gera alguma necessidade e também o quanto ele é útil para o usuário. É fato também que hoje se dá cada vez mais valor ao conteúdo dos websites. Um belo exemplo é o conteúdo gerado pelo usuário, como mencionado anteriormente.

Há também a diferença entre os tipos de conteúdo, bem como a qualidade que deve ser aplicada em cada um deles. Quanto maior a qualidade, maiores as chances de os impactos serem sentidos nas vendas. Por qualidade podemos entender:

a. Informações técnicas completas.

b. Detalhamento de peças e especificações.

c. Referências externas e independentes (pode ser a de um usuário que comprou o produto, gostou e contou sua experiência através de um vídeo no YouTube).

d. Comparativo com versões e modelos.

e. Diversas outras informações que colaborem das mais variadas maneiras para a segurança do usuário.

Quanto mais o conteúdo se torna uma referência sobre determinado tema, mais importância vai adquirindo, afinal outras pessoas falarão e irão referenciar através de links. Algumas marcas gostam de utilizar influenciadores digitais nesse trabalho.

Além de ser vantagem em relação aos concorrentes, também em relação aos mecanismos de busca, uma vez que eles valorizam a qualidade do conteúdo, o que torna tudo isso uma vantagem competitiva.

Comportamento do consumidor

Qual é o comportamento do consumidor? Onde é gerada a necessidade pela compra de um produto? Qual será o caminho a ser seguido pelo consumidor? São perguntas importantes que às vezes não são feitas. O analista de SEO precisa estar atento à isso.

É conhecido o fato de que o consumidor, e não digo isso somente no mundo virtual, atravessa vários estágios antes de efetuar uma compra. A forma como é gerada uma compra surge de uma necessidade existente para a sua vida ou mesmo de uma necessidade ainda não existente. Bens de consumo como alimentos são necessários para a vida das pessoas, diferentemente de telefones celulares, dos quais as pessoas não dependem para viver, mas cuja necessidade foi gerada ao longo do tempo. A magia de tudo isso é entender esse processo e compreendê-lo a ponto de articular estratégias.

O conteúdo que orienta a transação tem esse desafio. As pessoas estão navegando pela web, muitas vezes sem um motivo concreto, e são pegas pelos detalhes de uma página, publicidade, conteúdos de interesse. Acham um produto interessante, com preço atraente e funcionalidades úteis. É aí que é importante entender o quanto o conteúdo de uma *landing page* pode colaborar em um processo (ou funil) de compra.

Esse funil tem cinco estágios segundo Saleh e Shukairy (2011). É possível afirmar que em cada um deles o conteúdo pode agir de uma forma diferente.

- **Reconhecimento de necessidade** — trata-se De o cliente sentir a necessidade perante um produto ou serviço através daquilo que os autores chamam de estímulos internos ou externos. Estímulos internos podem ser entendidos como aqueles que se originam do próprio ser humano. Fome, sono, dentre outros estímulos que surgem no próprio consumidor e assim geram algum tipo de consumo. Já os estímulos externos não são gerados pelo consumidor, mas por mecanismos que geram alguma necessidade. Propagandas veiculadas tarde da noite, oferecendo fast-food, por exemplo, podem estimular o consumidor a reconhecer necessidades de consumo.

- **Busca por informação** — ter um conteúdo informativo na página de produto, como mencionado anteriormente.

- **Avaliação de alternativas** — baseando-se no conteúdo direcionado à transação, os usuários poderão avaliar alternativas entre produtos e também compará-los.

- **Realização da compra**.

- **Avaliação pós-compra** — depois da compra, o cliente pode colaborar com o conteúdo direcionado à sua experiência e assim ajudar outras pessoas a comprarem.

Conteúdo orientado à informação

O conteúdo orientado à informação tem como único objetivo fornecer informação sobre determinado tema. Sites como os de notícias, blogs e direcionados a determinados mercados são conhecidos como provedores de informação. Esses sites têm uma característica comum, além da geração de informação, que é a de "provocar" naturalmente o conteúdo gerado pelo usuário, através de comentários, por exemplo.

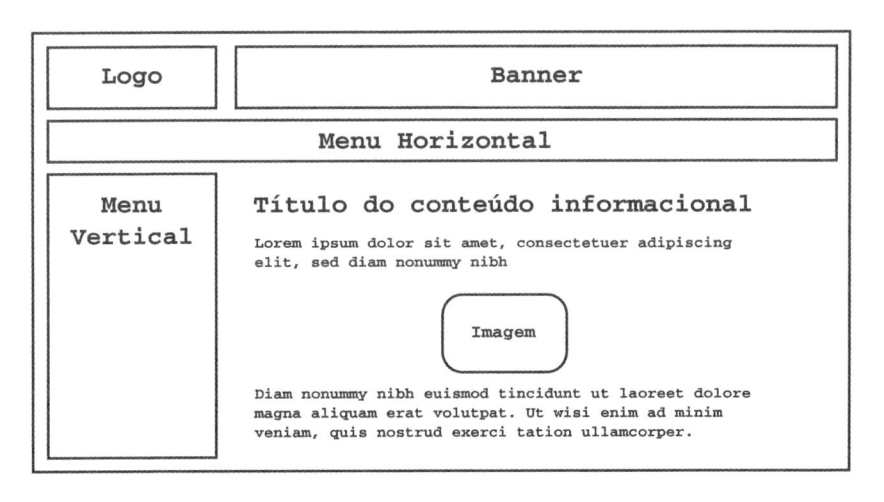

Artefatos comuns em um conteúdo informacional.

Por isso acho tão importante que blogs corporativos, por exemplo, tenham essa possibilidade. Às vezes, por medo ou não saber como lidar com reclamações de clientes, algumas marcas restringem a possibilidade de comentários nesses locais.

PDFs, imagens, gráficos, são também exemplos de conteúdos que têm como objetivo informar. Devido ao poder de abrangência da web e dos avanços tecnológicos, é cada vez mais comum encontrar conteúdos através desses formatos, que são úteis não somente para visualização do usuário perante determinada informação, como também facilitam a distribuição através de outros canais, como e-mails, impressos, entre outros:

- Um PDF que pode ser baixado por um usuário, enviado por e-mail para alguém que pode querer imprimi-lo para não ter que ler em um computador. Hoje vivemos em plena ascensão dos e-books em formatos PDF. Muitas empresas usam o formato para distribuir estudos, pesquisas, artigos, conhecimento no geral.

- Uma imagem que explana um importante conceito no ramo de engenharia pode ser incorporada em blogs de estudantes de engenharia, para comentar sobre o assunto e para que a imagem sirva de referência. Vídeos que podem servir de explanação de conceitos.

Como é possível perceber, páginas com características informacionais são ótimos não somente para servir como referência a algum tipo de informação, mas também pelo seu poder de abrangência no ambiente web e fora dele também.

Em SEO se discute muito sobre como conteúdos como esses podem ser úteis para mostrar ao usuário autoridade e especialidade perante um tema.

Imagine, por exemplo, que um blog publica um artigo sobre determinada técnica de jardinagem. Temos um conteúdo informacional rico. No entanto, **algumas pessoas podem fazer comentários no artigo** sobre a técnica e algumas outras possibilidades. Temos, também, conteúdo gerado pelo usuário. Além disso, a página pode ser distribuída através de links em redes sociais, WhatsApp ou mesmo pode ganhar links de outros sites.

O mesmo acontece em sites de notícias, sites relacionados a algum tipo de mercado ou especializados em um conceito específico. Em sites de notícias, é comum a permanência de campos em que o usuário pode fazer comentários e até copiar links para referência.

Conteúdo gerado pelo usuário

Conteúdo gerado por usuários, pode convergir com conteúdos orientados à informação e à transação. Em um e-commerce, por exemplo, irão se apresentar informações relacionadas a um produto, em alguns casos comentários de usuários, com possíveis opiniões sobre o produto. Trata-se da utilização do potencial da colaboração, que, através da inteligência coletiva (LEVY, 2003), trabalha a favor da participação em prol de um determinado fim.

No caso de comentários em páginas de produtos, o fim mais específico é dar ao usuário que está realizando a pesquisa informações oriundas de outros consumidores que já adquiriram o produto. Podem ser identificadas três formas de gerar inteligência coletiva (CAVALCANTI; NEPOMUCENO, 2007):

- Inteligência coletiva inconsciente: o usuário contribui com informações mesmo sem saber, pelo simples ato de navegar, ou seja, com seu "rastro", como cliques em links, figuras, preenchimento de formulários, etc. Esses dados são captados e guardados por ferramentas como o Google Analytics, por exemplo.

- Inteligência coletiva consciente: quando é necessário o esforço dos membros para sua efetiva concretização. Desenvolvimento de softwares, resolução de problemas em listas e fóruns de discussões etc.

- Inteligência coletiva plena: é aquela que consegue unir as duas anteriores em um mesmo ambiente.

No caso de conteúdo gerado pelo usuário, em redes sociais, blogs, fóruns etc., o tipo mais comum de inteligência coletiva é a consciente. Sendo assim, quando um determinado ambiente privilegia a participação do usuário, ele também privilegia a utilização da inteligência coletiva a favor do website e, assim, seu contexto operacional.

Desde que se tem notícia do homem na Terra, é correto afirmar que ele sempre viveu em comunidade (VENETIANER, 2000). Isso ocorre por diversos motivos: trabalho, afinidades, necessidades sociais, debate, etc., de modo que se constituem grupos e neles há uma espécie de hierarquia invisível, estimulada por nossos próprios instintos.

O que acontece hoje é que parte disso ocorre em um ambiente no qual esses grupos podem se reunir mesmo estando em locais remotos: a internet. Sendo assim, o conteúdo gerado pelo usuário é um dos mais importantes e valorizados na internet na atualidade. Trata-se de um conteúdo natural (no sentido de, na maioria das vezes, não funcionar como uma propaganda).

Em grupos existentes nas redes sociais, a todo o momento, pessoas debatem sobre produtos, serviços, polêmicas, assuntos dos mais variados, pois através desses agrupamentos é possível identificar interesses convergentes que se congregam, de modo que usuários possam trocar experiências e debater ideias (VENETIANER, 2000).

É possível encontrar comunidades na internet, como: as de profissionais, onde especialistas em determinados segmentos debatem sobre sua área; de lazer, onde pessoas falam sobre interesses comuns, como times, hobby, jogos, orientações políticas; de apoio a algum tipo de causa, como relacionados a doenças, dificuldades, vícios, proteção animal, entre outras.

Há também comunidades nas quais os usuários procuram por informações sobre determinados produtos, serviços ou mesmo para reclamar. Sobre essa última, temos um grande exemplo no Brasil, o Reclame Aqui, um site muito usado como referência, além de reclamar de condições de serviços, garantias etc., para consumidores que não conhecem determinada marca avaliarem o pós-venda da empresa.

Muitas pesquisas no Google são realizadas com palavras-chave como "site tal é bom?", "site tal é confiável?", e na grande maioria das vezes encontrando nos resultados são páginas com opiniões de usuários.

Essa é a minha preocupação em projetos de SEO, pois muitas vezes o site se posiciona bem, mas outros resultados de sites de avaliação como o Reclame Aqui estão na primeira página. O que me preocupa não é eles estarem presentes nos resultados, mas o teor dos comentários. Não adianta o empresário investir grandes quantidades de dinheiro em publicidade, SEO e outros serviços de solução de tráfego e não ter bons produtos e serviços.

Empresas se esforçam para monitorar esses conteúdos, para que possam entender o que os usuários falam sobre suas marcas, serviços, entre outros assuntos. Monitorar esses conteúdos também é uma forma de identificar tendências em determinados mercados.

Uma ferramenta simples e eficiente para monitorar conteúdos na internet é o Google Alertas (Google Alerts). Ela pode ajudar no monitoramento de marcas e assuntos relacionados a determinados mercados. Pense que, em vez de realizar uma inspeção manual através de mecanismos de busca (buscar por uma palavra e verificar os resultados), com esse sistema é possível receber alertas sobre determinadas palavras-chave escolhidas para o monitoramento. Assim, é possível encontrar novas páginas com avaliações de usuários sobre os produtos e serviços da empresa, que irão aparecer no mecanismo de busca.

Ao cadastrar cada uma das palavras-chave relacionadas no sistema do Google Alertas, ele poderá enviar avisos uma vez por dia ao e-mail cadastrado.

Entender onde o conteúdo perante determinado mercado é gerado é extremamente relevante para uma estratégia de conteúdo, pois este poderá direcionar tráfego a um site, bem como colaborar em estratégias paralelas, como as que envolvem mídias sociais e otimização de sites.

Como citei, a convergência desse tipo de conteúdo com aquele orientado à transação pode eficientemente colaborar para determinada conversão e é possível perceber que isso não acontece exclusivamente dentro de uma única página de um website, já que é possível ao usuário percorrer páginas de redes sociais para encontrar determinada informação.

Quem nunca ficou insatisfeito com um produto ou serviço?

Alguns anos atrás era mais difícil reclamar de algum produto ou serviço, ao contrário de hoje. O consumidor tinha poucas opções, como o seu círculo social mais próximo (pais, esposa, amigos) e entidades como o Procon. Contudo, com a popularização dos sites de redes sociais e do botão "comente", atualmente é muito mais fácil para o cliente desabafar, e muitas vezes essas reclamações são exibidas em listagens de busca.

Quem nunca deixou de comprar um produto em uma empresa ou ficou no mínimo desconfiado ao ouvir (no mundo físico) um comentário negativo sobre uma marca? Isso também pode acontecer na internet, justamente onde alcance dos comentários é muito maior. Há também quem fale bem de suas experiências de consumo, contudo não de forma tão abrangente quanto quem critica.

A questão é que o impulso de reclamar é muito maior do que o de elogiar. Isso é do ser humano, até porque para o consumidor uma experiência positiva pode não ser algo extraordinário, e sim uma obrigação das empresas, o que não está errado. De qualquer forma, isso não quer dizer que a empresa não possa incentivar quem teve uma boa experiência no site a contar para outras pessoas. No entanto, isso é pouco aproveitado.

Imagine que um e-commerce é como uma loja física (não estou dizendo que é igual), que tem clientes frequentes e aqueles que não são tão assíduos. Provavelmente os clientes mais frequentes têm uma identificação, seja qual ela for, com a empresa e têm experiências boas. Por que, nesse caso, não aproximar ainda mais a relação com esse cliente em busca de entender o quanto ele está satisfeito ou não com os produtos que adquiriu e, então, deixá-lo à vontade para comentar nas páginas dos produtos ou mesmo enviar seu depoimento por e-mail, para colaborar com outros usuários? Não há mal nenhum nisso. A colaboração é um fato na web contemporânea, e pode ser muito bem aproveitada para ajudar outros consumidores e também a própria empresa. É uma prova social.

Todos adoram críticas positivas, elogios e felicitações, mas muitos não reagem bem quando as críticas são negativas. Há empresas ainda que torcem o nariz ao pensar em abrir a possibilidade de comentários em páginas de produtos.

Ainda é possível encontrar empresas onde os executivos estão discutindo a possibilidade da criação de um blog com muito receio de como as pessoas vão reagir a esse conteúdo, sendo que o que mais se espera é que as pessoas reajam a esse conteúdo, comentem, enviem sugestões, enfim, colaborem. Se comentários e a força da colaboração coletiva também são conteúdo, o SEO também é um trabalho que envolve redes e círculos sociais.

A questão é que o mesmo problema que essas empresas têm no mundo físico, elas têm também no online. Muitas vezes a organização passa a maior parte do tempo tentando justificar problemas acontecidos do que resolvê-los. E isso é frustrante, pois a concorrência já está ciente desse fato e correndo atrás dessas oportunidades. Não significa que comentários em páginas de produtos, por exemplo, não devam ser moderados, até porque a própria moderação é uma forma de separar o que é construtivo para outras pessoas do que não é. Os comentários negativos são interessantes, pois passam credibilidade em relação à veracidade dos comentários e à transparência do negócio, e é justamente disso que as pessoas estão atrás.

Por exemplo: comentários de pessoas que tiveram uma experiência ruim com um produto.

> *Cliente A: diz que o produto não o ajudou, pois esperava que tivesse as funcionalidades XYZ que viu em outros aparelhos similares e não encontrou nesse que comprou [passa pela moderação, é publicado].*
>
> *Cliente B: usa palavras de baixo calão, e diz que nunca mais compra nessa loja [não passa pela moderação, pois não colaborou em nada para outras pessoas].*
>
> *Cliente C: diz que ficou insatisfeito com o produto por uma determinada característica, e diz que nunca mais compra nessa loja. [passa pela moderação, pois colabora no sentido de dar a chance de a empresa responder reconhecendo o possível problema e propondo a devolução do dinheiro etc. Para o usuário*

que vir esse comentário, no meio de outros com experiências positivas, isso resultará em uma sensação de política transparente e justa da empresa]

Essa é a lógica, ou seja, aquilo que colabora construtivamente com outras pessoas passa pela moderação, aquilo que não colabora não passa.

O conteúdo gerado por usuários, de fato, valerá no longo prazo muito mais do que os valores monetários conquistados através dos produtos, pois irão fortalecer o capital social da empresa e aproximá-la cada vez mais dos clientes, conseguindo assim fortalecer ainda mais os laços de fidelidade e lembrança. Em SEO, ajudará a tornar a página um centro de referência perante o assunto para o usuário, onde caso entenda que não é o produto que ele quer, poderá procurar opções no mesmo site.

Trata-se de uma forma de conseguir a prova social perante um produto ou serviço. Essa prova social gerada através do conteúdo poderá dar credibilidade ao negócio e aos produtos e serviços. Segundo Saleh e Shukary (2011, p. 133).

> *"Prova social (social proof) se refere às influências que outorgam credibilidade e autoridade ao seu negócio dentro da sociedade; preferivelmente, mas não necessariamente, por uma boa razão. Esse fenômeno é especialmente importante quando as pessoas não são capazes de determinar como reagir perante uma pessoa ou entidade específica e, por isso, dependem do comportamento de outros para guiar suas ações. Em muitos casos, visitantes do site avaliarão seu negócio com base na forma como outras pessoas se comportam com relação a ele."*

Ainda segundo os autores (ibdem), dados como números de clientes que compraram ou avaliaram determinado produto, menções em revistas ou programas especializados, endossos de celebridades, clientes reconhecidos, dentre outros, podem atribuir ainda mais credibilidade aos produtos.

Não simule comentários

Simular comentários é uma prática que destrói a relação com o cliente. Pense que muitos usuários entram no site através de fontes como mecanismos de busca, links em outros sites, redes de conteúdo etc. Será o primeiro contato dele com o site e certamente a primeira impressão é a que fica. Mostrar algo que não é verdadeiro pode soar estranho e não natural.

Gladwell (2005) relata, em seu livro *Blink, a decisão num piscar de olhos*, várias experiências de pessoas que em pouco segundos conseguem determinar padrões e comportamentos que elas mesmas não percebem mas ajudam a atribuir sentimentos, sensações de que algo é verdadeiro ou não. O fato é que isso também serve para a web.

Peça para um usuário fazer uma pesquisa em um mecanismo de busca e clicar em um resultado. Depois pergunte a essa pessoa o porquê de ela ter clicado em um ou em outro resultado, e ela possivelmente dirá que é porque entendeu aquele resultado como relevante, mas provavelmente, de forma rápida, sem pensar muito, não saberá dizer o motivo.

O motivo é que em nanosegundos esse usuário utilizou toda a sua experiência de navegação na web e determinou padrões de coisas relevantes ou não. Logicamente o tempo de experiência conta nesse momento também. Dessa forma, clicou naquele resultado, perante essa experiência em que o cérebro qualificou o resultado como mais apropriado, seja devido a uma palavra, a uma letra maiúscula, enfim, a algo que lhe chamou a atenção. Da mesma forma, as pessoas conseguem ter sensações sobre coisas falsas na web, uma delas, como já afirmado aqui, os comentários simulados.

Conteúdo orientado à promoção

O conteúdo promocional está relacionado àquelas propagandas utilizadas para atrair a atenção do usuário para um determinado produto ou serviço. Esse tipo de conteúdo possui algumas características como: urgência na chamada para ação — frases que atraem por intermédio de uma chamada para uma ação específica, relacionada às facilidades e limitações de uma promoção, imagens de produtos junto a preços e formas de pagamento, e palavras de impacto que chamam a atenção do usuário.

Esse conteúdo é utilizado para atrair o usuário para algum tipo de ação que terá como fim a transação. Perceba haver aqui, como nos outros tipos de conteúdo, uma convergência.

Conteúdo orientado à navegação

Ele é determinante para que o usuário possa atingir outros conteúdos. Imagine um website que possui links quebrados. Esses links, muitas vezes, além de impedirem a progressão do processo de encontrabilidade, fazem com que o usuário perca o interesse no site. Segundo Ash (2008), a navegação do site deve:

- Ser fácil de entender e, assim, agrupada em unidades lógicas. Links de uma determinada categoria devem ser agrupados em um mesmo módulo, de modo que o usuário entenda que ali encontrará também os links das demais categorias.

- Ser visível aos olhos do usuário. Muitos usuários despendem tempo procurando itens vitais para a navegação, como interfaces de busca, que ficam escondidas e dificultam a navegação — use a experiência do usuário a seu favor! Não tente inventar a roda.

- Dar suporte à tarefa do visitante — ele precisa preencher um formulário? Dê instruções sobre formatos ou automatize essa tarefa. Por exemplo, não exija pontos e hífen no CPF, faça isso automaticamente.

- Usar textos-âncora e etiquetas de botões adequadas ao objetivo da próxima página.

- Promover o contexto de modo que o visitante saiba onde se encontra dentro do site.

- Ser tolerante com erros, o que significa permitir que os usuários possam reverter ações, e orientá-los a recuperar-se dos erros.

Botões, links, migalhas de pão e resultados de uma interface de busca são bons exemplos de conteúdos orientados à navegação. Nesse sentido, por exemplo, uma página de erro 404, aquela que o usuário comumente encontra quando clica em um link quebrado, colabora para a recuperação de erros. Logo, se trata de um conteúdo orientado à navegação.

Ao examinar um site, o analista de SEO precisa estar atento a esses itens, que devem ser permanentes no seu *checklist* de verificação, afinal esse tipo de conteúdo é primordial para uma navegação adequada do usuário pelas páginas do site.

Em blogs e sites de notícias, por exemplo, é comum encontrar links de texto em palavras no meio do conteúdo. Trata-se de uma ação que orienta o usuário a conseguir mais informações sobre aquele determinado assunto (no caso, o texto-âncora do link) em outra fonte de referência, como outra página do mesmo site ou de outro site (gosto de chamar de link de saída). É um recurso importante de navegação que converge junto à estrutura informacional. Ele trabalha em prol do processo de encontrabilidade de informações que o usuário executa no momento, melhorando sua experiência.

Em sites com características orientadas à transação, como em sites de comércio eletrônico, os links exercem um papel fundamental no sentido de categorizar, orientar, enfim, estruturar as possibilidades. Eles podem categorizar os grupos de produtos e absorver subcategorias que serão entendidas no processo navegacional, como botões ou links textos.

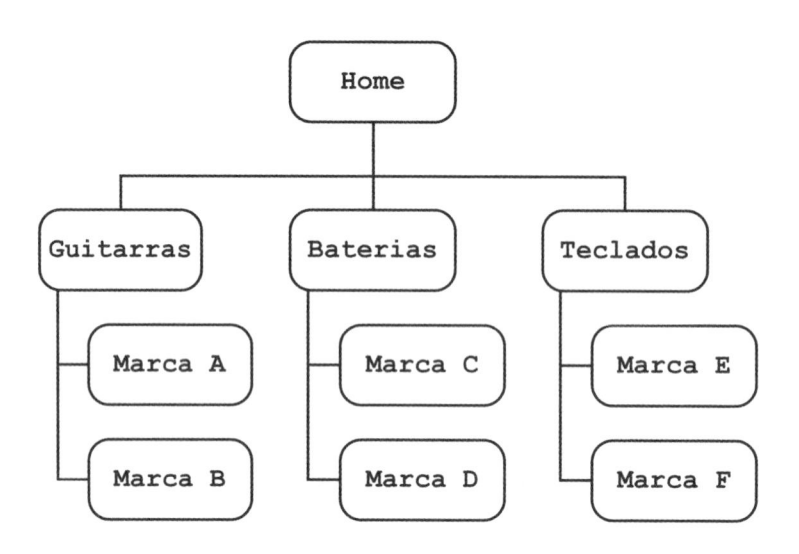

```
                    ┌──────┐
                    │ Home │
                    └──┬───┘
          ┌────────────┼────────────┐
    ┌─────┴────┐  ┌────┴────┐  ┌────┴────┐
    │ Guitarras│  │ Baterias│  │ Teclados│
    └─────┬────┘  └────┬────┘  └────┬────┘
          ├─ Marca A   ├─ Marca C   ├─ Marca E
          └─ Marca B   └─ Marca D   └─ Marca F
```

Árvore estrutural de categorias e subcategorias de um site direcionado ao comércio de instrumentos musicais. Home é o nível zero de navegação; as categorias seguintes (guitarras, baterias e teclados), nível 1; e assim por diante.

XPTO Instrumentos Musicais
- Guitarras
    - Marca A
    - Marca B
- Baterias
    - Marca C
    - Marca D
- **Teclados**
    - Marca E
    - Marca F

Exemplo de menu que expõe as categorias e subcategorias navegáveis do website. A indentação das subcategorias sugere a profundidade perante a navegação.

Segundo Moherdaui (2000), os links dão profundidade à informação. Sendo assim, recomendo que sejam consideradas, sempre, palavras-chave que possam estimular a memória do usuário dentro do contexto da busca. Para Santaella (2007, p. 307), trata-se de "nós e nexos associativos, são os tijolos básicos da construção do hipertexto"; apesar das convenções, a não linearidade se aplica ao contexto de navegação.

Os links podem ser oriundos de outros sites, também conhecidos como links externos ou *backlinks*.

Interfaces de busca também colaboram para o processo navegacional. São responsáveis pela pesquisa interna do site, no qual, em vez de buscar uma informação entre as categorias de links, o usuário pode procurar por meio da palavra-chave no campo da interface de busca e obter o resultado de conteúdo, com pequenas descrições (*snippets*).

No contexto navegacional, é possível perceber que o conceito de espaço é um tanto quanto difícil de determinar, principalmente tratando-se do usuário. Em páginas de websites não há limites físicos de navegação como os conhecidos no mundo real. Por exemplo, ao clicar em um link, o usuário não percorre um caminho, ele vê pontos de referência, simplesmente é transportado de uma página para a outra. Já abordei em outro livro (FORMAGGIO, 2010) como é comum usuários, no momento da navegação, esquecerem por quais páginas passaram.

O conteúdo de uma "migalha de pão" (conhecida também como breadcrumb), através de palavras-chave, orienta o usuário por onde passou e onde está. No capítulo sobre usabilidade, falo mais sobre esse recurso.

A não linearidade da web

Ao construir um site, uma das dúvidas ainda mais permanentes na cabeça de desenvolvedores e projetistas é qual o melhor caminho, a melhor arquitetura de informação para um tipo específico de negócio.

Na grande maioria das vezes, principalmente em empresas que funcionam como "fábricas de sites", é comum que os envolvidos realizem um benchmarking, que nada mais é do que identificar as principais características de aplicação em um site conhecido em determinado mercado, para definição de uma plataforma e arquitetura de informação. Assim, é possível absorver elementos e uma arquitetura já conhecida pelo usuário desse específico mercado e, com isso, também alguns problemas.

As páginas web formadas através de hipertexto (texto, imagens e outros elementos em formato digital) conduzem o usuário até a informação de uma forma não linear. Sendo assim, quando não se levam em consideração os possíveis problemas que um site pode ter em seu projeto de conteúdo e navegação, a não linearidade, podem ocorrer pontos de fuga (saída do usuário) e, consequentemente, baixo engajamento.

Krug (2006) comenta que, ao gastar um determinado tempo observando como as pessoas usam sites da web, se impressionou com a diferença entre como achamos que elas usam e como realmente fazem o uso. A questão é que se projeta um site para navegação, mas os usuários usam de outra forma. Segundo Krug, o que acontecerá na verdade é as pessoas examinarem a página, uma parte do texto, e clicarem no que é relevante para elas, às vezes nem se lembrando daquilo que estavam procurando. As pessoas escaneiam com os olhos as páginas do site.

Santaella (2007) fala sobre o caráter não linear do hipertexto e como é possível para o usuário seguir um caminho diferente daquele traçado por quem o desenvolveu. Segundo a autora (ibidem, p. 300), o hipertexto é "uma série de vínculos não lineares entre fragmentos textuais associativos, interligados por conexões conceituais (campos), indicativas (chaves), ou por metáforas visuais (ícones) que remetem, ao clicar de um botão, de um percurso de leitura a outro".

É isso o que acontece no momento em que o usuário navega através de um website, pois é possível para ele perceber aquilo que Santaella (2007) chama de módulos de informação, que consistem em partes ou fragmentos de textos. Ou seja, aquilo que é presente no conteúdo de uma página, como blocos de texto, links de navegação, dentre outros.

A sequência de acesso a cada um desses módulos de informação será determinada pelo próprio usuário. Não há um caminho único pelo qual seja obrigatório passar, e quando há, a navegação pode se tornar maçante a ponto de que ele abandone o site.

> *"A não-linearidade é uma propriedade do mundo digital. Nele não há começo, meio ou fim. Quando concebidas em forma digital, as ideias tomam formas não lineares"* (SANTAELLA, 2007, p. 316).

Uma página web precisa dispor, no ambiente de navegação e leitura, de elementos que o ajudem a construir uma base para sua navegação, que o façam entender para onde é possível avançar, clicar, enfim, interagir: links, migalhas de pão, interfaces de busca, entre outros que, dentro da natureza do hipertexto, ajudem a promover a encontrabilidade de uma informação.

Considerações sobre os tipos de conteúdo

O entendimento para as características mais comuns de conteúdos existentes é importante para que se possa observar, além das características, os problemas mais comuns existentes, como: em conteúdos orientados à promoção, a propaganda é exagerada e com muita utilização de adjetivos, e informações úteis não são passadas; no caso do conteúdo orientado à informação, a leitura pode ser prejudicada por uma falta de estruturação e demonstração de tópicos e relevâncias tornando a leitura cansativa. Dessa forma, é possível, também, elaborar um projeto adequado para o conteúdo de um site, sendo eliminadas as possibilidades de problemas conhecidos.

No quadro a seguir, são explanadas as características e os problemas mais comuns para cada tipo de conteúdo presente na web.

Características e problemas em conteúdos para web

Orientação	Características	Problemas comuns
Transação	Possui informações que devem orientar o usuário para a conclusão de uma ação, como preço, imagens, informações de um produto ou serviço e suporte à compra, como FAQs, perguntas frequentes, entre outras.	Falta de informações sobre o produto, não existência de imagens, formas de pagamento não claras, entre outras informações que apoiem o usuário à transação.
Informação	Conteúdo simplesmente informacional. Tem como objetivo conceder informações ao usuário sobre determinado tema. Geralmente, vem acompanhado de fotos, textos etc.	Falta de estruturação, carência de imagens e outros artefatos que apoiam a informação, como esquemas para explanar conceitos complexos, vídeos e links de referência.
Promoção	Orientado para chamadas com uma característica apelativa junto a uma chamada para a ação, como: "Os melhores produtos em 5x no cartão! Compre agora!". Em sua grande maioria, esse tipo de conteúdo tem como objetivo a compra por impulso. Dessa forma, precisa haver um caráter de urgência na chamada.	Em alguns casos, há um foco tão grande na promoção que frequentemente acaba-se esquecendo de colocar alguma descrição do produto para que o usuário fique realmente interessado.

Navegação	Foco na navegação: texto-âncora de links, migalhas de pão, botões, resultado de buscas internas em um site, entre outros artefatos que ajudam o usuário no processo de encontrabilidade dentro do website.	Links quebrados, texto-âncora inadequado, falta de informações de apoio à recuperação de erro.
Gerado pelo usuário	O conteúdo é gerado exclusivamente por usuários, não há compromisso destes com determinado produto ou serviço. Normalmente compartilham sua experiência com determinado produto ou serviço.	Falta de suporte ao conteúdo, ou seja, falta de artefatos úteis para que o usuário possa expor suas ideias, como opções de formatação de texto, exposição de links, compartilhamento etc.

É interessante, no projeto de conteúdo de um site, também entender, além das características e problemas comuns, qual o comportamento esperado naquele específico. O quadro a seguir mostra o que é desejável para cada tipo de conteúdo.

Características desejáveis para cada tipo de conteúdo

Orientação	Conteúdo desejável
Transação	O conteúdo deve fornecer suporte à transação que será realizada pelo usuário. Imagens, informações técnicas, formas de pagamento, suporte a dúvidas, dados de FAQ, ajuda, entre outras informações que podem colaborar para que o usuário conclua a transação.
Informação	Informações direcionadas a um determinado tema, imagens, vídeos, esquemas, links de referência, que irão contribuir para o aspecto informacional perante determinado tema.
Promoção	Além de uma chamada à ação, informações rápidas como: pagamento, desconto, descrição, entre outras, que, junto com a chamada à ação, contribuam para a conversão do usuário.
Navegação	Direcionamento a uma navegação apropriada, em que o usuário possa clicar em links, preencher formulários, procurar informações, avançar e voltar através das páginas e ainda assim ter a sensação de localização (onde se está) no contexto do website.
Gerado pelo usuário	Em websites que promovem e privilegiam o conteúdo gerado pelo usuário, devem existir artefatos que identifiquem os respectivos atores (como campo para nome, e-mail, website), de modo que possam gerar conteúdo, se reconheçam e seja possível direcionamento de resposta e comentários.

Exemplo da descrição dos objetivos e demais características de um conteúdo direcionado a uma loja de instrumentos musicais

Itens de verificação	Detalhamento
Tipo de conteúdo	Conteúdo orientado à transação na loja virtual. No entanto, a loja vai ter um blog onde informações sobre instrumentos musicais, últimos lançamentos, entre outras informações, serão postadas. Dessa forma, também haverá, dentro da árvore de áreas do site, conteúdo informacional (orientado à informação). Além disso, no próprio blog, vídeos de testes com instrumentos, bem como comentários de usuários também serão registrados (conteúdo gerado pelo usuário).
Usuário característico	O foco de usuários são aqueles que procuram por um instrumento para comprar ou queiram informações sobre um instrumento recém-adquirido. O blog irá servir como ferramenta de apoio para que o usuário veja a opinião de outros usuários, testes com guitarras e outros instrumentos através de vídeos etc.
Comportamento esperado	Espera-se que o usuário entre no site, oriundo de algum artefato de publicidade, sites de redes sociais ou mecanismos de busca, adquira informações sobre o produto e compre-o.
Caminho	Preferencialmente deseja-se que o usuário fique ao máximo de dois cliques de distância do seu objetivo principal. Logo, se o caminho de entrada for a home do site, ele deverá estar a dois cliques do mouse do produto desejado.

Ao analisar o último quadro, é possível perceber algumas particularidades em cada um dos itens de verificação, que devem ser observados. Em "tipo de conteúdo", percebe-se que há uma plena integração entre os tipos. Quando falo em "tipos", não me refiro a uma classificação, mas à orientação deles, pois mesmo cada um trabalhando em uma segmentação orientada, todos fluem através de um fim comum. Dessa forma, entende-se que juntos compõem um só site, um só objetivo. Sendo assim, é preciso entender seus direcionamentos, como no caso ilustrado: um será objetivado a vender; outro a informar; e outro a ouvir outros usuários. No pano de fundo, o conteúdo orientado à navegação (links, botões, formulários) trabalhará para que tudo isso ocorra no tempo determinado pelo usuário, que nesse cenário todo é o grão-mestre do processo.

É de se notar também que, ao definir o usuário característico, pode-se realizar um detalhamento mais aprofundado de suas características, como idade, renda, entre outros dados que só têm a colaborar para definição do conteúdo e de quem irá navegar por ele. O comportamento desse usuário no site, suas possibilidades e interações também devem ser observados, assim como os caminhos que ele pode percorrer e as premissas necessárias para que isso aconteça.

Conhecendo outros sites e seus conteúdos

A prática do benchmarking deve ser algo constante quando se tratam de estratégias empresariais. Segundo a Wikipédia: "Benchmarking é a busca das melhores práticas na indústria que conduzem ao desempenho superior. É visto como um processo positivo e pró-ativo por meio do qual uma empresa examina como outra realiza uma função específica a fim de melhorar como realizar a mesma ou uma função semelhante. O processo de comparação do desempenho entre dois ou mais sistemas é chamado de benchmarking, e as cargas usadas são chamadas de benchmark."[42]

//

42 https://pt.wikipedia.org/wiki/Benchmarking

Na internet não é diferente. Independentemente do tipo de negócio e do conteúdo de um website, é importante realizar um comparativo entre ele e seus concorrentes de nicho.

Isso poderá ajudar o analista de SEO a identificar falhas e princípios que agreguem a eles alguma vantagem competitiva. É importante reconhecer a estratégia de conteúdo dos concorrentes de nicho, de modo a entender o que o usuário está acostumado a encontrar no que se refere a determinado conteúdo.

Conteúdo de blogs

Se você vai escrever um blog, é importante entender que um dos indicadores de sucesso desse tipo de website é o número e a qualidade dos comentários. Sendo assim:

a. Faça uma pesquisa dos blogs de maior sucesso na web, veja o que os blogueiros fazem para provocar seus leitores a comentarem.

b. Faça também uma inspeção de modo a identificar os posts mais comentados. Você vai perceber que boa parte deles vem de posts polêmicos ou relacionados a humor. Na linha de posts com muitos comentários, você perceberá que blogs esportivos com foco no futebol possuem altos índices de comentários, principalmente quando são polêmicos. Alguns chegam a ter centenas de comentários.

c. Atente-se também à linguagem utilizada e a suas particularidades críticas, argumentativas, nível de conhecimento sobre o assunto.

Não significa que um blog, para ser famoso, tenha de ser só polêmico, mas é preciso entender o que é relevante ao usuário e o que vai provocar a participação.

Conteúdo de sites de e-commerce

Sites de e-commerce têm peculiaridades relacionadas aos produtos em suas páginas. Desse modo, o foco desse tipo de conteúdo é direcionado a tudo que orienta o usuário a uma transação. Nessa linha de raciocínio, é importante elaborar pesquisas para saber de que forma outros sites de e-commerce articulam seu conteúdo, informações que disponibilizam sobre o produto, tudo dentro de um olhar crítico perante as informações disponibilizadas (é importante incluir nesse processo especialistas em conteúdo e arquitetura de informação).

É importante também observar os sites institucionais e blogs que acompanham os e-commerces. Esses sites têm como objetivo principal continuar ou iniciar o diálogo com o consumidor. Geralmente, proporcionam um diálogo mais aberto entre empresa e consumidor, por meio dos quais podem ser elaboradas promoções, artigos e vídeos sobre produtos que estão à venda. Sendo assim:

a. Ajude o cliente a definir as possíveis orientações de conteúdo do website. Para isso, inclua especialistas envolvidos no desenvolvimento e responsáveis pelas áreas do site.

b. Procure por concorrentes do mesmo nicho em que a empresa atua.

c. Faça uma lista com os prós e contras dos conteúdos inspecionados.

d. Veja também o que os usuários em redes sociais estão falando sobre essas marcas. Você poderá encontrar críticas relacionadas ao conteúdo, à dificuldade de navegação, dentre outras.

e. Configure o Google Alertas com palavras-chave relacionadas à área de atuação do cliente, para receber uma listagem de conteúdo relacionado que foi gerado.

f. Oriente o cliente para não copiar o conteúdo do concorrente. No caso de blogs ou sites de artigos, ao copiar trechos como citação ou complemento de ideias, não se esqueça de referenciar a fonte.

Atuando como consultor de SEO, sempre coloco essas e outras orientações sobre conteúdo em um manual que geralmente eu escrevo junto com a equipe do cliente, já para engajá-los nessas e outras boas práticas.

Procurei explanar o objetivo de cada conteúdo, suas orientações características, problemas comuns e o que se espera para cada um deles. A mensagem que fica deste capítulo e para quem trabalha direta ou indiretamente com conteúdo para web e SEO é: ao tratar do projeto de conteúdo de um website, tão importante quanto desenvolver um produto é pensar a todo momento na experiência do cliente final.

Quando se trata de conteúdo, o analista de SEO precisa considerar também o EEAT — *Experience, Expertise, Authoritativeness and Trust,* que é a Experiência, Especialidade, Autoridade e Confiança do site.

A seguir, traço uma continuidade dessas premissas embasadas em tipos de conteúdo nos quais requisitos de arquitetura de informação são considerados de modo a complementar as explicações fornecidas até aqui.

ARQUITETURA DE CONTEÚDO

"Escrever é cortar palavras. De fato, nunca ou quase nunca você consegue um texto que não sofra uma amputação ao longo do trabalho de revisão. Quando vai passar a limpo ou quando vai rever uma nova edição de um texto em um livro, você invariavelmente suprime alguma coisa ou troca, que é uma forma de cortar. Corta-se uma coisa em benefício de outra."
Carlos Drummond de Andrade

Ser conciso, apresentar aquilo que é necessário e, assim, estruturar a informação de forma que seja útil e agradável é um dos desafios ao escrever. Principalmente quando se trata de conteúdo textual.

Pense em como o usuário realiza uma leitura, seja em um livro físico, em um computador ou mesmo um dispositivo móvel, como um celular. Trata-se de mídias diferentes e, consequentemente, comportamentos diferentes. Para projetar um site, adequado à boa leitura, primeiramente é importante saber como ele realiza a leitura.

A revolução da leitura se passou na Alemanha, no fim do século XVIII (BURKE, 2003), onde o padrão de leitura extensiva passou a ser mais utilizado do que a leitura intensiva. Por leitura extensiva, é possível entender aquela em que se faz uma espécie de consulta, se passam os olhos em busca de uma determinada informação, diferente da leitura intensiva, mais direcionada ao ato de consumir toda a informação presente em uma determinada obra, ao ler todo o conteúdo.

Ler todo o conteúdo de uma página web é justamente o que um usuário não faz, e o analista de SEO precisa levar isso a sério. Ler palavras em dispositivos eletrônicos não é uma atividade agradável, principalmente do ponto de vista de processamento dessas informações, já que o usuário é disputado por muitas outras distrações.

Ao consultar um livro em leitura extensiva, ele somente passa os olhos através do corpo da página, procurando aquilo que é de seu interesse, possivelmente palavras-chave relacionadas com o tema de sua busca. Sendo assim, esse é o ponto primordial da arquitetura de conteúdo, ou seja, o usuário poderá encontrar facilmente as informações que lhe interessam.

Pirâmide invertida

A pirâmide invertida é um recurso conhecido por jornalistas e muito utilizado em materiais impressos como jornais, revistas, dentre outros. É importante comentar que se trata de uma das técnicas que mais se ajustam ao ambiente digital, pois a maior vantagem desse tipo de abordagem é seu estilo organizacional que privilegia um pequeno resumo sobre a informação que será dissecada ao longo do conteúdo.

Por muitos anos utilizada em textos offline, foi trazida para o mundo online e adaptada às mais diversas formas de arquitetura de conteúdo, para ser possível o aproveitamento máximo dessa técnica que colabora para que o usuário vá direto àquilo que lhe interessa e é importante para sua experiência.

Na estrutura da pirâmide invertida, a informação mais importante é mostrada primeiro, assim a conclusão sobre determinada informação é fornecida e privilegiada. Depois, a informação é contextualizada através de tópicos até outras informações. Sendo assim, aquilo que é mais importante deve ser privilegiado nos primeiros parágrafos e, conforme a importância vai diminuindo, se chega à ponta inferior da pirâmide.

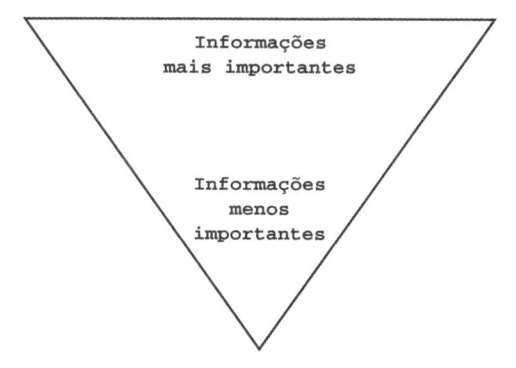

Metáfora da pirâmide invertida, utilizada para exemplificar a estruturação de informações em uma página, de modo a privilegiar o conteúdo mais importante nas primeiras posições do conteúdo. Perceba, na imagem anterior, que o mais importante encontra-se na parte superior da pirâmide. Dessa forma, aquilo que é verdadeiramente importante ao usuário será visualizado primeiro.

Como comentei, a web possui um caráter não linear, e esta é uma das maiores vantagens na utilização da pirâmide invertida, principalmente ao utilizar subtítulos em conjunto, pois possibilitarão a leitura daquilo que interessa ao usuário. Assim, é possível usar a analogia de várias pirâmides invertidas ao longo do conteúdo.

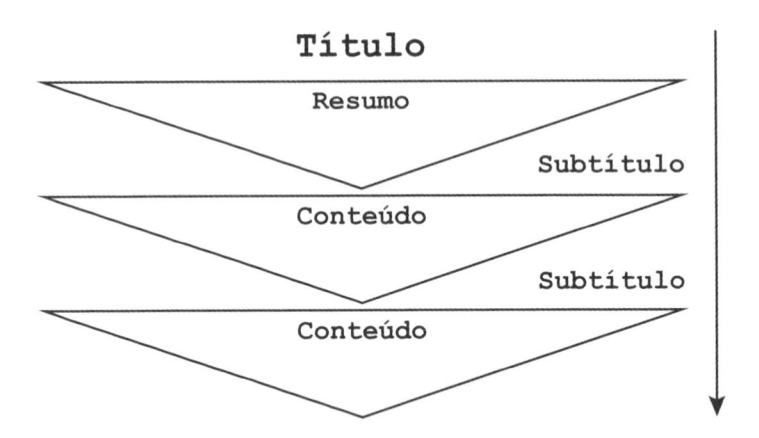

```
                    Título
         ▽▽▽▽▽▽▽▽▽▽▽▽▽▽▽▽▽▽▽▽
              Resumo
                       Subtítulo
         ▽▽▽▽▽▽▽▽▽▽▽▽▽▽▽▽▽▽▽▽
              Conteúdo
                       Subtítulo
         ▽▽▽▽▽▽▽▽▽▽▽▽▽▽▽▽▽▽▽▽
              Conteúdo
```

Pirâmide dentro de pirâmides. Nesse modelo, o uso de subtítulos pode ajudar a estruturação de tópicos que formarão o contexto de cada subtítulo.

No exemplo anterior, o texto é embasado em uma pirâmide invertida com apoio através de subtítulos. Também é possível elaborar uma proposta de utilização dessa estruturação de subtítulos em novas páginas, ao invés de uma única.

A pirâmide pode ser contextualizada em outras páginas, também de modo que os textos fiquem menores e os temas relacionados permaneçam em páginas independentes e com um foco específico. Isso acontece principalmente no caso de grandes temas.

Eu já recebi muitas perguntas, como se isso poderia prejudicar ou ajudar o SEO do site. Não vejo como algo que possa melhorar a experiência do usuário prejudicará em termos de otimização.

Cada uma das páginas irá compor uma pirâmide invertida perante a especificação do assunto. No entanto, esta é somente uma técnica que deve ser utilizada para textos muito longos, que exigirá do usuário que role a tela várias vezes para baixo — uma vez que o objetivo do desdobramento em páginas é justamente centralizar a especialização do tema em locais diferentes.

De modo geral, pode-se afirmar que o fim básico das técnicas de pirâmide invertida é mostrar ao usuário primeiro aquilo que é importante e genérico para sua informação e posteriormente a especialização do assunto.

No caso de sites de e-commerce, por exemplo, na página de um produto, a imagem deve aparecer primeiro. Informações sobre o produto, preço, botão Comprar, dentre outros artefatos de interesse do usuário, também devem ser considerados em localizações privilegiadas. Sendo assim, é possível entender que a pirâmide não é só texto, afinal ela absorve outros recursos como: imagens, links, dentre outros artefatos disponíveis no hipertexto, que também vão compor a estrutura da página. Portanto, esses elementos também farão parte da pirâmide.

Independentemente da forma como for utilizada a pirâmide invertida, é importante que recursos de formatação e estruturação de informação sejam utilizados para melhorar ainda mais a experiência do usuário.

Fica claro que recursos relacionados à formatação de informações, como ênfase, itálico, dentre outros, também colaboram para a formação da estrutura da pirâmide e para a experiência do usuário ao buscar informações dentro da página.

O foco na usabilidade de leitura é um dos pontos que o analista de SEO deve ficar muito atento.

Recursos de formatação e estruturação

Para facilitar a encontrabilidade de informações em uma página, recursos de formatação e design podem e devem ser utilizados.

Esses elementos podem chamar a atenção do usuário para alguma informação importante. Tomemos como exemplo para ilustrar as imagens a seguir. A primeira possui somente texto, enquanto a segunda abusa de elementos de formatação e outros artefatos informacionais.

```
Lorem ipsum dolor sit amet, consectetur adipisicing
elit, sed do eiusmod tempor incididunt ut labore et
dolore magna aliqua. Ut enim ad minim veniam, quis
nostrud exercitation ullamco laboris nisi ut aliquip
ex ea commodo consequat. Duis aute irure dolor in
reprehenderit in voluptate velit esse cillum dolore eu
fugiat nulla pariatur. Excepteur sint occaecat cupidatat
non proident, sunt in culpa qui officia deserunt mollit
anim id est laborum.
```

Texto sem formatação.

Lorem ipsum

Lorem ipsum dolor sit amet, consectetur adipisicing elit, sed do eiusmod tempor incididunt ut labore et dolore magna aliqua.

Ut enim ad minim

Ut enim ad minim veniam, quis nostrud exercitation ullamco laboris nisi ut aliquip ex ea commodo consequat. Duis aute irure dolor in reprehenderit in voluptate velit esse cillum dolore eu fugiat nulla pariatur.

Excepteur sint occaecat:

- Cupidatat non proident, sunt in culpa qui officia deserunt mollit anim id est laborum.

Texto utilizando recursos de formatação.

Tendo como princípio o fato de que usuários irão escanear a página com os olhos em busca de uma determinada informação que lhe chame a atenção, a segunda imagem se aproxima mais daquilo que será o ideal em termos de arquitetura de informação para que ele encontre o que precisa.

Perceba que, no primeiro exemplo, o texto se apresenta sem nenhum destaque, sem nenhum recurso que colabore para o usuário entender o que é importante e o que não é. À primeira vista, trata-se somente de um bloco, uma parede de letras que não esboça alguma informação útil sem que o usuário tenha de inspecionar e ler cada uma das linhas. O segundo exemplo já é mais específico em seus objetivos, pois aborda título, subtítulo, palavra negritada e uma lista com possíveis itens.

Títulos e subtítulos

Da mesma forma que é preciso se pensar na estrutura da informação em um site, do ponto de vista da hierarquia das informações, ou seja, como serão distribuídas as categorias e páginas do site, a mesma preocupação deve ser tido dentro da página que é, nada mais, nada menos, que a continuação dessa estrutura. Segundo Saleh e Shukairy (2011, p. 244) o título ou cabeçalho deve ser de fácil compreensão por parte dos usuários, pois:

> "O título deve afirmar com clareza o produto ou serviço que você está oferecendo, além de enfatizar por que esse item é necessário. Simplesmente ao lerem o título, seus visitantes deverão ter certeza de que serão beneficiados se utilizarem seu produto ou serviço."

De acordo com os autores, títulos devem ser fáceis e práticos de modo que as pessoas possam identificar rapidamente também a resolução de problemas. Os autores exemplificam títulos como:

> "O segredo do mercado de cosméticos"
> "Técnicas especiais para melhorar seu resultado financeiro"
> "Cinco formas fáceis de estudar de modo eficiente"
> "Uma forma fácil de aumentar suas vendas"

Além disso, os títulos precisam estimular a curiosidade das pessoas e se destacar do restante do texto.

Títulos e subtítulos são ótimos também por estruturar as camadas de uma determinada informação, pois convergem o conteúdo através de tópicos que orientam, em um primeiro momento, o usuário para aquilo que realmente é importante.

Em conteúdos de caráter informacional, esse recurso é frequentemente utilizado, principalmente em se tratando de sites de notícias, blogs, enciclopédias eletrônicas, especializados em informação sobre determinado assunto, dentre outros.

No exemplo a seguir, em um verbete da Wikipédia, esse recurso é utilizado de modo a dividir em tópicos um determinado assunto para que seja possível, de uma maneira eficiente, **identificar a disposição** das informações.

Título e subtítulos estruturando a informação através de tópicos importantes de um mesmo assunto.

Percebe-se que para o mecanismo de busca Google essa estruturação também pode ser importante, pois ele estrutura seu snippet de resultado pelas palavras-chave de títulos relacionadas com a página, de modo a identificar já na listagem os tópicos importantes. São os conhecidos sitelinks.

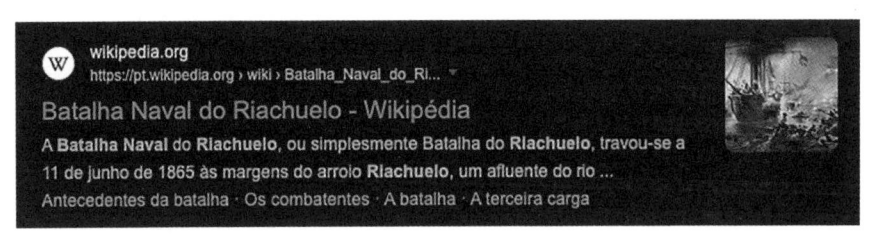

> wikipedia.org
> https://pt.wikipedia.org › wiki › Batalha_Naval_do_Ri...
> **Batalha Naval do Riachuelo - Wikipédia**
> A **Batalha Naval** do **Riachuelo**, ou simplesmente Batalha do **Riachuelo**, travou-se a 11 de junho de 1865 às margens do arroio **Riachuelo**, um afluente do rio ...
> Antecedentes da batalha · Os combatentes · A batalha · A terceira carga

Resultado de busca no Google pela palavra-chave "Batalha do Riachuelo". Tópicos relacionados aos subtítulos na descrição da página.

Identificar a disposição das informações num primeiro momento da navegação em um site é importante, pois, ao acessar uma página, o usuário pode estar vindo de um mecanismo de busca, e nessa busca por informação é comum que o usuário esteja com pressa. Sendo assim, ele vai preferir encontrar a informação rapidamente e precisa, em poucos segundos, se entender que a página possui a informação de que precisa.

Imagine se, ao acessar a página, o usuário se depara com um bloco de texto. Será difícil entender que ali existe uma extensão da busca que ele realizou. Em uma página em que os tópicos se dividem em títulos e subtítulos, a informação ficará mais exposta e disponível ao usuário.

Para títulos e subtítulos, é importante a utilização de palavras significativas em termos de informação para o usuário. Ao processar uma busca na web, o usuário elabora perguntas na forma de palavras-chave, ou seja, palavras que, para ele, resumem o sentido de determinada informação. Desse modo, é preciso considerar a utilização de palavras-chave que sejam significativas ao usuário. No exemplo a seguir, a informação é passada, primeiro, genericamente e depois de forma mais específica:

Exemplo 1:

"Ator de emissora carioca é preso"

Exemplo 2:

"Fulano da emissora XPTO é preso por não respeitar passageiro no avião em Congonhas"

No exemplo 2, é especificado:

- O nome do ator e da emissora: nomes são importantes em chamadas como essas. No caso de um site de artigos sobre informática, por exemplo, a utilização do nome seria de técnicas, conceitos ou especialistas. O cuidado com o título é a diferença entre o usuário ler ou não uma notícia ou artigo, visto que, na maioria das vezes, principalmente em sites de notícia, os primeiros elementos a serem visualizados são o título, resumo e alguma imagem de apoio utilizada. Perceba que no exemplo o nome do ator, que neste caso é uma palavra-chave, encontra-se como sendo a primeira da frase. Recomenda-se a utilização da palavra-chave sempre perto do início da frase do parágrafo. O que aconteceu: trata-se do motivo da notícia. Tem muita importância no título, pois liga o nome do personagem envolvido a um acontecimento. Localização: outro elemento importante de informação para um título, pois ajuda a complementar ainda mais a informação.

O exemplo 1 tem pouca informação. Basicamente, o usuário só sabe que um ator de uma emissora carioca foi preso. Às vezes esse formato é utilizado como click bait, ou seja, isca de clique, mas sinceramente eu acredito mais no segundo modelo, principalmente quando se trata de engajar realmente o usuário.

Um detalhe a ser acrescentado é que títulos, apesar de informativos, devem ser concisos, de modo que sejam lidos rapidamente. Dessa forma, algumas informações sobre localização ou envolvidos em uma determinada notícia, caso não seja possível ficarem no título, podem ser localizadas no resumo ou nos primeiros parágrafos com destaque.

Títulos e subtítulos propõem aos olhos do usuário um foco de atenção e busca por informação, que parte da esquerda para a direita (considerando usuários ocidentais). Ou seja, movimentos horizontais que o usuário realiza com os olhos de modo a procurar informações que lhe interessam.

Assim, a utilização de parágrafos curtos também irá colaborar diretamente para tornar a leitura mais agradável. Parágrafos muito longos dificultam e intimidam os usuários.

Segundo Nielsen e Loranger (2007, p. 282) a legibilidade está relacionada ao ato de dividir o conteúdo em pequenas partes:

> *"Parágrafos curtos cercados por espaço em branco parecem mais acessíveis que uma parede sólida de texto. Informações reduzidas a partes digeríveis facilitam a varredura, permitindo que as pessoas vejam as divisões naturais e absorvam as informações em partes gerenciáveis."*

O que os autores querem dizer com parede sólida é que parágrafos com espaços parecem com blocos, paredes formadas por caracteres (caso se trate de um texto com formatação justificada, essa impressão fica ainda mais forte).

As partes gerenciáveis podem ser entendidas como aquelas em que o usuário tem o poder de controle de leitura com os olhos, através de "pausas" em branco e espaços para descanso dos olhos. Nielsen e Loranger (2007) ainda complementam que não há uma regra específica para o número de linhas de parágrafos, contudo observam que é útil mantê-los com menos de cinco frases. Nesse caso, as frases podem ser entendidas como as mensagens relevantes expostas em cada linha do parágrafo.

Quebrar os parágrafos em outros, cortar palavras desnecessárias e utilizar aquelas de maior entendimento e conhecimento dos usuários nesses parágrafos também ajudam na leitura.

A utilização de títulos e subtítulos por si só já irá, de certa forma, organizar a leitura. No entanto, a utilização de parágrafos curtos, cada um deles comprometido com trechos importantes de determinado tema, também será de grande apoio à estrutura e ao processamento de informações. Assim, fornecerão maior desempenho ao usuário no momento da leitura.

Mostre o benefício

Saleh e Shukairy (2011) afirmam também que é importante que um título inclua algum benefício aos usuários mostrando algo positivo ou negativo. Segundo os autores, títulos positivos podem mostrar informações que remetem a:

- Economia — títulos que demonstrem como o usuário pode economizar com as técnicas ou benefícios contidos naquele conteúdo, algo como *"Economize 20% na revisão de seu carro"*.

- Lucros — as pessoas têm uma tendência a querer sempre potencializar lucros, sendo assim, conteúdos voltados para esse fim podem conter títulos como *"Saiba como potencializar seus lucros com o mínimo esforço"*.

- Benefícios.

- Rendimentos.

- Recompensas.

Há também o desafio de que o título fique atrativo, comentam Saleh e Shukairy (2011), assim a utilização de palavras como "segredos", "técnicas especiais", "dicas" etc. ajuda ainda mais atrair as pessoas.

Sendo assim, títulos e subtítulos:

- Devem ser de fácil compreensão, afirmando com clareza os objetivos do texto que precedem. Trata-se de um sinal, uma forma de o usuário entender que naquele pedaço de texto ele pode encontrar de modo mais objetivo o que procura.

- Precisam ser fáceis e práticos, de modo que mostrem soluções e benefícios. Um título conciso de fácil entendimento e que resolva um problema para as pessoas tende a ser observado, pois se destaca perante um conteúdo.

- Sirvam como uma estrutura clara para a organização da arquitetura do conteúdo (títulos e subtítulos). Novamente, a qualidade dos títulos e subtítulos influencia diretamente a navegabilidade, e assim tornará o conteúdo ainda mais atrativo. Paredes de texto sem espaços entre os parágrafos, bem como formação de tópicos através de títulos e subtítulos, tornam a navegação maçante e cansativa. Principalmente para uma geração que lê muito através de dispositivos móveis, a navegabilidade do texto influencia diretamente o tempo que o usuário vai passar na página.

- Tem de estimular a curiosidade das pessoas.
- Precisam se destacar do restante do texto.
- Conter palavras-chave relacionadas com o conteúdo.
- Devem ser concisos.

Negrito (ênfase), listas e outros recursos

São recursos que também podem ser úteis para a encontrabilidade de informações em um conteúdo, bem como para sua boa estruturação. Além de títulos e subtítulos, palavras com um traço mais grosso (negrito), listas no conteúdo e outros recursos de informação devem ser considerados de modo a melhorar a experiência do usuário.

O negrito ou ênfase colabora para chamar a atenção para uma determinada informação. Frequentemente, no meio de um determinado texto, é necessário evidenciar uma palavra, uma frase, chamando a atenção do usuário para aquela informação. Assim, o negrito aparece como um recurso interessante quando usado para este fim.

Listas também são recursos formidáveis. Elas ajudam a organizar informações importantes referentes a passos, processos, entre outras, que tenham ordem sequencial ou simplesmente organizacional. Ao escrever, por exemplo, os passos para se fazer um determinado ajuste técnico, pode-se estruturá-los em ordem alfabética, através de a, b, c, de números ou mostrando somente determinada hierarquia, como na imagem a seguir:

> A classificação dos motores eléctricos quando vista de uma forma um pouco mais detalhada é um tanto complexa e quase sempre leva a confusões mesmo de estudiosos do assunto:
> - Motores CC (corrente contínua)
>   - Imã Permanente com ou sem escova (motor CC brushless)
>   - Série
>   - Universal
>   - Shunt ou paralelo
>   - Composto
> - Motores CA (corrente alternada)
>   - Assíncrono (de indução)
>   - Polifásico
>   - Rotor gaiola ou em curto-circuito
>   - Rotor enrolado ou bobinado
>   - Monofásico
>   - Rotor gaiola ou em curto-circuito
>   - Fase dividida

Lista utilizada para mostrar a classificação relacionada a "motores elétricos". Perceba a hierarquização das informações utilizando para isso um simples marcador.[43]

Essas listas também são úteis para organização de links, principalmente em menus construídos de forma que mostrem a hierarquia das páginas.

Nielsen e Loranger (2007) comentam sobre algumas diretrizes na utilização de listas:

//

43 https://pt.wikipedia.org/wiki/Motor_el%C3%A9trico

- Recomendam que a lista seja utilizada somente quando exista quatro ou mais itens a enfatizar, pois a utilização de listas mais curtas pode parecer exagerada.

- A frase de abertura da lista deve ser descritiva e clara. Os itens da lista devem complementar a frase de abertura.

- Não deixar o espaço entre o marcador e o texto, pois, no caso de exagero na utilização do espaço, os olhos do leitor precisarão percorrer uma longa distância entre o marcador e o texto para realizar a conexão de um com o outro.

- Não torne o uso de listas excessivo, pois poderão perder a eficácia.

Cuidados gerais para a redação de conteúdo

Além da utilização dos recursos de formatação apresentados até aqui, alguns cuidados relacionados à referência de datas, tamanho de fonte e uso de palavras estrangeiras também devem ser observados.

Datas são muito importantes no contexto de um conteúdo web, pois são capazes de indicar a idade de uma determinada página ou informação, bem como ambientá-la ao conjunto de outras. Por exemplo, ao pesquisar sobre "Flamengo", o usuário pode procurar informações sobre a situação do time em um determinado campeonato. Nesse caso, uma reportagem com o atual técnico, feita no começo do ano pode não ser muito útil. Dessa forma, a exposição da data é importante não somente para o usuário, mas também para mecanismos de busca.

> "Anos e décadas — deverão ser escritos por inteiro. Não existe 96 como referência a 1996. Quando lidamos com informações, o indicado é referir-se com precisão às datas, ou seja, mesmo que o evento tenha acontecido ontem, mencionar dia, mês e ano. Esses dados são úteis para fazer pesquisas" (MOHERDAUI, 2000).

Datas escritas por inteiro colaboram também para critérios nos mecanismos de busca, pois, ao buscar por "palavra-chave+00/00/0000", o site será considerado relevante caso use este formato.

Quando se trata de tipografia, deve-se tomar o cuidado de utilizar fontes maiores que dez e menores que 14 no conteúdo textual. Mantenha um padrão para o texto normal e reserve as fontes maiores para títulos e subtítulos. Um recurso adequado para fonte é a utilização de recursos de formatação pelo próprio usuário, de modo que ele possa escolher o tamanho da fonte através de botões conhecidos como os "A- e A+".

Uma das recomendações importantes elaboradas por Nielsen (2007) quando se trata de tipografia refere-se à utilização de fontes que sejam agradáveis para a leitura em telas de computadores. Ele explica que fontes que não são concebidas para a web podem prejudicar a leitura por parte do usuário e recomenda a utilização de fontes não serifadas como Georgia e Verdana. Fontes com serifa são geralmente recomendadas para mídias impressas.

Sem serifa:

AaBbCcDdEe123

Com serifa:

AaBbCcDdEe123

Outro cuidado a ser observado é o de não escrever todo o conteúdo textual em caixa-alta (letra maiúscula). Trata-se de um exagero de estilo. Além disso, palavras escritas com todas as letras maiúsculas são comumente utilizadas para expressar "gritos". Outro fator a se considerar é que texto com todas as letras em maiúsculas reduz consideravelmente a velocidade da leitura em aproximadamente 10%, segundo Nielsen (2007). O autor afirma que uso de letras maiúsculas e minúsculas ajuda, pois têm variações que permitem guiar os olhos na hora da leitura.

Observe a repetição das palavras. Nielsen (2007) afirma que palavras repetidas podem, muitas vezes, contribuir para a clareza do texto; portanto, é preciso não transformar o receio de repeti-las em preocupação obsessiva. Essa preocupação obsessiva pode prejudicar a leitura. Algumas pessoas, com receio de repetir palavras em textos, as substituem por outras com o mesmo significado, só que de difícil interpretação. Isso pode confundir o usuário, causar erro ou mesmo aumentar o trabalho deste, que terá de procurar no dicionário o significado dessa nova palavra; sendo assim, termos simples e populares são os mais indicados.

Por outro lado, em meus treinamentos de SEO focados em redação, comento para os participantes que a repetição excessiva de palavras-chave podem prejudicar a classificação do site. Aposte no bom senso.

Atente-se também para evitar a utilização de palavras originadas em outras línguas que possam ser traduzidas para a língua portuguesa. Isso contribui para a valorização da língua e ajuda o usuário. Caso se trate de um termo conhecido, de mercado, utilize uma explicação com parênteses. Também é importante considerar pessoas de outros países que possuem conhecimentos sobre a língua portuguesa. Sendo assim, é importante tomar cuidado com o uso de palavras ou expressões comuns a uma língua ou região que não sejam amplamente conhecidas em outras.

RECURSOS DE APOIO

As pessoas, ao obterem páginas da web em seus navegadores, não esperam encontrar somente texto puro, como dito anteriormente. Na web, onde não existem muitos dos recursos do mundo físico, pode ser difícil expressar determinada informação ou conceito. Nesse sentido, recursos como imagens, vídeos, tabelas, dentre outros, podem colaborar para a visualização e entendimento de uma informação.

Pense em como deve ser complicado para um usuário que nunca fez uma compra pela internet realizar a primeira compra. Imagine esse usuário fazendo a primeira compra de sua vida, a de um notebook, através de um e-commerce.

Na loja física, é possível pegar o produto nas mãos, testar, verificar o design e ergonomia, bem como outros atributos que só são possíveis perceber pessoalmente. Na web, o consumidor terá de acreditar em imagens. E um e-commerce de tênis, então? Uma situação um pouco mais complicada, por existirem chances de que o calçado não sirva ou fique desconfortável.

É comum ouvir histórias de pessoas que foram a uma loja física ver o produto antes de comprá-lo pela internet. Isso porque há insegurança, o que é justificável.

No caso dos sites de e-commerce que possuem orientação transacional ou mesmo no caso de sites com características mais informacionais, a utilização de elementos que forneçam melhor experiência ao usuário é necessária. E ainda há muitos websites que falham nesse quesito.

Um exemplo, além do e-commerce, é dos sites de características informacionais, nos quais conceitos complexos em sua lógica também podem ser explanados através de imagens, em vez de somente com palavras.

Infográficos também são ótimos exemplos de imagens que, de maneira simples e resumida, abordam informações importantes relacionadas a um assunto, pois são uma mistura de figuras e texto explicativo em uma única imagem. Além disso, infográficos são elementos de fácil replicação em outros sites, e isso os torna ótimos recursos de disseminação de informações.

A disseminação de informações também é um dos critérios a serem considerados quando se trata de conteúdo web, pois nenhum site deve ser uma ilha — e quanto mais referências a informação conseguir, melhor será para questões de tráfego, reputação do site, da marca etc. O que é ótimo para melhorar seu posicionamento por palavras-chave importantes.

Os elementos de uma página, quando replicados em outros sites, geralmente ganham uma referência junto a eles, que pode ser um link ou simplesmente uma legenda com a fonte original. Uma das maiores vantagens do hipertexto é exatamente essa, a possibilidade de copiar, colar e referenciar através de links.

A seguir, serão explanados os elementos mais comuns utilizados, para apoio, no que diz respeito à informação e à disseminação pela rede.

Vídeos

No começo do século XXI (anos 2001, 2002 e 2003), a utilização de vídeos na internet não era viável do ponto de vista de performance para os websites. O problema maior, principalmente em países como o Brasil, era a disponibilidade de conexões de rápida velocidade, bem como tecnologias que fornecessem plataformas adequadas para distribuição de vídeos.

Os avanços na tecnologia da informação, armazenamento e visualização de vídeos possibilitaram maior rapidez no carregamento de páginas e vídeos na internet. Hoje, os vídeos são mais utilizados para disseminação de informações na rede. Tornaram-se populares.

Sites de canais de TVs, influencers digitais e até anônimos hoje publicam, constantemente, vídeos na web. Os vídeos possibilitam a um influencer de tecnologia, por exemplo, após escrever um texto sobre determinado produto, fazer um vídeo para demonstrar detalhes de funcionamento e também apresentar dicas de utilização.

O vídeo pode ser (e na maioria das vezes é) colocado no YouTube, em um canal que leva o nome de seu blog, e ser apresentado por intermédio de um código que possibilitará incorporar o vídeo ao post. O vídeo poderá ser incluído em outros blogs e sites, também pela possibilidade que o YouTube fornece de incorporar o elemento em diversas fontes. Caso o editor opte por inserir o vídeo em alguma postagem, faça um rápido resumo dele, algo como uma transcrição.

Uma explicação razoável para o sucesso dos vídeos na internet, além do seu poder de abrangência, é a facilidade de entendimento. O que é mais fácil de se entender: a explicação de uma fórmula matemática através de um conteúdo textual ou através de um vídeo? Certamente, do vídeo. Ou seja, um professor que possui um blog sobre matemática pode explicar conceitualmente uma fórmula através de um conteúdo textual e usar um vídeo no mesmo post com a explicação e alguns exemplos da fórmula. Nessa linha de convergência de conteúdo em formato texto e vídeo, é possível explanar exemplos reais, como os de portais e sites de notícias, que congregam texto e vídeo em uma página dedicada a determinada notícia. O vídeo surge quase sempre como um complemento da história atribuindo ao usuário maior valor informacional.

Outro motivo a se considerar para o sucesso dos vídeos é a capacidade de produções independentes. Dispositivos móveis, como celulares, têm funções de gravação de vídeos que possibilitam ao usuário realizar gravações e depois publicar na Internet.

Dessa forma, é possível perceber que se trata de um recurso a ser utilizado em conteúdos de **orientação informacional** e **gerados pelo usuário**. Além destes, vídeos podem ser utilizados também para **conteúdos orientados à transação**. Em um site de e-commerce, na página de um produto, além de informações técnicas, valores e imagens, um vídeo pode ser disponibilizado onde o produto é mostrado em funcionamento. Isso pode ajudar o usuário a decidir se vai ou não adquiri-lo. Ou seja, o vídeo pode ser usado como apoio à decisão de compra pelo consumidor.

Ao realizar alguns testes com usuários mostrando a eles *landing pages* de produtos como máquinas de lavar, notebooks, sofás, dentre outros, em sites de e-commerce que continham vídeos de apoio à informação, percebi que faziam comentários relacionados à sua experiência. Seguem alguns comentários de quando perguntados à respeito do o que achavam desse tipo de recurso:

Usuário 1:

> "Muito legal esse vídeo, sempre quando vou comprar um produto caro gosto de ver detalhes, funcionamento etc."

Usuário 2:

> "Acho importante vídeos de produtos que não estou acostumado a comprar pela Internet... me deixa um pouco mais seguro."

Elaborar e patrocinar na web um canal no YouTube com vídeos de produtos utilizados por pessoas comuns e possibilitar que outros consumidores enviem vídeos pode ajudar para que o público tenha uma ideia mais clara do produto, já que ele será usado e seus recursos e detalhes, evidenciados. Esses vídeos podem ser incorporados também em blogs e em áreas do site, popularizando cada vez mais o conteúdo relacionado aos produtos da loja. Isso também deixará o consumidor mais seguro da utilização do produto pois não é raro que ele tenha dúvidas sobre instalação a manuseio de peças e acessórios. É importante que se sigam algumas boas práticas para que os vídeos, principalmente quando a pesquisa é no YouTube, possam aparecer nas buscas por palavras-chave, que o usuário faz no campo de pesquisa da ferramenta. O analista de SEO deve considerar que o Youtube é como um mecanismo de busca, principalmente no caso de pesquisas informacionais. Por exemplo, um usuário pode procurar informações sobre PC Gamer, para saber qual o melhor equipamento comprar, para poder instalar e se divertir com alguns jogos.

Sendo assim, é importante:

- Utilizar a palavra relacionada ao vídeo no título, descrição, tags, além de palavras-chave que orbitam o tema. Isso vai ajudar o algoritmo da ferramenta a entender que o vídeo tem relação com o tema, além de fazer com que o usuário entenda que o vídeo possui o que ele procura.

- Use títulos que possam ser atraentes para aquilo que o usuário está procurando, afinal, você vai concorrer com muitos outros nas páginas de resultado do YouTube.

- Pense na arte da capa (a miniatura), pois a concorrência capricha na hora de montar capas atraentes e chamativas, para atrair o link do usuário.

- Engajamento é outro fator muito importante. O YouTube, bem como outras redes sociais, acabam utilizando as métricas de engajamento do público como indicador positivo para o algoritmo. O que significa isso? Que quanto mais as pessoas curtirem, compartilharem, comentarem um vídeo, mais chances ele terá de aparecer. Pense que há vários especialistas divulgando conteúdo através de seus canais, mas com baixa participação do público.

Imagine um professor de guitarra: como ele pode fazer para conseguir mais engajamento em seus vídeos?

1. Em cada um dos vídeos, pedir para que a audiência curta, compartilhe e comente se gostou do vídeo.

2. Gravar aulas de técnicas importantes principalmente para quem está começando no instrumento.

3. Fazer cortes de cinco minutos de trechos importantes das aulas, para aumentar o fluxo semanal de vídeos. Alguns canais famosos, principalmente videocasts de longa duração, transformam conteúdos de uma ou duas horas em diversos vídeos, separados por temas, além de manterem os originais.

4. Fazer Shorts também é importante, na minha visão, principalmente para responder perguntas curtas que o usuário precisa de respostas. Esse recurso do YouTube tem sido muito utilizado pelos geradores de conteúdo para elaborar rápidas linhas de pensamentos. Nesse caso, utilizando o exemplo do professor de guitarra, ele pode falar rapidamente sobre um erro que os praticantes cometem ao guardar o instrumento. Com isso, o vídeo pode aparecer em pesquisas relacionadas, conquistar mais inscritos para o canal, ajudando aumentar a reputação dele no YouTube. Lembre-se: os seus conteúdos precisam resolver problemas, sejam eles transacionais, informacionais ou navegacionais!

- Utilize legendas dos vídeos para que ele possa ser assistido por pessoas de outros idiomas.

- Ao fazer a descrição dos seus vídeos, coloque informações complementares como links, tags, informações de contato, endereço de outras redes sociais, entre outros dados que tenham a ver com o tema principal.

- As boas práticas de comentários que mencionei anteriormente quando falei sobre blogs também vale quando se trata de YouTube. Estabeleça uma conversa produtiva com o público.

Imagens

Pode ser muito difícil comprar um produto sem ao menos saber como é sua aparência. Isso já justifica o uso de imagens e, da mesma forma que em conteúdos de origem informacional os vídeos podem ser utilizados, as imagens também devem ser consideradas.

Ao encontrar uma página com o conteúdo que só contenha elementos de texto, o usuário pode não ser tão atraído quanto uma página que possui imagens que colaborem para o entendimento da informação.

Junto aos recursos de formatação, vídeos e imagens fornecem maior valor ao usuário, pois além de atrativos, tornam-se opções informacionais na página. Assim, as pessoas poderão navegar e buscar a informação de forma mais confortável.

Peso e número de imagens devem ser observados para não acarretarem lentidão no carregamento (não se esqueça disso!). Caso a imagem seja muito pesada, poderá demorar mais para ser carregada, dependendo da largura de banda do computador cliente. O número de imagens deve ser avaliado, pois quanto mais imagens forem carregadas, maior o tempo para conclusão do carregamento da página, já que cada imagem a ser carregada é uma requisição HTTP, como comentei no capítulo sobre tecnologia.

Sendo assim, o tratamento em relação ao peso de uma imagem, bem como o número de imagens em um site, deve ser considerado de modo a minimizar o tempo de carregamento da página.

Utilize só imagens que contribuam para o aspecto informacional: imagens que não contribuem para o entendimento por parte do usuário não devem ser consideradas no conteúdo, pois só aumentarão o tempo de carregamento da página e desviarão a atenção do que realmente interessa, salvo imagens pertencentes ao layout do site.

Tabelas

Podemos definir tabelas como recursos que organizam informações, através de linhas e colunas. Em uma tabela, podem-se encontrar dados dispostos de maneira sistemática, em que as variáveis serão expostas e tituladas, sendo que as variáveis nem sempre serão quantitativas, podendo também ser qualitativas.

Tabelas são ótimos recursos para organização de dados e podem ser de grande utilidade para a visualização e entendimento dos dados pelo usuário. Dessa forma, trata-se de um elemento que pode complementar de maneira muito eficiente o conteúdo de uma página.

Imagine um artigo sobre economia: o autor, através de uma tabela, coloca todos os dados de uma pesquisa recentemente realizada e, em um infográfico, os dados resumidos com imagens, ambientando o usuário à informação. Formidável, não?

Outro exemplo relevante é a utilização de tabelas para aglomeração de dados de competições esportivas, sempre acompanhadas por críticas de comentaristas especializados. Pode-se agregar às páginas, tabelas e links para os sites, canais ou redes sociais de comentaristas, nas quais haverá uma convergência de informações oriundas das tabelas, críticas, além de comentários dos leitores (conteúdo gerado pelo usuário).

Tabelas complementam a utilização de outros recursos, como conteúdo textual, imagens, vídeos, entre outros, além de tornar mais amigável a explanação de dados quantitativos e qualitativos aos usuários.

Outros recursos

Além de vídeos e imagens, há recursos de conteúdo baseados em documentos como planilhas eletrônicas, documentos de textos (desde formatos .doc até .pdf) que também devem ser observados e considerados quando necessário.

A busca por documentos PDF, por exemplo, tem se tornado cada vez mais comum, pois se trata de um formato adequado para a distribuição de conteúdo, bem como para a leitura. PDFs podem ser utilizados na distribuição de documentos referentes a artigos e estudos, dentre outros.

Da mesma forma que os recursos citados anteriormente, os documentos PDF podem servir como complemento ou mesmo alternativa de conteúdo. Complemento, quando faz parte do conteúdo. Por evolução, nesse caso, entende-se a continuação de um artigo, um estudo feito na íntegra etc.

Alguns exemplos de utilização de PDFs para complemento de conteúdo:

- Um pesquisador, em seu site, pode comentar seu estudo e os resultados através de tabelas, utilizar um vídeo demonstrativo e também disponibilizar o estudo completo em um PDF que poderá ser baixado por usuários.

- No site de um curso pré-vestibular, ao responder um *quiz* com questões recorrentes em vestibulares, o aluno recebe no final a opção de baixar um PDF com o gabarito e cada uma das questões comentadas.

- No lançamento de um livro técnico, a editora disponibiliza um trecho com o sumário e algum capítulo em PDF para apreciação dos possíveis compradores.

- Livros em formatos e-books, muito comercializados atualmente.

Como alternativa de conteúdo, esse tipo de documento pode ser útil quando o usuário quer mantê-lo no computador ou na nuvem.

Também pode ser utilizado como ferramenta para facilitar a impressão. Assim, o usuário pode salvar o item para ser impresso em outro local. Recibos, comprovantes, notas fiscais, dentre outros itens importantes que talvez precisem ser recuperados após certo tempo, podem ser salvos em PDF. É um hábito comum para alguns usuários de internet manter informações geradas através de transações (como as citadas anteriormente) armazenadas em documentos PDF.

Planilhas eletrônicas, conhecidas popularmente como planilhas Excel (em referência ao software da Microsoft), também são úteis para a apresentação de dados, principalmente aqueles baseados em fórmulas e representados através de gráficos. A seguir, são apresentados alguns exemplos de utilização desse recurso.

- **Fórmulas matemáticas e de outras disciplinas**: em sites de escolas ou cursinhos pré-vestibular, esse tipo de documento pode ser útil para reunião de dados e fórmulas complementares de uma determinada disciplina. Um professor, por exemplo, ao explicar no seu blog ou canal do cursinho algum "macete" sobre determinada fórmula de matemática, pode disponibilizar para *download* uma planilha com a fórmula já montada. Nela, o aluno precisa somente trocar os valores, de modo que consiga conferir se o cálculo "feito à mão" está correto.

- **Cálculos de engenharia**: um engenheiro pode disponibilizar em seu blog uma planilha para *download* com os cálculos que sirvam para determinada ocasião no trabalho de engenharia, para que outros colegas e estudantes possam baixar e utilizar. Como no exemplo do blog do professor, o autor do blog pode explicar as fórmulas primeiramente através de um artigo ou vídeo e em seguida incluir o link para o *download* da tabela.

- **Cálculos de economia doméstica**: um jornalista, ao entrevistar um especialista em economia doméstica, pode incluir dicas fornecidas por ele sobre como economizar e administrar as contas do lar. Assim, ele pode disponibilizar no final da matéria uma planilha de apoio para ajudar a organizar a economia do lar.

- **Indicadores e ferramentas estratégicas**: planilhas eletrônicas desses modelos são de muita utilidade para gestores e consultores. Existem, por exemplo, muitos infoprodutos relacionados com indicadores e ferramentas de gestão sendo vendidos na internet. A página de um site de consultoria estratégica pode se popularizar através de ações que envolvam educação de mercado e apoio a outros consultores. Em uma das páginas do site da consultoria, pode disponibilizar trechos da metodologia utilizada pelos especialistas do grupo com dicas importantes sobre ferramentas estratégicas e indicadores. Parte desses dados podem ser reunidos através de uma planilha com as fórmulas necessárias, bem como uma coluna com as explicações. Essa página e as ferramentas disponíveis podem ser propagadas através de fóruns, sites de redes sociais e assessoria de imprensa. Planilhas eletrônicas e outros recursos que foram apresentados até aqui ajudam na viralização dos seus respectivos conteúdos através da web, pois são recursos úteis para o cotidiano das pessoas. No entanto, é necessário privilegiar a ação que envolve a distribuição desse conteúdo pela rede. Uma das maneiras mais adequadas é através de botões e chamadas para ação do usuário.

Botões sociais e selos são importantes para divulgação das informações através da rede. Imagine que cada vez mais é comum as pessoas utilizarem redes sociais para se comunicarem com seus círculos, que podem estar próximos ou distantes.

Hoje, tudo é compartilhado através das redes sociais. LinkedIn, Instagram e Twitter, por exemplo, são muito utilizados para compartilhamento de links, memes, mensagens etc.

Sendo assim, é necessário que essa ação seja facilitada de modo que o próprio usuário, consumidor do conteúdo da página, ajude a difundi-lo pela rede, para que outras pessoas que possam se interessar tenham acesso a ele e também divulguem o conteúdo.

Botões de compartilhamento devem ser considerados, já que sua ampla utilização cria uma experiência relevante para o usuário que está acostumado a encontrá-los nos mais diversos tipos de websites.

A distribuição de conteúdos com ajuda desses botões sociais irá colaborar diretamente para o aumento de reputação das páginas do site, visto que:

- Mais pessoas visualizarão a sua marca.

- Os links do site poderão ser facilmente distribuídos pela web.

- Caso o conteúdo seja considerado relevante por outras pessoas, ele poderá ser referenciado.

- Ao ser referenciado através de diversas fontes, as páginas serão consideradas relevantes pelos mecanismos de busca.

SITES, PÁGINAS E OUTROS CONTEÚDOS DE APOIO

Em 2010, escrevi o artigo "Os sites irão acabar?", prevendo a realidade que temos hoje, em que as organizações têm conteúdos espalhados por diversos canais. Na ocasião, minha conclusão é que os sites não acabariam no sentido real da palavra, mas assumiriam uma espécie de papel complementar em certos aspectos. A forma como uma marca distribuiria conteúdo e ao mesmo tempo seria encontrada pelo consumidor mudaria para um paradigma mais descentralizado. E isso realmente acontece hoje. Basta entender como algumas empresas trabalham seus conteúdos nas redes sociais com maior audiência. Algumas marcas possuem legiões de seguidores que falam diretamente com a empresa através do Twitter, enquanto outras fazem muito sucesso através do YouTube. Hoje é possível encontrar marcas que sem o YouTube, por exemplo, ficariam sem o seu principal vetor de comunicação com o cliente.

Conteúdos de apoio podem ser importantes, principalmente para servirem de complemento a negócios cujos sites possuam uma característica orientada a um conteúdo de apoio à transação.

Um site transacional possuirá muito conteúdo como imagens, texto com preços, informações técnicas, entre outras de igual importância. Contudo, isso não significa que o usuário não queira saber, por exemplo, quem compra aquele produto, dicas de uso e outras informações.

Ao comprar um celular em uma loja física, por exemplo, o usuário pode ter dificuldades para entender o manual (muitos já procuram instruções diretamente no YouTube). Dessa forma, ele pode procurar dicas de uso através de mecanismos de busca, e estar presente neste tipo de situação, mesmo quando o comportamento do usuário não expressa uma característica transacional, é relevante. Atrair os olhos desse consumidor para o site fará com que ele saiba que o site existe e que o site principal (relacionado ao conteúdo) vende esse tipo de produto também, caso tenha interesse, em outra oportunidade. Por outro lado, o usuário pode estar atrás de um website para a compra desse produto. Assim, um site de apoio possibilitará a continuidade para a pesquisa de informação do produto. E atualmente o consumidor faz cada vez mais isso.

Se no passado o consumidor precisava ir a uma loja para pesquisar preços de produtos e conversar com pessoas que o compraram ou dependiam de pesquisas de opinião, hoje esse mesmo consumidor tem um computador e internet que o possibilitam pesquisar sobre produtos, fabricantes, marcas, dentre outros, e obter as informações desejadas. Fornecer suporte à compra é um comportamento que apoiará a decisão do consumidor.

Atualmente é mais fácil obter muitas informações sobre um produto ou serviço. Trata-se de um comportamento normal e esperado. Pessoas frequentemente informam-se com outras de seu círculo social no ambiente físico. Nesse cenário, encontram informações de outras pessoas existentes nas periferias de seus círculos sociais (amigo do amigo, conhecido de um parente, uma pessoa que não se relaciona diretamente), ou mesmo de parentes, amigos próximos e colegas de trabalho sobre experiências relacionadas a produtos e serviços de uma marca ou empresa.

A internet ampliou essa relação que envolve a recuperação de informações, cujo objetivo é conhecer a qualidade de um produto. Dessa forma, saber a opinião das pessoas é relevante para que seja diminuída a tensão antes e depois da compra.

Ao pesquisar sobre determinadas marcas ou produtos em redes sociais, blogs e outros sites, é possível encontrar opiniões de outras pessoas e também uma aproximação maior das empresas com o consumidor, principalmente daquelas que se interessam em ouvir críticas, sugestões, experiências, enfim, colaborar com o consumidor.

Os sites de apoio ajudam muito nesse sentido e servem também como um ótimo círculo de integração para conteúdos pertencentes a sites de redes sociais e ao site principal, por exemplo, um e-commerce. Uma loja virtual de vinhos pode produzir vídeos sobre degustação de vinhos por especialistas, explicando como escolher um bom vinho, qual o acompanhamento ideal, a ocasião, dentre outras informações importantes que podem ser desconhecidas por quem gosta, mas não entende muito de vinho.

Os vídeos podem ser colocados em um canal da loja no YouTube e ali ganharem visibilidade através de outras pessoas que assistirão ao vídeo e comentarão. A fim de continuar a utilização desse vídeo, a loja pode publicar em um blog — que nesse exemplo será o site de apoio responsável pela intermediação entre o conteúdo externo e interno do site (que está dentro e fora do site) — um texto comentando os bastidores da gravação, os vinhos degustados e acompanhamentos, ocasião, entre outras coisas relevantes. No conteúdo do blog, é importante também disponibilizar um link para a página dos produtos na loja.

Ao apresentar esses conteúdos no blog, os clientes irão comentar, fazer críticas, perguntas. Promover e incentivar a participação do usuário é muito importante, pois as transações online são, por natureza, frias. Pense que o único contato físico que o cliente tem com a empresa é através da entrega do produto comprado, isso quando não é realizada por terceiros, como correios e empresas de logística. Sendo assim, privilegiar a participação das pessoas através de sites de apoio será bem visto pelo potencial cliente.

Pense também que, no processo de busca para compra de algum produto, o cliente busca por várias fontes de informações. Além dos dados sobre o produto, disponíveis em sua página, o cliente pode buscar informações em fontes externas. **Assim, é importante garantir que o site de apoio seja uma dessas fontes**. Na página do produto, um link para a página do blog com um artigo sobre o produto, junto a comentários de pessoas que já o compraram, pode ajudar a esclarecer dúvidas adicionais e apoiar a decisão.

Algumas profissionais podem entender que isso irá tirar o usuário da página do produto, o que não seria bom. Tudo depende da intenção do usuário, pois se ele tiver em mente buscar mais informações, não será a falta ou existência de um link que o impedirá.

Certamente é importante que informações sobre preços, formas de pagamentos, botões de carrinho de compras, entre outros dados de apoio à transação, sejam privilegiados em toda a arquitetura da página do produto. Uma conversa com um analista de usabilidade pode ajudar a esclarecer onde esses elementos e o link para a postagem do blog devem permanecer.

Os sites de apoio podem também ajudar a empresa, ao aproximarem a relação com seu consumidor. Principalmente no caso de sites de e-commerce, em que o conteúdo envolve totalmente o apoio à transação, há uma limitação natural por informações adicionais, ou seja, de conteúdos complementares.

Imagine quanto uma loja virtual que vende um tipo específico de panelas, apreciada por cozinheiros, perde por possuir somente o conteúdo transacional. Como essa loja poderia continuar o relacionamento com o consumidor de um produto de nicho e que forma opinião? É preciso elaborar meios de continuar esse diálogo com o consumidor, aproveitar o conteúdo relacionado para atrair essa clientela e fazê-la se lembrar da empresa.

Como escolher o tipo de site de apoio mais apropriado? Talvez esta seja uma das perguntas mais importantes antes de se elaborar um. A resposta é: não há uma "receita de bolo". É possível perceber que em muitos casos os sites de apoio também podem se integrar uns com os outros, formando uma "rede de apoio" ao site principal.

A seguir, são mostrados alguns exemplos de sites de apoio e suas possíveis aplicações.

Blogs

O formato blog é muito amigável para a web, pois possibilita a geração de conteúdo por parte do autor como também dos leitores, que poderão comentar e participar do processo de criação do conteúdo.

É possível gerar muito conteúdo caso o autor escreva bastante e tenha um razoável número de leitores que comentam e interagem com os tópicos. Para os robôs dos mecanismos de busca que se "alimentam" de informações, blogs são fontes ricas de conteúdo textual, imagens, dentre outros artefatos de muita importância para os usuários.

Já vi muitas empresas utilizarem blogs pela dificuldade de colocar mais conteúdo no site institucional, devido a regras internas e outras políticas.

Plataformas conhecidas como o WordPress, por exemplo, permitem que o autor insira vídeos, imagens e outros artefatos importantes para a comunicação na web.

Outra questão importante é que os blogs deram às pessoas poder para editar e publicar informações da maneira que bem entendessem, e, dessa forma, as comunidades e redes de blogs formaram-se e ganharam força, a tal ponto que determinados grupos interagem entre si para trocar informações.

As empresas se aproveitam dessa ferramenta para se comunicarem com seus consumidores. Em meu livro anterior (FORMAGGIO, 2010), comentei a possibilidade de uma loja de instrumentos musicais utilizar um blog como site de apoio, basicamente, para publicação de textos relacionados a testes com instrumentos, como reforcei anteriormente neste livro. Assim, seria possível interagir também com outros músicos que tivessem o mesmo instrumento ou com quem pensasse em adquiri-lo. Hoje muitas lojas fazem isso usando YouTube e blog.

A seguir, comentarei alguns itens que ajudam as postagens de um blog serem úteis e fáceis de usar, oferecendo mais riqueza e chamando mais a atenção do usuário.

a. O título de uma postagem diz muito sobre seu conteúdo. Pode parecer lógico, mas muitos autores cometem o equívoco de utilizar títulos não muito descritivos. Atente para o fato de que normalmente, em algumas plataformas de blog, os títulos, por padrão, acabam virando também o conteúdo da barra de títulos do navegador e justamente esse título aparecerá nas listagens de resultados quando a página do post for considerada relevante por determinada palavra-chave. Subtítulos também colaboram para a encontrabilidade de informação dentro da postagem.

b. Links são ótimos recursos para complementar a informação. Veja, por exemplo, o caso de um post em um e-commerce de computadores. Em seu blog, ao tratar de determinada marca de placa-mãe, o autor pode colocar links para testes e até outros artigos de referência dentro do próprio site. Trata-se de algo comum, muito utilizado para facilitar o complemento e, por sua vez, o entendimento da informação. Outra forma de se fazer referências a outras páginas internas do blog é, ao final da postagem, utilizar chamadas com uma lista de artigos como: "Mais sobre", "Leia também", "Posts relacionados" etc. Isso fará com que o usuário continue a busca pela informação no próprio blog, consequentemente, aumentando a chance de maiores interações, valorização do blog e complemento à informação.

c. Os recursos de apoio como imagens, vídeos, infográficos, slides, *quiz* e outros já explicados colaboram para chamar e fidelizar visitantes, já que são recursos úteis para os usuários. Por exemplo, em alguns artigos em meu blog sobre ciência de dados (www.diariodacienciadedados.com.br), sempre que possível uso cortes relacionados a técnicas e conceitos, bem como imagens que possam exemplificar o conteúdo.

Banco de imagens

Outra forma de transformar um site de apoio em uma fonte de recursos é a criação de bancos de imagens. O banco de imagens do departamento de física e astronomia de uma faculdade pode disponibilizar as imagens em um site de apoio.

As imagens podem ser mostradas através de categorias como: planetas, estrelas, sistemas, luas etc., e abaixo de cada imagem será disponibilizado um código para que as pessoas, dentre elas, astrônomos amadores e profissionais, entusiastas, estudantes, possam incluir as imagens em sites pessoais e até em redes sociais. O código pode conter uma legenda com um link para a página original da imagem, na qual será possível saber mais sobre ela e seu autor.

Utilização de portais

Uma empresa de um determinado segmento ainda não muito conhecido no país pode, de modo a educar o mercado, patrocinar um portal relacionado à área, do qual inclusive seus concorrentes poderão participar escrevendo e interagindo com os interessados. Trata-se de uma estratégia que privilegia o crescimento e a educação de determinado nicho. A ideia de se unir ao concorrente para ações desse tipo pode em um primeiro momento assustar, no entanto, quando se trata de ações que envolvem a disseminação de informações sobre um mercado, um nicho de negócios, pode ser uma ação válida, de modo a unir esforços, gastos, dentre outros.

O portal deve ser organizado de modo a abordar tópicos relacionados ao mercado, privilegiando sempre a possibilidade de comentários do público que o acessa, bem como o envio de artigos. Deverá ter colunistas que escreverão com periodicidade e articulistas que enviarão artigos de tempos em tempos com estudos e pesquisas.

As empresas precisam colaborar com seus consumidores (KOTLER; KARTAJAYA; SETIAWAN, 2010), e isso pode acontecer também através de portais dedicados a informar e ajudá-los. Colaborar com o consumidor pode significar ouvi-lo também. Uma participação mais avançada pode ocorrer quando o consumidor participa da criação de produtos e serviços (ibidem).

Trata-se de utilizar a inteligência coletiva a favor da colaboração entre empresa/instituição e consumidor.

Fóruns de discussão

Fóruns de discussão sempre estão relacionados como um ponto de encontro para discussão de temas. Geralmente, são procurados por pessoas em busca de ajuda sobre um tema específico e que também gostariam de se relacionar com outras. A comunidade de tecnologia da informação utiliza muito esse tipo de recurso, principalmente para dúvidas.

Utilizar fórum como site de apoio não é uma estratégia nova, no entanto ainda agrega algum benefício ao usuário final. Muitos websites possuem em sua estrutura fóruns de ajuda para outras pessoas, que encontram dúvidas que muitas vezes são a sua também, junto a respostas e sugestões de outros usuários.

Caso o fórum seja utilizado como um site de apoio, pode ser baseado no domínio principal do site. A estrutura ficaria www.nomedosite.com.br/forum, e o link para ele deverá ser exibido de acordo com sua importância dentro do site e a provável necessidade do usuário.

Uma política de moderação e administração deverá ser elaborada para que o fórum de discussão tenha um controle em relação a mensagens inadequadas, aprovação de novos usuários, dentre outros detalhes importantes. Caso seja possível, alguns dos usuários mais experientes podem assumir o papel de moderadores e receberem algum tipo de vantagem por isso.

Uma empresa de turismo que promove excursões para o exterior, por exemplo, pode manter em seu site um fórum com temas relacionados à documentação necessária, lugares interessantes para visitar, melhores restaurantes etc. Os moderadores mais ativos poderão ganhar descontos e brindes como: camisetas, cartões-postais, álbuns de fotos, dentre outros. Nesse fórum também podem ser elaboradas promoções para pessoas que melhor descreverem, através dos tópicos relacionados, as suas experiências. Poderão ser utilizados, além do conteúdo textual, imagens, vídeos, entre outros artefatos relevantes para a composição da informação. Os melhores comentários também poderão ser premiados. Ou seja, trata-se de privilegiar a colaboração a favor de quem vai viajar, tendo em vista que as pessoas irão adquirir mais informações sobre lugares e detalhes de viagens, bem como a favor da empresa, que será "premiada" com um conteúdo rico gerado pelo usuário em seu próprio site.

Wikis

São ferramentas fantásticas para disseminar conhecimento e, além disso, podem ser utilizadas tanto para o público interno da empresa quanto para o público externo, como: clientes, fornecedores, fãs, dentre outros. Wikis são plataformas baseadas na colaboração.

O site mais conhecido neste formato é a Wikipédia.org, que se trata de uma enciclopédia digital, baseada na internet e mantida pelos próprios usuários. A Wikipédia aproveita o potencial colaborativo das pessoas para se manter e, assim, disponibilizar informação para milhões de usuários todos os dias.

Uma empresa pode patrocinar um Wiki dentro de seu site de modo a torná-lo uma enciclopédia para termos do mercado e colaborar com aqueles que tenham dúvidas sobre conceitos, nomenclaturas e determinadas técnicas. Aberto ao público, o Wiki será a base que fará com que o site da empresa se torne referência para dúvidas sobre um assunto do mercado, se tornando, consequentemente, mais popular na internet.

Uma escola que prepara candidatos para concursos públicos pode, também, manter um Wiki com os principais conteúdos desses concursos, como leis, regras gramaticais, dicas, dentre outros.

O Wiki pode ser de caráter exclusivo de uso interno, ou seja, com restrições de acesso, para programas institucionais de banco de conhecimento e repositório de projetos.

Um cuidado especial, tanto para Wiki como para outros sites de apoio, é que eles sejam considerados dentro de uma estrutura na raiz do domínio, por exemplo:

    www.dominio.com.br/blog

    www.dominio.com.br/wiki

    www.dominio.com.br/forum

    www.dominio.com.br/banco-imagens

Esse cuidado pode transmitir a relevância do conteúdo, bem como sua referência para o domínio principal.

Resultados locais

Para empresas que possuem negócios físicos, é importante que os potenciais clientes possam pesquisar por palavras-chave através dos resultados de busca e encontrar seus negócios. Por exemplo, ao procurar em seu bairro por uma imobiliária com várias lojas espalhadas pela cidade, o usuário precisa conseguir encontrar um resultado local nas listagens de busca.

Resultados locais são aqueles que aparecem em pesquisas como na imagem a seguir:

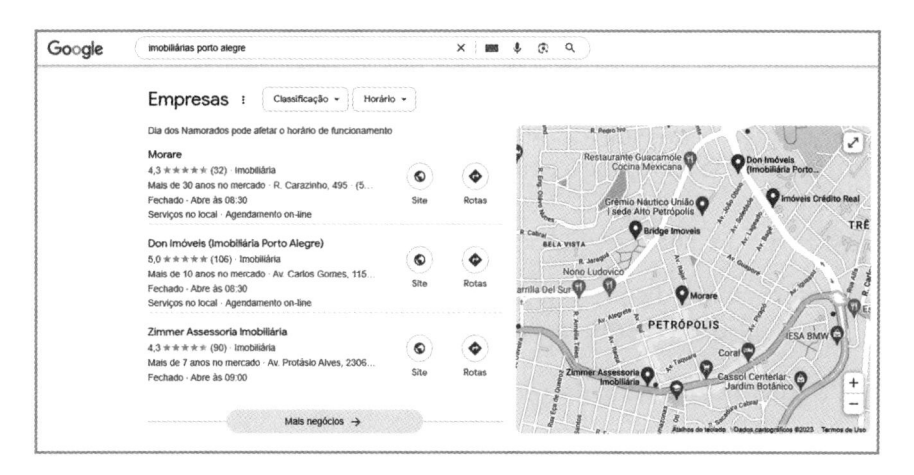

Resultado da pesquisa pela palavra-chave "imobiliárias porto alegre".

Através desse tipo de resultado, o usuário pode verificar avaliações, endereço, telefone, horário de funcionamento, entre outras informações importantes que facilitam o acesso ao local. Certamente um resultado como esse já deve ter auxiliado o leitor a chegar a um endereço ou mesmo tomar a decisão de ir ou não.

Antes de comer fora, por exemplo, eu gosto de olhar as avaliações dos restaurantes no Google. Fazendo isso, já me livrei de verdadeiras ciladas, pois a prova social que o estabelecimento precisava, os comentários de usuários, eram totalmente negativos e não recomendavam a ida ao restaurante.

A verdade é que hoje as empresas precisam dessa validação para serem centro de consumo e atenção dos seus clientes. Ninguém acredita mais nas mensagens de marketing elaboradas pela própria organização. O que as pessoas querem é saber a opinião dos frequentadores.

Faça uma página do Google Meu Negócio

Este é o primeiro passo, para que você possa administrar a página do local, colocar mais fotos, fazer uma boa descrição, incluir dados de contato, hora de funcionamento, entre outras informações que possam ser úteis a quem está procurando por opções relacionadas ao seu negócio.

Caso a empresa já tenha um resultado local, pois o Google acaba criando alguns desses automaticamente, será necessário reivindicar a propriedade dele, para atualizar as respectivas informações.[44]

Segundo o Google esses dados são coletados da seguinte forma:

- Informações disponíveis publicamente, como conteúdo rastreado da web (por exemplo, dados do site oficial de uma empresa).

- Dados licenciados de terceiros.

- Usuários que contribuem com informações (como endereços e números de telefone) e conteúdo (como fotos e avaliações), incluindo proprietários de empresas que reivindicam perfis no Perfil da Empresa no Google.

- Informações com base nas interações do Google com um lugar ou empresa local.

Para reivindicar o local, basta entrar no Google Maps, encontrar o local pela sua pesquisa, depois clicar em **Reivindicar esta empresa** > **Sou proprietário ou gerente desta empresa**, para iniciar o processo. Se não estiver disponível o link de reivindicação, tente através do Google Meu Negócio. Nele você digitará o nome da empresa no campo de busca até aparecer sua respectiva listagem. Caso já exista um administrador do local, será necessário realizar um pedido de acesso. Ao receber o acesso para gerenciamento do perfil, o analista receberá um e-mail, como o apresentado a seguir:

//

44 https://support.google.com/business/answer/2721884?hl=pt-BR&ref_topic=4854193&sjid=1685771023768894812-SA

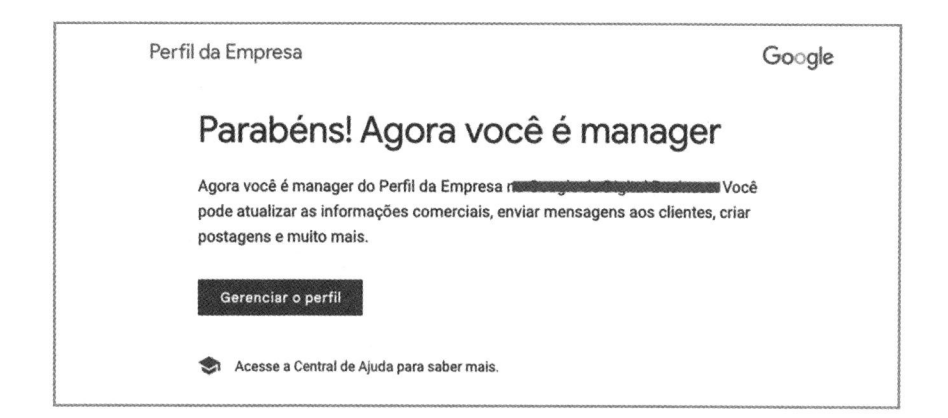

> **Perfil da Empresa** Google
>
> ## Parabéns! Agora você é manager
>
> Agora você é manager do Perfil da Empresa ▓▓▓▓▓▓▓▓▓▓▓▓▓▓▓▓ Você pode atualizar as informações comerciais, enviar mensagens aos clientes, criar postagens e muito mais.
>
> **Gerenciar o perfil**
>
> 🎓 Acesse a Central de Ajuda para saber mais.

Após isso, será possível fazer o gerenciamento de todo o negócio, através do painel do Google Meu Negócio ou mesmo fazendo uma busca pelo nome da empresa no mecanismo de busca.

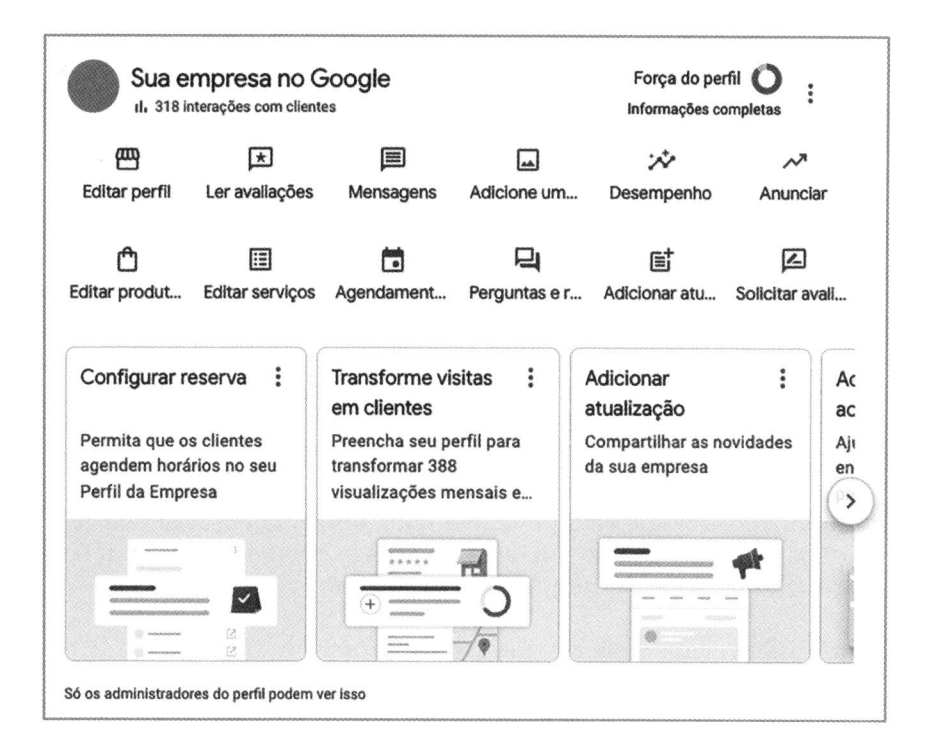

> **Sua empresa no Google**
> 318 interações com clientes
>
> **Força do perfil** ◐
> Informações completas
>
> | Editar perfil | Ler avaliações | Mensagens | Adicione um... | Desempenho | Anunciar |
> | Editar produt... | Editar serviços | Agendament... | Perguntas e r... | Adicionar atu... | Solicitar avali... |
>
> **Configurar reserva**
> Permita que os clientes agendem horários no seu Perfil da Empresa
>
> **Transforme visitas em clientes**
> Preencha seu perfil para transformar 388 visualizações mensais e...
>
> **Adicionar atualização**
> Compartilhar as novidades da sua empresa
>
> Só os administradores do perfil podem ver isso

CONTEÚDO • Sites, páginas e outros conteúdos de apoio

Capriche no título e na descrição da página

Tente usar, quando possível, palavras relacionadas ao seu negócio, que podem ser potenciais motivos de busca do usuário. As palavras-chave consideradas na sua pesquisa podem ajudar nesse aspecto, mas não faça do seu título e descrição um emaranhado de palavras-chave.

Use fotos profissionais do local e dos produtos — isso chama a atenção!

Se um estabelecimento é bem localizado, com estacionamento, por exemplo, coloque imagens desses espaços também. Principalmente para quem mora em grandes cidades, é muito importante.

Quando viajo, olho sempre esses detalhes na página do negócio no Google, para escolher o hotel onde vou ficar. Geralmente alguns usuários acabam postando fotos do local também, o que ajuda mais na hora de fazer a escolha.

Incentive para que as pessoas avaliem o local através de fotos. Se tiver problemas na infraestrutura, certamente precisará resolver isso. Existem coisas que são básicas, mas mesmo em locais com um bom investimento de infraestrutura, limpeza, comodidades, podem existir problemas.

Uma vez, procurando informações sobre um hotel, um hóspede colocou uma foto criticando a limpeza do quarto onde o colocaram. A resposta da empresa foi muito educada, pedindo desculpa pelo inconveniente e informando que, da próxima vez, ele pode pedir que eles irão trocá-lo imediatamente de quarto. Além dessa, havia outras fotos de usuários que tiveram uma boa experiência, com imagens de piscinas, sala de convenção, entre outras. Foi possível perceber que se trata de um local que preza pelas suas instalações e que quando algo sai do previsto eles lutam para resolver.

Uma imagem vale mais do que mil palavras!

Incentive seus clientes que façam a avaliação nos seus resultados locais

Faça com que seu cliente incentive os frequentadores do negócio a deixarem avaliações. Esta é a maior prova social que o negócio pode ter.

Seja rápido ao responder e procure tratar os clientes com muito respeito e cordialidade. Não é difícil ver em algumas avaliações proprietários de negócios serem desrespeitosos ou arrogantes com pessoas que fizeram avaliações negativas do local. Isso é muito ruim, pois acaba reforçando a avaliação.

O cliente é que escolhe por onde dará o feedback sobre o serviço prestado. Se isso é assim, acolha o retorno fornecido, seja educado e convide-o para ir novamente ao estabelecimento, para poder atendê-lo e reverter a impressão inicial. Ao ler isso, outro consumidor certamente se sentirá mais seguro de ir ao estabelecimento consumir os serviços. Nada é perfeito, o que o cliente quer é saber que se tiver algum problema, ele será resolvido.

O analista de SEO precisa fornecer instruções para o operador que responderá aos comentários nas listagens. Isso é muito importante. Ainda, toda empresa tem uma linguagem própria, um certo tom com a comunicação, adequado para aquele mercado e que deve estar alinhado com a sociedade e cultura em que atua.

Investir em uma adequação da comunicação da empresa, em todos os meios, para que todo o conteúdo gerado tenha uma única voz, é importante para manter a coerência. Logicamente, isso fará muito bem para sua reputação e encontrabilidade em qualquer meio.

Crie conteúdo e tenha referência de diretórios regionais, sites especializados e outros sites locais (prefeituras, associações etc.)

Isso contará a favor do negócio, pois o Google pode usar alguns desses conteúdos como referência para validar o local. Por exemplo: ao buscar por hotéis e clicar em um dos resultados, é possível perceber que, após mostrar as informações principais, o Google mostra outros resultados da web relacionados àquele local, como o TripAdvisor (site especializado), entre outros que podem colaborar para o usuário encontrar mais dados sobre o local.

Pense na busca

A busca local ajuda de forma assistida seu negócio a obter receita. Em vários exemplos, comentei algumas experiências minhas. Pense que muitas pessoas fazem algo parecido. Por isso é importante sempre perguntar ao cliente, através de uma pesquisa automática ou mesmo verbalmente, onde ele conheceu o negócio. Converse com o cliente, entenda seus caminhos, quais concorrentes ele encontrou. Certamente, a aquisição dessas informações ajudará, e muito, o seu trabalho.

> **ATENÇÃO:**
>
> O analista pode utilizar nas páginas do negócio, microdados do schema.org para local business. Veja as opções em: https://schema.org/LocalBusiness

A arquitetura de conteúdo deve ser observada para a implantação e execução de melhorias em sua formatação. Os recursos e os sites de apoio serão considerados nessas estratégias, em que o conteúdo será utilizado para enriquecer a experiência do usuário, bem como privilegiar as informações que devem ser entendidas.

A convergência do conteúdo web pode acontecer pela integração dos elementos que o compõem e através de elementos e estratégias de origem externa. Espera-se que o conteúdo possa convergir de maneira natural, tanto em um quanto em outro. É importante, por exemplo, que as categorias de sites tenham URLs simples, de modo a convergir com conteúdo offline.

Pontos como esse são os principais a serem observados quando se trata da arquitetura de conteúdo, ou seja, daquilo que pode convergir com outros elementos e estratégias de marketing e publicidade de uma empresa. Outro bom exemplo de convergência entre online e offline, ao se tratar de conteúdo, é em um blog onde um professor de um curso de graduação pode comentar a aula que ministrou e abrir espaço para comentários dos alunos.

Nessa mesma linha, um palestrante que ministrou um *workshop* pode disponibilizar os slides da apresentação juntamente com o vídeo de alguns trechos em seu blog, de modo que as pessoas que gostaram possam obter esses artefatos para a elaboração de outros estudos, artigos etc.

Em se tratando de convergência online e offline, o uso desse tipo de estratégia é comum também em relação a filmes, seriados e outros programas de TV. É de grande viabilidade promover e privilegiar o conteúdo gerado pelo usuário nesses casos. O estúdio que possui os direitos da franquia pode produzir conteúdo sobre o filme lançado, disponibilizar no site oficial para que os fãs obtenham imagens, trechos e outros artefatos correlatos que possam ser propagados através da web. Dessa forma, o site do filme se tornará popular, atrairá mais visitantes e, assim, divulgará o filme com a colaboração dos fãs. Além disso, poderá ser privilegiado por palavras-chave relacionadas, nos mecanismos de busca.

Fica claro que, além da utilização de todos os recursos, formatações e técnicas de conteúdo possíveis, é importante que exista uma convergência entre o conteúdo que fica disponível na web com aquilo que é uma necessidade da realidade. Quanto maior a convergência entre esses dois mundos, maior será a utilidade do conteúdo produzido. É relevante comentar que, nessa linha de pensamento, é possível afirmar que o conteúdo deve ser:

- Útil ao usuário, através da informação passada em seu conteúdo textual e elementos que o compõem.

- Acessível aos usuários, navegadores e robôs dos mecanismos de busca.

- Convergir com o mundo físico e suas estratégias.

- De fácil distribuição.

ESTRUTURA DE CAMADAS DE CONTEÚDO

A estrutura hierárquica do conteúdo de um site diz muito sobre a sua navegabilidade. Quando falo em uma hierarquia de conteúdo, me refiro ao nível de profundidade das páginas perante a árvore de estrutura. Nesse ponto, a primeira página do site, também conhecida como página principal, é o marco "zero"; suas categorias, o nível 1 de navegação; subcategorias, o nível 2, e assim por diante.

Quanto mais cliques do mouse o usuário der entre esses níveis, mais se aprofunda na navegação. Trata-se de algo importante a ser observado, pois a diferença entre um site com um nível a mais e outro com um nível a menos pode ser a linha fina entre uma navegação adequada ou não.

A métrica reconhecida por qualquer pessoa que trabalha com web é a distância através de cliques que um usuário está da página inicial até a página de destino. Essa métrica corresponde não somente a uma simples distância, no aspecto quantitativo, mas na dificuldade do usuário para chegar ao seu objetivo. Sendo assim, fica claro que, quanto menos profunda for a hierarquia de um site, menor será a distância em cliques até a informação desejada e mais fácil será a encontrabilidade de tal informação.

A hierarquia e a profundidade das informações devem analisadas do ponto de vista da importância — quanto mais relevante determinada informação, maior precisa ser sua proximidade do marco "zero".

Quando a informação fizer parte de um grupo profundo na estrutura hierárquica, essa distância pode ser diminuída através de uma âncora no marco zero, que levará o usuário até a respectiva página. É o que acontece com sites de características transacionais.

Usemos como exemplo a loja de computadores. Pense em uma placa-mãe da marca Asus, de um determinado modelo. A URL pode ser organizada em domínio/categoria/marca/modelo.

www.pcgamerfantastico.com.br/placa-mae/asus/h510m

Ou seja, estará no nível 3 da hierarquia. Perceba que se trata somente de um exemplo didático e comum, pois nem sempre a formação da URL está totalmente ligada à hierarquia do conteúdo. A URL poderia ser:

```
www.pcgamerfantastico.com.br/placa-mae-asus-h510m
```

Não há uma divisão por categoria na URL. É importante ficar claro que o conceito de profundidade aqui está muito mais relacionado à estrutura organizacional do site. Caso exista um link direto do marco zero (index) para a respectiva página, o usuário não notará essa profundidade.

Assim, é logicamente correta a afirmativa de que as páginas mais importantes de um site devem ser destacadas na home através de um link, independente de sua estrutura organizacional.

No caso do produto utilizado no exemplo, se ele for o carro-chefe de vendas da empresa, a página que representa o produto deverá ser referenciada na home através de um link ou um banner com uma chamada atrativa (orientado à promoção), independentemente da hierarquia. Assim, o acesso dos mecanismos de busca será facilitado e o do usuário também.

Trata-se de uma ação comum na qual departamentos de marketing cruzam dados de venda e procura de produtos tanto em lojas físicas quanto na web, para definir quais produtos deverão ser evidenciados. No entanto, mesmo com esse recurso, caso a árvore estrutural seja muito profunda, produtos que não vendem muito podem ser prejudicados. Tudo é questão de prioridade. Além disso, podem obter uma relevância não tão expressiva quanto aos produtos da vitrine da loja. São aqueles produtos de cauda longa, cuja base de vendas é baixa, só que somada com demais produtos com a mesma frequência de comercialização é superior aos campeões de venda, pois nem sempre serão tão evidenciados na home e ao mesmo tempo ficarão em uma estrutura muito profunda para seu resultado se recuperar.

Quando mais horizontal e com poucos níveis estruturais a arquitetura do site for, mais fácil sua leitura será realizada pelos robôs de busca. Além disso, por ser mais enxuta em seus níveis, terá menor taxa de abandono e maior engajamento, uma métrica importante para mecanismos de busca como o Google atualmente.

Definições como essas devem ser feitas no início do projeto do site, pois tratam de premissas importantes que envolvem decisões e a participação de diferentes áreas de uma empresa, através de profissionais como os de: marketing, TI, comercial, SEO, arquitetura da informação, dentre outros. Ou seja, os interessados devem sentar, conversar e planejar adequadamente como será estruturado o conteúdo e quais as forças e fraquezas que uma escolha poderá acarretar.

Orientação vertical

Os sites com uma orientação mais vertical são aqueles que acumulam páginas em vários níveis de profundidade. Na imagem a seguir, utilizo um organograma para exemplificar a profundidade de um website com orientação vertical.

Problemas comuns: como a hierarquia é muito profunda, algumas páginas importantes podem ficar em níveis remotos, invisíveis aos olhos do usuário. Dessa forma, a saída será promover alguns links diretos da página inicial. Para essas páginas, no entanto, normalmente será necessário trabalhar com essa restrição, visto que nem todas as páginas nos níveis mais profundos poderão ganhar links de destaque na home para serem vistas.

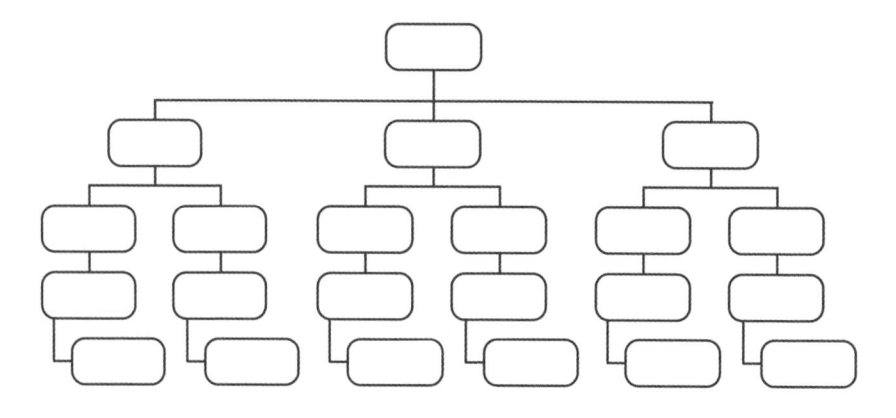

Hierarquia vertical com vários níveis de profundidade.

Esse tipo de problema geralmente ocorre em sites de varejistas, *marketplaces* cujo número de produtos vendidos é muito grande, gerando assim muitas famílias, categorias e subcategorias de produtos.

Orientação horizontal

Em uma orientação mais horizontal, as páginas ficam mais perto da home e, assim, tornam-se mais fáceis de serem encontradas, pois a estrutura hierárquica do conteúdo privilegia a encontrabilidade. Dessa forma o usuário está a poucos cliques das páginas do último nível, facilitando a recuperação de informações contidas.

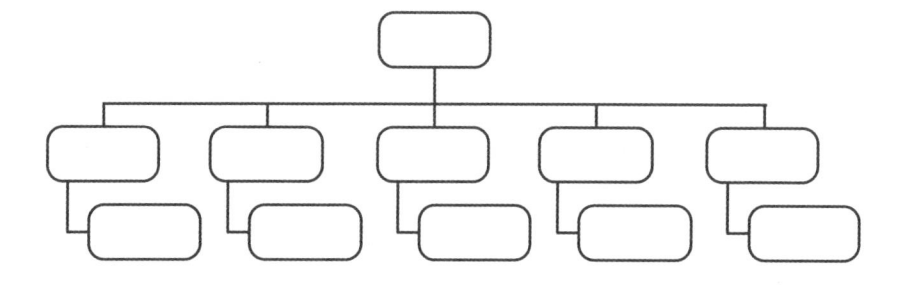

Hierarquia vertical. Páginas mais próximas da home.

Dependendo da orientação do conteúdo e da quantidade de categorias abordadas, torna-se difícil a utilização desse tipo de estrutura. A mensagem que deve se tomar dos dois exemplos de orientação é que: **quanto mais vertical a hierarquia de informações, mais difícil será a visualização das páginas dos níveis mais profundos**. Assim, caso não existam alternativas a um conteúdo vertical, torna-se necessário garantir que as páginas importantes estarão presentes em forma de links diretos na home do site. Além disso, ao se tratar da hierarquia do conteúdo (independente do modelo), é importante que se releve a experiência do usuário pelo caminho traçado, por aquelas possibilidades de navegação. Tudo deve ser orientado para a boa experiência do usuário, que é o que o mecanismo de busca quer privilegiar.

Pensando nisso, é importante pensar em palavras que ajudarão a nomear a organização de categorias. Por exemplo: em uma loja de informática, categorias como notebooks, impressoras, monitores, periféricos, entre outras, formarão a base da organização.

Pensar nas palavras-chave utilizadas no nome e conteúdo dessas categorias auxilia o analista de SEO a estruturar um trabalho com foco nas necessidades do usuário durante a navegação.

UTILIZAÇÃO E ESCOLHA DE PALAVRAS-CHAVE

A arte de entender e ser entendido é vital para ser possível transmitir uma mensagem através de texto, imagens vídeos, sons e outros recursos disponíveis na web. Por isso, quando se fala em conteúdo para a web, há uma preocupação tão grande. Primeiramente porque a internet por si só engloba várias gerações, culturas, línguas, raças, o que gera uma mistura de conhecimento diverso, opiniões divergentes sobre vários assuntos. Segundo porque o fator "se fazer entender" impacta muitos objetivos, dentre eles, aqueles que são determinantes para a vida de um website.

Nesse ponto, é importante compreender que a forma como se comunica para a web — e não me refiro somente aos textos, mas às imagens e a outros elementos já vistos — é relevante para o bem maior, que é a mensagem.

Não é preciso afirmar que, antes de tudo, para um bom entendimento de um conteúdo, é necessário que boas práticas e regras gramaticais sejam aplicadas, e isso já deve ser embutido nos valores dos responsáveis pela edição de textos online.

A atenção à ortografia deve ser encarada como um dos requisitos mais importantes se tratando de conteúdo. **E não me refiro somente às regras da língua, mas também ao se fazer entender**. O analista de SEO deve se preocupar com esses aspectos, para garantir um excelente conteúdo.

Que palavra é importante utilizar?

Quanto mais fácil a palavra a ser utilizada, mais fácil será a interpretação de quem está lendo. Mesmo que se esteja escrevendo para um público mais técnico, nem sempre isso significa que todos entendem os termos, principalmente em áreas como a da informática, em que todo dia surgem novas siglas.

É relevante prever as palavras que podem ser utilizadas pelo usuário ao buscar por determinada informação, através dos mecanismos de busca. Utilizar as palavras que o usuário entende como importantes para um determinado assunto ajudará o conteúdo desenvolvido a figurar em resultados de busca nos mecanismos de busca, e também ajudará o usuário com aquilo que ele procura.

Entender as demandas por palavras relacionadas a mercados ajuda também a compreender o que as pessoas estão procurando. Existem ferramentas que podem ser utilizadas para ajudar o autor de um conteúdo, ou mesmo projetistas de arquitetura de informação que decidirão os nomes de categorias de um site, a escolher seus nomes. Veremos algumas, a seguir.

Google Trends

```
https://trends.google.com.br/trends/
```

O Google, como mecanismo de busca para a web, absorve grande parte das informações relacionadas com a busca. Dentre elas: palavras-chave mais buscada, períodos em que elas são mais utilizadas, cliques em resultados de busca, dentre outros dados que podem ajudar a entender como, quando e onde o consumidor se comporta e de que forma. Esses dados podem ajudar na elaboração do conteúdo.

De modo a auxiliar as pessoas que desenvolvem conteúdo, editores, dentre outros interessados, o Google mantém essa ferramenta. Trata-se de um recurso muito útil no sentido de entender quais são as palavras mais usadas para buscas perante determinado assunto (palavras-chave). Mais do que isso, a ferramenta possibilita antecipar demandas de mercado e, dessa forma, direcionar os negócios para esses períodos para obter alguma vantagem competitiva.

É relevante comentar que, da mesma forma que o ser humano tem a capacidade de reconhecer a relação entre sinônimos, os mecanismos de busca também têm esse poder. Contudo, recomenda-se que exista uma autocrítica por parte dos responsáveis pelo conteúdo no que se refere à utilização de uma ou outra palavra-chave, pois quanto mais próxima da linguagem do usuário, maior será o entendimento. Ou seja, trata-se de não somente disponibilizar o conteúdo através da web, mas de o usuário encontrá-lo e entendê-lo. Isso tem relação total com o sucesso do conteúdo e o aumento dos indicadores de desempenho.

Google Keyword Planner ou planejador de palavras-chave

```
https://ads.google.com/aw/keywordplanner/
```

O Keyword Planner (planejador de palavras-chave), como o Google Trends, tem como principal objetivo mostrar volumes de busca por palavras-chave. A utilização das duas ferramentas para determinar quais são as palavras mais importantes sobre um assunto é recomendada, pois têm abordagens diferenciadas.

O planejador de palavras-chave, por ser uma ferramenta oriunda do sistema de links patrocinados do Google, o Google Adwords, tem como base de dados buscas e cliques oriundos desse sistema. Assim, a ferramenta se faz muito útil no apoio à escolha para utilização de palavras principalmente para o caso de criação de conteúdo em sites de e-commerce.

No caso de *landing pages* com informações completas sobre um determinado produto, muitas palavras-chave serão utilizadas naturalmente neste conteúdo. Com esse tipo de ferramenta, é possível determinar as palavras mais procuradas por um determinado tempo.

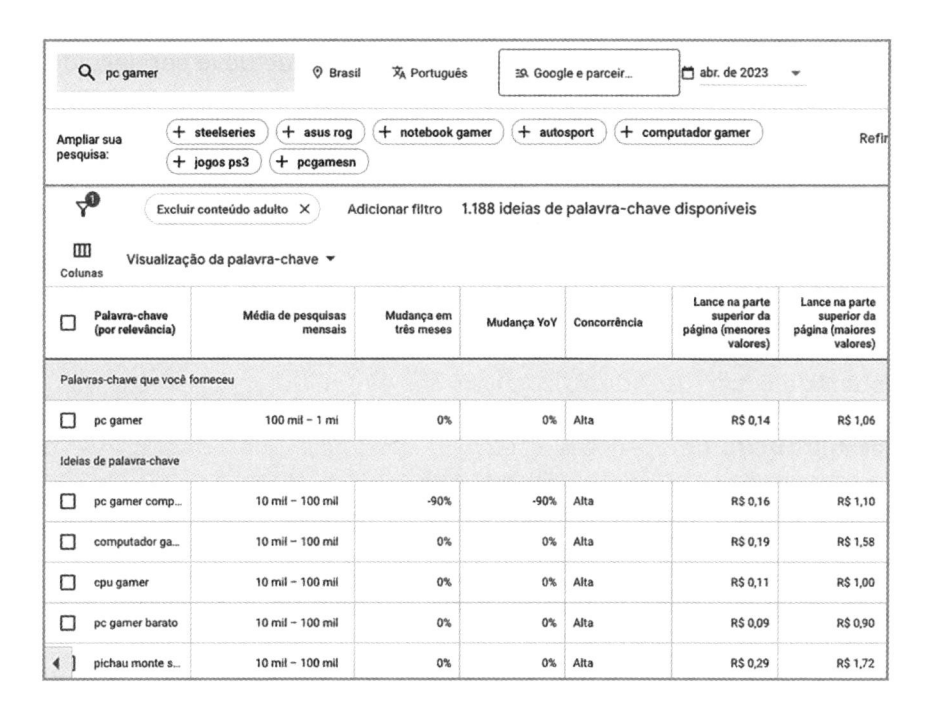

	Palavra-chave (por relevância)	Média de pesquisas mensais	Mudança em três meses	Mudança YoY	Concorrência	Lance na parte superior da página (menores valores)	Lance na parte superior da página (maiores valores)
Palavras-chave que você forneceu							
	pc gamer	100 mil – 1 mi	0%	0%	Alta	R$ 0,14	R$ 1,06
Ideias de palavra-chave							
	pc gamer comp...	10 mil – 100 mil	-90%	-90%	Alta	R$ 0,16	R$ 1,10
	computador ga...	10 mil – 100 mil	0%	0%	Alta	R$ 0,19	R$ 1,58
	cpu gamer	10 mil – 100 mil	0%	0%	Alta	R$ 0,11	R$ 1,00
	pc gamer barato	10 mil – 100 mil	0%	0%	Alta	R$ 0,09	R$ 0,90
	pichau monte s...	10 mil – 100 mil	0%	0%	Alta	R$ 0,29	R$ 1,72

Busca por ideias de palavras-chave no Planejador de palavras-chave do Google Ads.

A ferramenta mostra ideias de palavras-chave, além de informações sobre mudanças, média de pesquisas mensais, concorrência, valores de lance, entre outras informações.

Por que a informação de lance é importante? Pois ela ajuda a entender a concorrência. Palavras-chave mais caras em um leilão são aquelas mais concorridas, logicamente, as que podem ser mais procuradas também. Assim, é importante considerá-las no processo de escolha de palavras, quando construirá um portfólio.

Processo de escolha de palavras-chave

Eu defendo um processo que seja realista do ponto de vista oportunidades e possibilidades.

Não há uma receita pronta, um passo a passo que deve ser seguido linearmente. Eu apresento um modelo para que o analista possa escalar e adequar essa pesquisa, de modo que ela se torne mais eficiente no seu dia a dia.

Pense que uma pesquisa de palavras-chave precisa atender a alguns critérios, como: volume de busca relevante, baixa concorrência, baixa dificuldade. Seria maravilhoso atender a todos esses critérios, mas infelizmente hoje as posições em mecanismos de busca estão cada vez mais concorridas.

Brainstorming

Comece a anotar palavras-chave relacionadas com o tema em questão, sem ter muito critério, em um arquivo de texto. Dica: pense no tema durante cinco segundos e depois anote todas as notificações que seu cérebro enviar.

Está sem criatividade, não está tendo muito sucesso? Nesses casos, **alguns analistas usam o ChatGPT para gerar algumas ideias**.

> As melhores palavras-chave para procurar uma guitarra Fender podem incluir:
>
> 1. Guitarra Fender
> 2. Fender Stratocaster (ou apenas Stratocaster)
> 3. Fender Telecaster (ou apenas Telecaster)
> 4. Fender Jazzmaster
> 5. Fender Precision Bass
> 6. Fender American Standard
> 7. Fender Custom Shop
> 8. Fender Vintage
> 9. Fender Signature Series
> 10. Fender Road Worn
>
> Essas palavras-chave podem ajudar a refinar sua pesquisa e encontrar resultados relevantes relacionados às guitarras Fender. Lembre-se de usar essas palavras-chave em combinação com o termo de busca principal, como "comprar", "vender", "preços", "lojas" ou qualquer outra palavra relevante que esteja procurando.

Na imagem a anterior, pedi para o ChatGPT me entregar algumas ideias de palavras-chave com o tema "guitarra fender". É uma ferramenta que pode fazer parte do canivete suíço do analista de SEO. Existem outras ferramentas baseadas em ChatGPT, focadas em SEO, como a da empresa brasileira Niara, com funcionalidades parecidas.

Você também pode se inspirar nas ideias do próprio consumidor, ou seja, nos comentários em páginas de produtos e redes sociais. É comum que as pessoas usem a internet para procurar respostas.

Facebook, Twitter, Youtube, entre outros sites, são ricas fontes quando se trata de entender quais são as dúvidas mais comuns e frequentes do consumidor. Esse conteúdo pode gerar boas ideias de palavras-chave.

A forma como as pessoas escrevem as perguntas pode ser uma ótima fonte para entender como chamam determinado produto, serviço, bem como potenciais pautas para um blog que vai abordar o assunto. Trata-se de uma estratégia para aproximar a relação existente entre o consumidor e a empresa utilizando as dúvidas como fonte de inspiração para criação de conteúdos.

Prepare uma planilha

Nela, você vai colocar todas estas palavras, adicionando-as em colunas:

- **Palavra-chave**: aquela que você escolheu no *brainstorming* inicial.

- **Volume de busca**: o volume de busca ou a média de pesquisas mensais. Este é um item muito importante, afinal, o analista precisa encontrar palavras-chave que tenham uma relação direta com o conteúdo, bem como ofereçam uma boa quantidade de tráfego. O que significa isso? Que se o analista escolher palavras com bons volumes de busca (quantidades de busca) e o site se posicionar, ele poderá receber um tráfego muito relevante e aumentar significativamente os indicadores de visitas, por consequência de negócios. Sendo assim, privilegie na escolha palavras que tem bons volumes de busca. Eu gosto muito de usar o Semrush, para esse trabalho. Trata-se de uma excelente suíte de recursos para SEO, dentre eles para administrar seu portfólio de palavras-chave. Faça seu login no www.semrush.com. Existem alguns modos diferentes de você pesquisar palavras-chave na ferramenta, mas o mais fácil é ir à barra de pesquisa (depois de fazer o login), inserir a palavra-chave que deseja saber e clicar no botão "Pesquisar".

→ Ele vai mostrar uma página de resultados, com diversas informações sobre a palavra-chave pesquisada, variações, gráficos, países, intenção (se é informacional ou navegacional). É muito fácil de obter a informação necessária.

Posicionamento do site: você também consegue esse indicador no Semrush. Por que eu quero saber o posicionamento do site? Esta é uma variável importante de ser avaliada, pois o site que já tem algum posicionamento pela respectiva palavra-chave certamente já é considerado por ela pelos algoritmos classificadores. Trata-se de "surfar uma onda", aproveitar uma oportunidade. Imagine que eu tenho uma palavra com um bom volume de busca, um custo alto para publicidade paga e já tenho algum posicionamento orgânico (terceira ou quarta página de resultados). Eu posso entender qual a página que se posiciona por aquela palavra-chave e considerar melhorar conteúdo, engenharia de links, entre outros fatores que possam levá-la para a primeira página. Assim, competir com o próprio anúncio patrocinado e obter cliques orgânicos. Alguns devem estar pensando: "se eu posicionar essa página no topo da busca, talvez a empresa nem precise mais patrocinar a palavra-chave nos links patrocinados, correto?". Nem sempre; isso é algo a se analisar. Às vezes, na área dos anúncios nos mecanismos de busca, há uma competição grande por cliques. E é necessário considerar que muitas vezes o usuário acaba vendo só a área dos anúncios, que ficam no primeiro bloco da arquitetura das SERP. Eu não recomendo decisões precipitadas, principalmente no caso de muita competição por anúncios, pois dessa forma a empresa pode perder a visibilidade. Em alguns casos, você precisará se posicionar organicamente e através de anúncios, para garantir o clique. Essa pergunta surge muito, principalmente com termos relacionados à marca. Os clientes às vezes me questionam: "Eu já me posiciono em primeiro lugar na busca orgânica, por que preciso patrocinar minha marca?". Minha resposta é que precisamos sempre avaliar o risco de não aparecer no bloco de anúncios, enquanto muitos concorrentes aparecem.

- **Custo**, ou seja, qual o valor de lance dessa palavra. Essa informação você pode encontrar tanto no SEMRush quanto no Planejador de palavras-chave do Google. Quanto maior o custo de uma palavra nos anúncios, mais a empresa gasta com ela.

Agora é o momento de elaborar uma **classificação dessas palavras**. Se o objetivo é encontrar boas oportunidades através de bons volumes e baixas concorrências, você deverá classificar as variáveis analisadas de modo que visualmente fique fácil de entender as oportunidades. É uma receita interessante e uso-a há alguns anos para selecionar as palavras.

A ideia é que você pinte as variáveis como elas devem ser escolhidas. Por exemplo: se tem 30 palavras-chave, logicamente algumas delas terão volumes de busca bons ou ruins. Escolha aquelas que têm o volume acima de 100 e, então, pinte a respectiva coluna.

Para custo, você pode decidir pintar aquelas com custo superior a 50 centavos. Por sua vez, selecione as que têm posicionamento no máximo até a terceira página. Pronto, você tem um filtro visual das melhores palavras-chave para trabalhar.

Essa receita pode ser aprimorada. Já vi analistas colocando informações de tráfego estimado, se o site possui página com tema relacionado à palavra-chave, quantidade de competidores, entre outras informações. Enfim, use a criatividade e monte sua metodologia.

Palavra-chave	Posicionamento orgânico	Custo	Volume de Busca	Prioridade SEO
Palavra-chave 1	28	0.50	33100	Alta
Palavra-chave 2	28	0.70	27100	Alta
Palavra-chave 3	33	0.70	27100	Média
Palavra-chave 4	N/A	0.16	50	Baixa
Palavra-chave 5	N/A	0.16	50	Baixa

Exemplo de metodologia

Feita a classificação, opte por priorizar as palavras que você vai trabalhar. Eu faço o seguinte: aquelas que possuem as três variáveis pintadas já entram como prioridade alta; aquelas com duas variáveis, prioridade média; aquelas com uma variável somente, baixa. Muitas das vezes, aquelas palavras sem nenhuma variável dentro desse tipo de classificação, eu elimino. Mas... existem exceções.

Como comentei, não se trata de uma técnica engessada. Ela ajuda a fazer um filtro para a escolha das melhores opções, mas o analista deve considerar que muitas vezes uma das palavras-chave pode ser importante para o negócio. Eu já vivenciei muitas histórias nesse sentido.

Às vezes você tem uma palavra-chave vital para o negócio, o volume de busca é fantástico, mas o site não possui nenhum posicionamento por ela e o custo é baixo. O que fazer? Deixá-la como prioridade baixa? Certamente não. Os números podem nos ajudar muito na tomada de decisões, só que, frente a uma situação que claramente precisa ser interpretada não somente pelos números, é necessário que o analista considere outras variáveis.

O profissional de SEO, em muitos casos, vai encontrar palavras com baixo volume de pesquisas, mas o site se posiciona bem, e o custo da palavra-chave é alto. Minha recomendação é: converse com profissionais que trabalham na conta de links patrocinados, pois eles podem falar um pouco sobre o histórico daquela palavra nos sistemas de leilão. Em debates como esses, eu já evitei erros que poderiam colocar em discussão a qualidade do projeto.

Escrever somente um bom conteúdo nem sempre será o suficiente para atrair tráfego oriundo de mecanismos de busca, bem como de outras fontes. Uma das melhores formas de se conseguir atingir um determinado objetivo, principalmente no que se refere ao tráfego de mecanismos de busca, é através de um conteúdo trabalhado durante um determinado prazo para que se atinja o objetivo no final de modo que melhore a experiência do usuário e robôs de mecanismos de busca.

Nesse sentido, ao pensar em palavras-chave, uma das principais linhas de raciocínio é entender a sazonalidade de determinados mercados de modo a programar seu conteúdo para que absorva esse tráfego. A mensagem que deve ser entendida, perante essa afirmação, é que uma página comemorativa do Dia dos Pais de um site com produtos direcionados ao público masculino, por exemplo, não deve ser colocada no ar somente alguns meses por ano. Essa página deve ser mantida e alimentada sempre com produtos novos, informações relevantes sobre presente para os pais, dentre outras, afinal não se trata somente de uma página específica para o Dia dos Pais, mas de um conteúdo dedicado a presentear os pais. Assim, a página ganhará relevância e conhecimento por parte do usuário e, aos poucos, reputação.

O entendimento de como as palavras são buscadas pelos usuários de internet colabora muito nesse aspecto. Assim, é possível crer que ferramentas de estatísticas relacionadas às palavras-chave procuradas na web ajudam no sentido de mostrar as demandas e picos sazonais de procura por produtos ou serviços. Jerkovic (2010, p. 314) entende esses períodos como "ciclos de compra", ou seja, "no mundo Ocidental, há certos ciclos de compra conhecidos durante o ano".

É pertinente prever esses ciclos e preparar os conteúdos de acordo com eles. De nada adianta, por exemplo, elaborar uma estratégia de visibilidade de um conteúdo para o natal se já é natal, pois certamente os concorrentes já saíram na frente. Trata-se de um pensamento lógico, mas às vezes pouco praticado.

Principalmente em períodos de festas, as vendas no varejo e consumo de todos os níveis de produtos relacionados aumentam significativamente. Sendo assim, varejistas, principalmente fora do ambiente online, tendem a se antecipar a esses períodos e colocar seus produtos das prateleiras antes de seus concorrentes.

Assim, é recomendável que se trace um plano, com algumas etapas importantes:

- Estudo de mercado e produtos e serviços importantes: aqui é necessário entender não somente do negócio, mas quais são os produtos. Assim, os responsáveis diretos pelo conteúdo do site poderão determinar as áreas de conteúdos e os produtos mais importantes.

- Identificar demandas, sazonalidades e oportunidades: aqueles conteúdos determinados como mais importantes podem ganhar destaque através de palavras buscadas pelo usuário nos mecanismos de busca e também em redes sociais. É importante saber quando se busca por essas palavras. Usar as ferramentas de auxílio, como apresentei anteriormente, é uma boa ideia.

- Projete o caminho: se você já fez uma pesquisa de palavras-chave, certamente tem algumas variações dela (ex: pc, pc gamer, pc gamer barato). Esboce um desenho, uma espécie de mapa mental das possibilidades desse conteúdo. Se você escreve sobre cães, por exemplo, faça uma lista de possibilidades, como na imagem a seguir.

- Saiba quais as principais dúvidas relacionadas a um tema, como mencionado anteriormente. Faça pesquisas nos mecanismos de busca como o Google e Bing, simulando dúvidas e obtendo informações dos lugares onde são postadas essas dúvidas. Em um conteúdo de caráter mais informativo, o analista pode transformar essas dúvidas em tópicos ou FAQ.

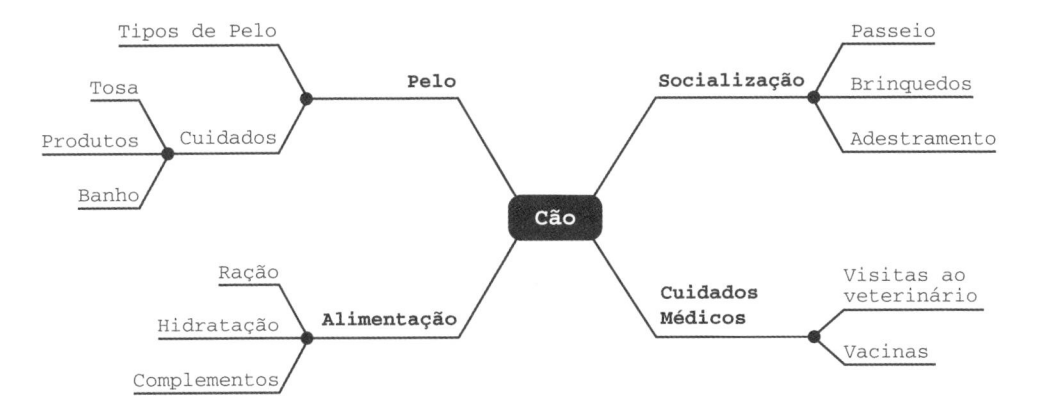

```
            Tipos de Pelo                                    Passeio
    Tosa                    Pelo         Socialização
                                                             Brinquedos
Produtos    Cuidados
                                                             Adestramento
   Banho
                                  Cão
            Ração                                      Visitas ao
                                            Cuidados   veterinário
  Hidratação       Alimentação              Médicos
                                                       Vacinas
  Complementos
```

Tópicos sugeridos perante o tema "cão". A base de um bom conteúdo vem de sua organização.

Como é possível visualizar na imagem anterior, se um blog de pet shop vai abordar temas sobre cães, pode usufruir de toda a linha temática demonstrada através do mapa mental, que pode ser inspirado em pesquisas realizadas através das ferramentas mostradas, bem como de outros sites, fazendo com que cada post do blog componha **níveis de pirâmides invertidas**. Exemplo: em um artigo sobre "Alimentação", serão abordados tópicos (subtítulos) como "ração", "hidratação" e "complementos".

```
       Alimentação dos cães

         Melhores rações

          Complementos

           Hidratação
```

Pirâmide invertida com base nos tópicos abordados.

CONTEÚDO • Utilização e escolha de palavras-chave

O cuidado de se elaborar um bom conteúdo não é somente a única preocupação de quem irá produzi-lo e administrá-lo. Após exercer todo o cuidado necessário, é importante pensar também em como as pessoas virão até ele. Por isso, as palavras-chave exercem um papel fundamental quando se trata de elaborar uma linha temática para o site ou blog.

CICLO DE VIDA DO CONTEÚDO

O ciclo de vida relacionado ao conteúdo web precisa ser visto com um entendimento de qual é o seu cerne, o centro que o governa, as ações que orbitam toda a estratégia. E é realmente de uma estratégia que a vida do conteúdo nasce. Por quê? Pois se espera que nenhum site seja igual ao outro — em algumas partes, podem ser parecidos, mas nunca iguais. Sendo assim, principalmente o conteúdo deve diferenciar-se dos seus semelhantes. Isso é muito importante porque é o que fará a diferença entre um site e outro na web (e principalmente para os mecanismos de busca). Nela há milhões de sites, e muitas vezes não há diferença entre a estratégia de conteúdo de um e de outro.

Quando a estratégia existe, há um foco no cumprimento dela, medida ao longo do tempo por meio de indicadores.

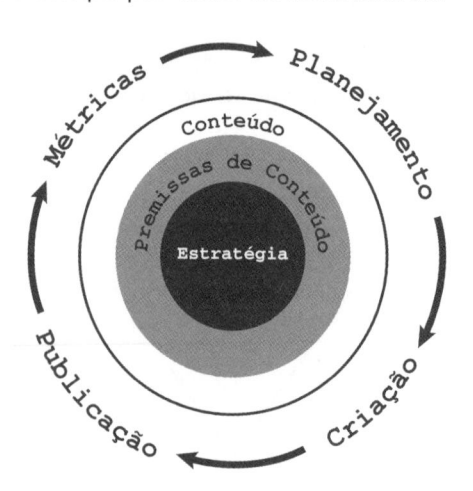

Ciclo de vida do conteúdo.

O ciclo de vida de um conteúdo inicia-se em uma estratégia na qual algumas perguntas deverão ser feitas para definir aonde se pretende chegar com o trabalho que será realizado. Entendida a estratégia o analista deve aliar as premissas necessárias (boas práticas de SEO, usabilidade, dentre outros) à estratégia de conteúdo definida.

Assim, o conteúdo será planejado, criado, publicado e então serão escolhidas métricas para a medição de seu sucesso e que irão guiar futuras atualizações e novos conteúdos.

O objetivo dessa abordagem precisa estar totalmente alinhado ao negócio, afinal, o que se busca na maioria das vezes são clientes interessados em saber mais e futuramente comprar seu produto ou serviço. Planejar essa relação é importante, por isso uma estratégia bem desenhada é o primeiro passo de todo o trabalho.

Estratégia

O primeiro passo é definir qual será a estratégia de conteúdo. Nesse ponto, algumas perguntas importantes devem ser feitas (HALVORSON, 2010, p. 82):

"De qual conteúdo precisamos e por quê?". Ele precisa atender a alguma necessidade do usuário. Caso não consiga resolver algum problema importante, pode se tornar somente um artefato desnecessário na página.

"De que forma estará estruturado o conteúdo?". É preciso entender como o conteúdo será estruturado. Serão visualizados através de páginas de categoria? Serão divididos em várias páginas por tema? Vão ter imagens, comentários, vídeos? Por isso as palavras-chave e um mapa mental podem ajudar tanto, principalmente nesta etapa. Se você já tem um pouco de conhecimento da taxonomia no negócio, através de uma boa pesquisa de palavras-chave, será mais simples organizar esta etapa, uma vez que as famílias de produtos e serviços poderão ser organizadas de forma hierárquica.

"Como os usuários encontrarão o conteúdo?". Imagine que é possível que o usuário nunca tenha entrado no site, que seja a primeira experiência dele. Sendo assim, de onde ele veio? É possível preparar o conteúdo para agradá-lo independentemente de onde veio? Aqui eu preciso recordar a autoridade do conteúdo, se ele está pronto para absorver o visitante que veio de uma busca informacional ou transacional, por exemplo. Lembre-se de que ele pode ter passado por uma etapa inicial de pesquisa ou já estar pronto para realizar uma compra.

Essas perguntas são necessárias para que o caminho estratégico do conteúdo seja traçado pelas pessoas envolvidas na administração.

Por exemplo: para um site de e-commerce de computadores para jogos, entende-se que o conteúdo é necessário para ajudar o consumidor em relação aos detalhes de cada um dos produtos. O conteúdo (listagens de produtos, informações etc.) será estruturado em páginas de categorias, e espera-se que os usuários encontrem-no através do menu ou busca interna.

Neste caso, pode-se definir como estratégia desse site de e-commerce criar guias de compra que sejam de utilidade para os usuários e que eles possam participar enviando perguntas, vídeos etc. Como seria isso na prática? Na página de cada um dos diferentes modelos de PCs, podem ser disponibilizados vídeos feitos pelos testadores da empresa comentando a performance de cada um dos jogos mais adequados para aquela configuração de computador. Informações técnicas podem ser disponibilizadas através de texto, comentários podem ser ativados para os usuários participarem. Avaliações de clientes podem ser ativadas também, como meio de prova social.

Pode-se também optar por uma estratégia que envolva não abrir para a participação de usuários, mas que, no guia de compras, tenha especialistas perante cada PC ou outro produto comercializado na loja (placas de vídeo, SSD etc.) opinando e dando dicas. Tudo depende de como se pretende alcançar o resultado esperado de SEO.

Perante essa estratégia, serão adotadas medidas de qualidade, ou seja, as boas práticas de conteúdo. Ele terá um aspecto mais informal, com linguagem mais próxima dos jovens, ou linguagem mais formal?

Eu conheço e sou cliente de uma loja de roupas táticas de que eu gosto muito. Embora vendam calças, camisetas, mochilas e outros acessórios com apelo militar, muitos dos produtos são projetados para o uso no dia a dia. São roupas que passariam por casuais, mas com pequenas modificações para praticantes de tiro esportivo, militares e profissionais da segurança privada.

Tanto no conteúdo do site como nos vídeos, atendimento via SAC, dentre outros locais, eles utilizam alguns jargões conhecidos desse público. E aqui vamos além do SEO, para um lugar onde o conteúdo desempenha um papel importante nessa relação que o consumidor tem com a marca. Esse tom faz com que o cliente se sinta parte daquilo.

Determinadas a estratégia e as premissas do conteúdo, entramos então no processo de criação de conteúdo que envolverá: **planejamento** (quais as primeiras categorias a receberem o texto, pessoas envolvidas); **criação**, com datas e prazos; **publicação** e **mensuração** de resultados de cada um dos conteúdos. Tendo em vista que nenhum deles será igual ao outro, recomendo que sejam mensurados individualmente.

O processo

Ao pensar em processo, imaginamos uma sequência de ações (ou grupo de ações) necessárias para que determinado fim seja atingido. Nesse caso, o objetivo principal é o de construir um conteúdo que colabore para aspectos transacionais, informacionais ou navegacionais.

O gerenciamento do conteúdo, quanto mais específico, mais qualidade terá. Vamos pensar em um site de e-commerce, por exemplo. É um trabalho que envolve várias pessoas e precisa ser **planejado**, **criado**, **publicado** e **medido**.

Como um conteúdo não é só texto, e sim tudo que envolve a informação apresentada para o usuário (imagens, vídeos, botões etc.), temos para cada uma dessas etapas a participação de diferentes *stakeholders*:

- **Planejamento:** deve envolver principalmente gerentes, fornecedores, usuários — uma entrevista com os usuários ou mesmo pesquisas realizadas olhando para as principais dúvidas já podem colaborar para responder às primeiras perguntas listadas no início deste capítulo.

- **Criação do conteúdo:** precisa envolver uma equipe editorial, fornecedores, gerentes — a criação do conteúdo deve acontecer depois de seu planejamento. O planejamento envolvendo os interessados na venda de produtos, por exemplo, junto com usuários (em entrevistas) vai expor as necessidades de informação. Sendo assim, o processo de criação deverá respeitar as *guidelines* determinadas previamente (palavras-chave, boas práticas etc.).

- **Revisão:** envolve gerentes, equipe editorial, consultores — é um processo necessário para verificar a qualidade do conteúdo criado, evitar duplicações (que podem prejudicar o diferencial percebido pelos usuários, visto que outros sites também podem simplesmente replicar o conteúdo, e não customizá-lo, além de prejudicar o desempenho no mecanismo de busca), verificar direitos autorais de modo que não seja feito nada sem a permissão de marcas e empresas.

- **Publicação (conteúdo no ar):** equipe editorial, analista de SEO — trata-se de colocar o conteúdo no ar com a estrutura planejada no processo de planejamento.

- **Métricas**: a equipe de *business intelligence* pode elaborar um dashboard no qual seja possível avaliar o desempenho de cada uma das páginas, como: números de usuário, sessões, engajamento, conversões, receita, entre outros.

- **Atualização:** talvez o mais importante dos processos, pois envolve o sucesso a longo prazo. Imagine que, ao planejar, criar, revisar e aplicar o conteúdo em suas páginas, dinheiro foi despendido para isso, pois profissionais importantes da empresa (e externos) se envolveram. Se o conteúdo não for atualizado ao longo de sua vida, passará a deixar de ser relevante, e esse investimento será perdido, principalmente se tratando de sites de e-commerce. É possível perceber que sites que investem na atualização têm sucesso, em se tratando de número de visitas e conversões orgânicas, principalmente no longo prazo.

Depois do planejamento do conteúdo do website, é preciso saber quais são as páginas que receberão os conteúdos. Para organizar isso, pense em algo simples, como uma planilha.

Logicamente, se falamos de páginas de um e-commerce, precisaremos escalar essa organização para que não seja necessário que cada uma seja especificada, pois assim não se resolveria um problema, e sim criaria-se outro.

Pense que, na planilha, você precisa de dados como:

- **Página (ou categoria de páginas)** — como já comentado, no caso de um site varejista, pode-se especificar as regras para um grupo de páginas, de categorias.

- **Quem ficará responsável por aquele conteúdo** — embora muitas pessoas se envolvam no planejamento e até na sua criação, o ideal é que exista uma liderança para aquele conteúdo.

- **Quais são as palavras que relacionadas com ele** — um tema é composto de uma série de palavras relacionadas a ele, assim, realizar o exercício recomendado anteriormente de buscar palavras-chave que compõem um determinado assunto resulta nessa definição importante para a construção do conteúdo.

- **Quais são as diretrizes de qualidade estabelecidas durante a fase de planejamento**.

- **Revisado** — a resposta a esta coluna pode ser sim ou não.

- **Data de publicação** — ótimo para entender desde quando aquele conteúdo está no ar.

Dessa forma, será possível organizar todo o ciclo, bem como a sustentabilidade dele. Isso resultará em:

- Páginas atualizadas.

- Informação útil e precisa.

- Aumento de visitação, reputação e, consequentemente, receita.

CONCLUSÕES FINAIS SOBRE CONTEÚDO

A informação na web, disseminada desde seu início, tomou rumos abrangentes. Diferentemente de outras mídias, a web possibilita o poder do "muitos para muitos". E muito mais do que o poder de colocar empresas e instituições no mesmo nível, a web dá ao usuário possibilidades diversas de interação; consequentemente, isso resulta em uma produção de conteúdo independente.

O tratamento de informações oriundas de diversas fontes na web torna-se único, pois a web tem o poder de reunir, através de dispositivos tecnológicos, conteúdo de mídias como TV, rádio, dentre outras que irão contribuir para que essa convergência aconteça na cabeça do usuário.

Uma das coisas que ficam claras através deste livro é o quanto o usuário é o ponto central do conteúdo web. Hoje, além de consumidor de informação, o usuário passou também a ser produtor. Com a evolução da internet como base propulsora para a web, uma das mudanças mais notáveis é a do paradigma do produtor e consumidor. O que recomendo é que o analista de SEO aproveite isso.

Se antes o papel da audiência era de consumidor da informação produzida pelos *gatekeepers* (TV, rádio, jornais, produtores de informação), já existe e é notada uma mudança de paradigma nesse relacionamento. Não cabe a este livro julgar se isso é bom ou ruim, no entanto é fato que hoje é fácil para qualquer pessoa produzir conteúdo. Se ele será bom ou ruim, caberá à comunidade, às pessoas, decidir. Não cabe a este livro julgar a credibilidade, mas é fato que as informações geradas pelo usuário através da internet são usadas por outros no processo de busca.

Como especialista em SEO, trabalhando no setor desde 2007, já ministrei treinamentos de otimização de conteúdo para redações de portais de notícias, produtores de conteúdo de marcas importantes, especialistas em descrições de produtos para e-commerce e muitos outros. Até hoje eu dou esses treinamentos, e percebo que, da mesma forma que as coisas mudam muito rápido, as empresas se adaptam na mesma velocidade.

A informação na web, difundida através de produtores como empresas, instituições sem fins lucrativos, governos, dentre outros, se transforma em conteúdo que será consumido, comentado e utilizado. A atenção aos tipos, às suas orientações e à qualidade precisa partir de uma cultura que envolve a transformação digital das empresas.

Da mesma forma que muitos políticos ainda nos dias de hoje fazem campanhas como antigamente, muitas empresas não entendem ainda qual o potencial de conteúdo de seus sites e o que isso pode promover em sua vantagem competitiva. Às vezes perdem grandes oportunidades de produzir algo que colabore diretamente com seu sucesso, atraindo somente uma competitividade média, ficando atrás da concorrência.

Tudo depende de uma cultura e de como é difundida. E quando falo disso, não me refiro somente à mudança de paradigma para um pensamento moderno, mas de como um negócio pode evoluir através da educação para os clientes. A política do conteúdo relevante, da colaboração, tem de partir de dentro para fora das empresas. Para mim, o mercado de SEO ajudou muito para isso.

Muitos sites ainda se prendem a manias e à falta de integrações em produções. Se algo vai ser mudado em um site devido a uma estratégia de vendas, que analistas de usabilidade, de conteúdo e de SEO sejam consultados antes, para determinar qual será o impacto.

A união das equipes que trabalham a favor de um site, a mesa redonda, as conversas e as ideias geradas devem ser validadas e consideradas. É importante compreender que, quando se trata de conteúdo, aquilo que será disponibilizado ao usuário em termos de dados relevantes deve ser elaborado de forma detalhista.

Procurei mostrar as vantagens de se pensar em "detalhes" quando se trata de conteúdo, e esses detalhes é que importam no final.

A conclusão a que é possível chegar neste final de capítulo é que: **não basta disponibilizar o conteúdo para os usuários usufruírem, mas também pensar em como é possível melhorá-lo e torná-lo cada vez mais útil, para que seja fonte de conhecimento e soluções**. Isso ajudará o negócio a ser mais relevante e também ajudará a reputação da marca, tornando-a referência no mercado em que atua.

REPUTAÇÃO

Construa autoridade e melhore o posicionamento da sua marca por meio de uma reputação sólida. Ela é fundamental para estabelecer confiança.

Este talvez seja um dos itens mais polêmicos de SEO que eu vi ao longo da minha carreira. Não o conceito de reputação em si, mas o que foi discutido no mercado durante os últimos dez anos.

No início do SEO, quando eram usadas técnicas que não se importavam com a experiência do usuário, e sim com ações para posicionar o site por palavras-chave, uma das coisas que muitos profissionais de SEO faziam, sem muita preocupação, era a busca desenfreada por links que apontassem para os sites em que eles estavam trabalhando.

Havia de tudo, incluindo páginas com links significativos, diretórios, listas de links, vendas, entre outros. Lembro que além da parte técnica e de conteúdo, eu pesquisava muito sobre oportunidades de links para os meus clientes, de modo que eles pudessem melhorar o que na época chamávamos de popularidade.

Com o decorrer do tempo, os mecanismos de busca começaram a punir alguns abusos de sites que compravam links em grande quantidade, tendo, de repente, de 1.000 a 2.000 links em domínios novos, oriundos de conteúdos que não tinham nenhuma ligação com a marca. Dessa forma, iniciou-se uma discussão aprofundada sobre a reputação do site, como era possível avaliar sua qualidade, além de elaborar estratégias sustentáveis para o crescimento dessa variável.

Sustentáveis porque muitos sites acabavam comprando links oriundos de conteúdos que muitas vezes tinham relação com o conteúdo-alvo, mas ao longo do tempo percebia-se que esse link "envelhecia" e novos precisavam ser adquiridos. Além de tudo, a ação tinha que parecer natural, uma vez que os mecanismos estavam desconsiderando links de publicidade e de outras categorias. Eu lembro que, na compra de um link, as variáveis que compunham o "valer a pena" era quase uma conjunção astral.

O mercado chamava isso de *link building*, ou seja, uma construção de links, através da aquisição deles. Ainda é possível encontrar isso atualmente, só que de outra forma, mais construtiva; inclusive alguns clientes perguntam sobre isso em reuniões comerciais, na venda de um projeto de SEO.

Quando se começou a pensar em uma forma natural de prospecção de links, os analistas se voltaram muito para aquilo que poderia chamar a atenção das pessoas e angariar o interesse. Algo como: "Poxa, interessante isso, vou colocar um link no meu site para essa página". É o que chamamos de *link bait* (isca de links).

O mercado brasileiro teve algumas fases que nos fizeram chegar à atual importância do conteúdo para a conquista de links. Eu explico essas fases a seguir, com base na minha percepção e em algumas discussões que vi acerca do tempo, contudo nada é tão exato, são somente referências para que o leitor entenda a evolução do debate.

Na primeira fase se falava muito na geração de selos. Eu lembro que nos idos de 2007/2008 muitas empresas fizeram isso. Produziam-se selos que serviam como validação social. Por exemplo, uma empresa adotava uma causa e fazia uma campanha para divulgá-la. A *landing page* tinha um selo, cujo HTML os simpatizantes do tema podiam copiar e colar na própria página ou blog pessoal, e até outras empresas apoiavam a causa copiando esse selo. Empresas de plataformas de conteúdo como e-commerce, blogs, usam esses selos até hoje. Consequentemente esses selos tinham links para as páginas das campanhas, dentro do site patrocinador, que por sua vez esperava que conseguisse absorver o *"juice"* daquele link. Links oriundos de diretórios também eram muito cobiçados nessa época (foram, na verdade) por muito tempo.

Na segunda fase (2009/2010), o objetivo era gerar ativos digitais, como imagens, infográficos, PDFs, conteúdos, que atraíssem os links de outros domínios. Nessa onda, também começaram a se preocupar com a qualidade dos links adquiridos.

Lembro-me de empresas que receberam punições severas, na época, abusaram da compra de links e acabaram tendo seus sites desindexados do Google. Como consequência disso, tiveram prejuízos enormes e precisaram apelar para mídias pagas, inclusive offline, para remediar a queda de venda do negócio. Foi um remédio amargo para o mercado começar a construir uma nova visão sobre o *link building*.

Na terceira fase, que começou por volta de 2011, o que eu percebi do mercado foi uma discussão na qual os links importavam, mas ainda havia dúvidas se deveríamos nos preocupar tanto com isso.

"Devemos gastar horas e depender dinheiro com esse tipo de estratégia ou começamos a investir em ações mais sustentáveis no longo prazo, que não nos façam perder o sono em cada uma das atualizações do mecanismo de busca?".

Nessa época o mantra era "Se você construir, eles virão"[45]. A ideia era (e ainda é adotada por muitos analistas) investir em um site bom, com uma navegação que atendesse às necessidades do consumidor, com páginas entregando um conteúdo excelente, com vídeos, análises, comentários, avaliações, otimizado para vários dispositivos, com um *uptime* de servidor muito perto do 100% e que realmente ajudasse o usuário no que ele precisa. Viraríamos autoridade no assunto abordado no blog e, com isso, conquistaríamos links de outros domínios naturalmente e construiríamos uma reputação focada no tema. Foi mais ou menos essa a ideia inicial, que acabou sendo desenvolvida por alguns analistas que utilizam esse pensamento até hoje. Com base no que acredito e tenho visto, isso é o que tem dado mais resultado no longo prazo. Ainda há analistas que optam por seguir o caminho de compra de links, para tentar acelerar esse processo.

E-A-T (EXPERTISE, AUTHORITY, TRUST)

E-A-T é uma sigla que representa os três componentes importantes para avaliar a qualidade e a credibilidade de um conteúdo online[46]. A especialidade (expertise ou especialização) é a habilidade demonstrada em um assunto específico. Quando um conteúdo é produzido por especialistas com experiência e conhecimento comprovados em um campo específico, é considerado mais confiável. É o que eu

//

45 Referência ao filme Campo dos sonhos, estrelado por Kevin Costner, no qual o personagem interpretado pelo ator ouve essa frase, até construir um campo de baseball que será utilizado por grandes jogadores.

46 Podem haver variações sobre o entendimento dessa sigla, atualizações e outras interpretações. O importante é que o leitor entenda o conceito principal que se propõe e possa aplicar de uma forma que seja atemporal, para sua estratégia e objetivos.

tenho relatado ao longo do livro, principalmente no capítulo sobre conteúdo. Quando você aborda, através de um site, o tema em todos os seus aspectos, certamente mostrará conhecimento real sobre o assunto. Lembre-se do exemplo da loja de PC gamer: para a página dos principais produtos, além de uma descrição textual completa, sugeri vídeos com a análise de especialistas, falando sobre peças e capacidades em jogos.

Authority (Autoridade): refere-se à reputação e à influência da fonte do conteúdo. Uma fonte reconhecida como referência em seu campo e com sólida reputação. Esse conceito se mistura um pouco com o anterior, na minha visão. Afinal, o site conseguirá autoridade através de um conteúdo que aborda todos os aspectos e acaba sendo referenciado por usuários por meio de links externos oriundos de outros domínios.

Trust (Confiança): refere-se à confiabilidade e à integridade da fonte do conteúdo. Um conteúdo confiável é preciso, imparcial, transparente e oferece informações relevantes. A confiança é construída ao fornecer referências, fontes e dados verificáveis. Alguns sinais são importantes para esta variável.

Uma delas é a **página Sobre**, existente na maioria dos sites. Nela, a organização mostra quem é, com nomes dos principais executivos, um pouco do seu histórico, entre outras referências importantes. Eu digo aos meus clientes que é como se fosse um minicurrículo, para uma apresentação rápida. Isso ajuda o mecanismo de busca a entender que se trata de algo real[47]. A **página de contato** também pode reforçar a existência da empresa, com informações que ajudem o usuário a entrar em contato. Além disso, mostra o compromisso com a experiência do usuário no site. O leitor deve lembrar-se do Whois, que comentei no capítulo sobre tecnologia. É possível manter um **Whois** público com informações relacionadas

//

47 Atualmente, com a quantidade de golpes existentes na internet, é muito importante dar referências sobre a organização. Muitos golpistas usam sites falsos para praticar ilícitos, por isso essa preocupação do Google e de outros mecanismos de busca com sinais que possam confirmar o nível de confiança do site.

à propriedade do domínio, inclusive algum contato para o caso de envio de informações.

Embora alguns sites optem por esconder alguns dados, ter um Whois público, mostra transparência e confiança[48]. O analista deve se preocupar também para que o site tenha **políticas de privacidade**. Trata-se de um tema muito discutido e que pode ajudar a mostrar confiança em relação ao site. Geralmente os links de políticas de privacidade são posicionados no rodapé do site e possuem informações importantes como políticas de cookies, dados sobre como a empresa trata os dados de usuários, contato do DPO[49] do site, entre outras informações. O conceito de E-A-T é frequentemente associado à avaliação de conteúdo pelos mecanismos de busca, como o Google e Bing. Os algoritmos de busca utilizam esses critérios para determinar a qualidade do conteúdo e sua classificação. Portanto, é importante criar conteúdo confiável, com base em informações precisas para aumentar a visibilidade nos mecanismos.

Como atrair links para o site?

Através do *link building*. Trata-se de uma estratégia em que o analista elabora junto à organização uma série de ações para que seja possível adquirir links de forma natural, de sites confiáveis (que também sigam as convenções de EAT) e que possam ajudar a reforçar a reputação do domínio.

Uma das coisas que vai ajudar uma prospecção natural de links é o próprio conteúdo do site, que vai atuar como um *link bait* — uma isca de links. Se os responsáveis produzirem conteúdo relevante, informativo e interessante, será maior a probabilidade de outros sites linkarem para ele naturalmente.

//

48 Alguns golpistas compram domínios com nomes parecidos com os de marcas famosas para praticar golpes através de e-mails e outros recursos.

49 É o Data Protection Officer. Na lei brasileira, ele é nomeado como encarregado pelo tratamento de dados pessoais.

REPUTAÇÃO • E-A-T (Expertise, Authority, Trust)

O analista também pode identificar oportunidades de *backlinks*. O que isso significa? Ele pode pesquisar sites relacionados com o tema que busca. Isso pode funcionar da seguinte forma: procure por esses sites, mas não saia por aí pedindo links. Construa um relacionamento. Após construir esse relacionamento, converse, comente sobre o conteúdo que leu no site. Isso é mais fácil principalmente no caso de blogs. Houve situações em que acabei até fazendo amizades, e os links vieram sem que eu pedisse nada, pois as pessoas referenciam o site em que eu estava trabalhando ou até artigos meus.

Isso significa que você não pode pedir? **Você pode pedir um link**, mas, da experiência que eu tenho, as chances de você nem ser respondido aumentam. Evite aquele tipo de mensagem do tipo: "Olá, muito boa sua abordagem sobre o assunto, escrevi algo parecido em meu site www.enderecoxpto.com.br".

Muitas vezes a requisição de um link pode surgir de uma ajuda. Alguns analistas, nessa procura por potenciais páginas que referenciem a sua, acabam encontrando **conteúdos com links quebrados**. Isso acontece quando a URL configurada na ligação possui algum caractere incorreto ou não existe mais. Sendo assim, o analista pode iniciar o relacionamento com a fonte prospectada, avisando sobre esse problema, comentando que também já escreveu sobre o assunto, enfim, iniciando um diálogo. Ele pode também ser mais ousado, enviando como sugestão o link do seu site que pode servir como substituto.

Como sugeri anteriormente, **praticar o networking** pode demorar mais, contudo o resultado é mais garantido e sustentável. Retornemos ao exemplo da loja de PC gamer. Existem muitos fóruns especializados em discussões relacionadas ao tema. Os especialistas da loja podem entrar nessas discussões para opinar, falar sobre equipamentos e orientar novos usuários. Isso atrairá a atenção do público para a loja e, consequentemente, para a marca. Assim, qualquer link ou menção ao domínio se tornará natural.

O valor da marca e a exposição dela podem ser trabalhados por meio de assessoria de imprensa. Alguns profissionais acreditam que a divulgação de comunicados e notícias relacionadas à empresa, contendo links, pode contar como valor importante para a sua reputação e que os mecanismos irão aprovar isso. Eu concordo com essa afirmação caso notícias, por exemplo, tenham valor positivo para a marca. Entenda que o valor do link para satisfazer o mecanismo de busca não é unicamente o seu apontamento, mas o tema que o envolve. Ele como artefato de navegação (seu objetivo principal) contendo uma notícia de crescimento e aumento de ações de um negócio tem muito mais valor do que simplesmente o SEO. Lembre-se que as regras de negócio devem sempre ficar à frente das boas práticas de SEO. Afinal, no caso de uma notícia negativa, polêmica, cancelamento[50], problema judicial envolvendo a marca, certamente o link não trará benefício para a organização. E mesmo nesses casos os profissionais de assessoria vão agir para conter a crise. Outro benefício do trabalho de assessoria de imprensa para o SEO é que muitas vezes as pessoas, ao lerem comunicados e notícias sobre a marca em outros sites, podem procurar palavras-chave relacionadas aos seus produtos e serviços e, assim, clicar nos resultados orgânicos. Em alguns casos, os portais que divulgam os conteúdos de assessoria de imprensa não publicam links e imagens, somente o texto fornecido pela empresa que presta esse serviço. Na minha opinião, mesmo assim, vale muito a pena. É impressionante como as visitas de um site aumentam quando um bom trabalho nesse sentido é feito. Minha recomendação é que analistas de SEO tenham proximidade com esses profissionais de assessoria e os orientem em relação a otimizar seus conteúdos, de modo que possam figurar em posições importantes nos mecanismos de busca com esses textos.

Pelo conhecimento e relacionamento que muitos desses profissionais de assessoria de imprensa têm, eles podem ajudar aos colaboradores da empresa a publicar artigos, como *guest posting* (convidado) em outros sites. Nesses artigos, é possível incluir link na biografia de autor ou mesmo dentro do conteúdo do artigo.

No exemplo da loja de PC gamer, o CEO da empresa pode escrever um artigo para um site especializado falando de um tema importante

---

//

50 Termo utilizado para referir-se aos atos de um grupo de pessoas que se reúnem através de redes sociais para rechaçar ações de uma pessoa física ou jurídica.

do mercado, por exemplo: placas de vídeo. Ele pode falar sobre a compatibilidade das placas de vídeo mais antigas e jogos atuais, a exigência das novas tecnologias, e colocar um link para uma página da loja onde o usuário digite o seu modelo de placa e veja os jogos compatíveis. Algo útil, importante, que mostra experiência e autoridade do tema.

A entrega de recursos ao usuário é muito importante. Eles podem ser ferramentas como a que comentei anteriormente, e-books, PDFs com instruções, imagens, jogos, planilhas, tudo que possa ser de utilidade ao visitante. Em tempos como os atuais, em que a venda por e-mail e o relacionamento com o cliente são tão valorizados, pode ser construída uma página com informações sobre o material, um campo de formulário para a pessoa escrever seu nome e e-mail e, finalmente, fazer o *download*. Além de uma ferramenta útil, que poderá ser referenciada através de links, teremos os dados do visitante para comunicações importantes sobre o negócio e ações de *inbound marketing*.

Lembre-se de **oferecer meios para que as pessoas possam compartilhar e oferecer testemunhos através de redes sociais**. Percebo que, quando as pessoas se surpreendem com um material desses, elas sentem gratidão e vontade de comentar. O e-mail precisa atuar como um apoiador nessa questão, pois através dele a organização pode oferecer links de apontamento, caso o usuário queira referenciar a página do ativo (PDF, e-book etc.), em redes sociais, blog, fórum.

Independentemente do que você vai utilizar para fazer sua prospecção de links, é importante sempre ter em mente que o *link building* sustentável a longo prazo é aquele que se baseia em um crescimento natural do seu portfólio de links. Ele precisa ter diversas características, que sejam diversos e úteis — links oriundos das mais diversas fontes, textos âncora etc. Técnicas de manipulação, em que o analista faz a aquisição massiva de links de uma única categoria, sem sinais em outros locais onde seria natural também ter links, podem chamar a atenção do mecanismo de busca após uma auditoria e resultar em penalidades.

Exemplo: um domínio novo, sem nenhum *backlink*, do dia para a noite recebe 200 links oriundos de sites com conteúdos especializados, sempre com a mesma palavra-chave. Esse novato não tem menções em comentários em lugar nenhum, como redes sociais, comentários em blogs, nada. Só possui uma categoria de link. Isso não é natural, e já vi sites sendo punidos assim. É natural que sites tenham links de comentários de redes sociais, blogs, páginas de fornecedores (que atendem a marca e linkam para ela), notícias, etc. É essa naturalidade que o analista de SEO precisa buscar e monitorar!

LINKS DE SAÍDA OU LINKS EXTERNOS

Os links de saída são aqueles que referenciam páginas fora do site em que você está trabalhando. Por exemplo, em um artigo no seu blog, você comenta sobre determinada notícia e coloca um link que leva a outro site.

Eles são importantes, pois conduzem o usuário a uma página externa para referenciar o assunto em questão, ou seja, são um complemento para a informação.

Um exemplo interessante é de um site de receitas. Ao dar uma receita de determinado prato, ele pode incluir links de saída para lojas onde é possível encontrar os ingredientes. Totalmente relevante e colaborativo com o usuário.

As preocupações que envolvem essa prática é o medo do "vazamento da reputação", do *juice* da relevância dessa página. Alguns analistas de SEO tinham como hipótese que era como se uma possível pontuação daquela página fosse distribuída. Mas esse pensamento mudou com o tempo, embora os mais puristas ainda tomem um cuidado com isso.

Eu penso que, quando você colabora com o usuário em determinado contexto, ele volta ao seu site. Basta lembrar-se de suas experiências com outros websites.

Você deixa de voltar ao Google porque ele te leva para outros lugares? Você deixa de voltar ao seu site de notícias predileto porque você clicou em algum link que te direcionou a outro site que complementou a informação? Certamente não.

Quem trabalha ou já trabalhou com usabilidade sabe que a medida de lembrança de um usuário para determinado site baseia-se na experiência que ele teve. Dê uma boa experiência ao usuário e, certamente, ele voltará muitas vezes ("construa e eles virão", lembra?). Faça tudo na medida certa, utilizando bom senso, e você não sairá prejudicado.

Eu creio que se o mecanismo de busca percebe a relevância desse link de saída, atribui também a relevância da página que contém o link. Seguindo o exemplo da receita, sua página será extremamente relevante, pois, além de conter a receita, contém também links que levam às lojas onde comprar os ingredientes.

Além disso, haverá uma enorme chance de o usuário voltar mais e mais vezes ao site, pois sabe que lá encontrará não só as receitas, mas indicações para compra dos ingredientes.

No caso de uma página com resenha de determinado livro, acredito que será relevante aquela que disponibilize informações sobre seu conteúdo, bem como links de saída para as livrarias onde é possível comprar o livro.

Bons links de saída devem:

- **Ser importantes para determinado assunto**. A relevância do link de saída será responsável pela relevância da página em que está posicionado, bem como para a página que ele aponta.

- Ser formados com um **texto-âncora com uma palavra-chave que dê um feedback** ao usuário. Isso ajudará o usuário e robô a entender a natureza da informação.

- **Complementar a ideia explanada**. Quanto mais relevante for, mais útil será para o usuário. No caso de uma resenha de livro, por exemplo, você pode criar um link para um fórum de discussão literária, no qual se discute sobre o livro e seu autor.

- **Colaborar com o usuário**. Artigos técnicos com links para ferramentas, além de ajudar o usuário, privilegiam páginas importantes em um determinado contexto.

MONITORAMENTO DE BACKLINKS

Se você tem um portfólio de inúmeros links, é impossível monitorar todos eles manualmente. Antigamente eu fazia isso através de planilhas, e era muito trabalhoso. O analista precisa "robotizar" algumas ações, pois hoje existem boas ferramentas para isso.

Com essas ferramentas, é possível acompanhar métricas como: a quantidade de links que apontam para o site; autoridade desses domínios; a classificação de URLs por determinadas palavras-chave; a toxicidade do link, ou seja, se a composição de domínio, página, assunto abordado, além de outros detalhes do site, ajuda ou atrapalha o site-alvo; textos-âncoras utilizados; data do primeiro rastreamento desse link; além de fazer uma atualização constante relacionada com esses apontamentos.

A utilização dessas ferramentas também pode ajudar o analista a identificar oportunidades de melhorias desses *backlinks* e a avaliar a eficácia da sua estratégia de *link building*.

Ferramentas

O Semrush é uma das ferramentas mais completas para o analista de SEO. Mencionei-a durante algumas vezes no livro, pois é uma das que eu mais uso. No contexto de uma agência ou empresa de consultoria especializada em SEO, você terá vários projetos, então é importante contar com uma ferramenta que agilize várias ações como a administração de *backlinks* de vários sites ao mesmo tempo. O SemRush oferece isso através do menu **SEO > CONSTRUÇÃO DE LINKS**. Nesse menu, você terá opções bem interessantes para facilitar seu dia a dia:

Análise de *backlinks* — você pode colocar um domínio e avaliar as métricas relacionadas a ele, como a quantidade de *backlinks*, domínios que estão fazendo a referência, domínios para os quais o seu site está apontando, dentre outros dados muito interessantes para o analista de SEO.

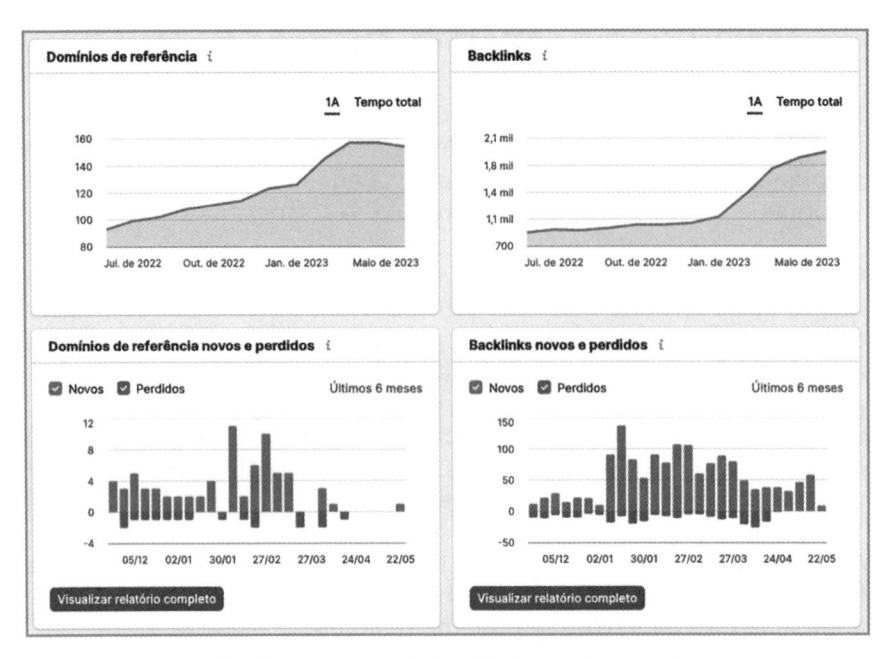

Monitoramento de backlinks no Semrush.

Note na imagem anterior, alguns dos gráficos mostrados nessa página. É possível analisar o crescimento dos domínios de referência (domínios únicos) e de *backlinks*. As duas métricas estão relacionadas. Entenda que um domínio, pode ter vários *backlinks* para o seu site, então é normal que o número seja mais expressivo. Veja também que a ferramenta mostra um comparativo entre links novos e perdidos.

Backlink audit — com este recurso, será possível entender quais links apontam para o site auditado, além de uma métrica muito importante, que é o *Toxicity Score*. Esse indicador que vai de 0 a 100 mostra o risco que uma URL pode trazer ao seu site.

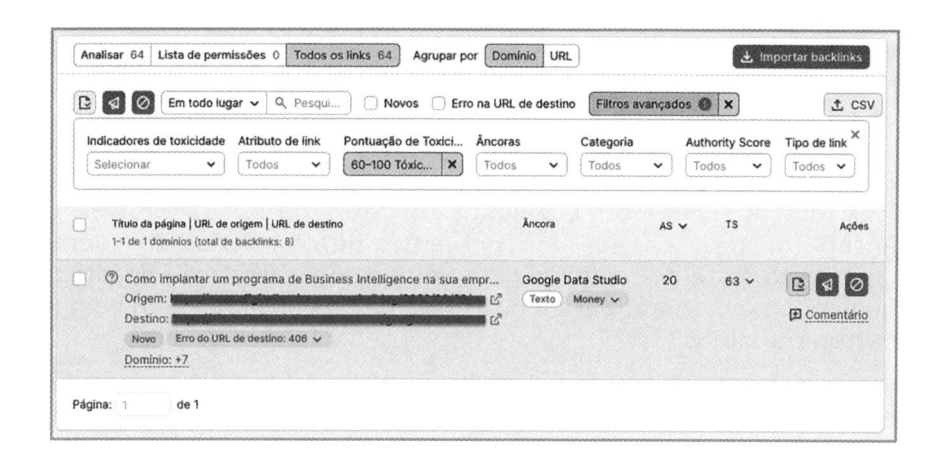

Note na imagem anterior que a ferramenta mostra a origem do link e para qual página de destino do seu site ela aponta. No caso, esse link tem uma pontuação de toxicidade alta (TS), pois foi classificado como "*money*". O que aconteceu é que, em virtude de o link ter a exata palavra-chave relacionada com o artigo que aponta, o sistema entendeu que pode se tratar de uma compra de link. Por isso, o risco.

Trata-se de uma análise automatizada. O analista deve verificar manualmente essa lista para não cometer enganos. Às vezes o número de links é muito grande (100, 200), mesmo assim, deve-se fazer uma inspeção. No caso do link exposto na imagem de exemplo, se trata de um engano. Não é um link comprado, por isso, não fiz a remoção.

Após a análise, é possível fazer o pedido de exclusão através do Google Search Console[51]. O Semrush também possui o **Link Building Tool**, ferramenta que pode ajudar o analista a procurar oportunidades de ligações em outros sites. Lá é necessário colocar o endereço do site administrado, os de alguns concorrentes e o recurso procura

//

51 Na ferramenta "Rejeitar links para o site", do Google, é possível pedir a remoção da consideração do respectivo apontamento para o site cujo SEO você administra: https://search.google.com/search-console/disavow-links

REPUTAÇÃO • Monitoramento de backlinks

e exibe algumas URLs com potenciais chances de serem boas fontes de *backlinks*. Sendo assim, basta utilizar as boas práticas de relacionamento, para conseguir essas ligações. Existem outros sistemas, de diversas empresas especializadas em recursos para SEO, que também podem ser exploradas para esse trabalho, como **Moz** (https://moz.com/), **Majestic** (https://pt.majestic.com/), **Ahrefs** (https://ahrefs.com/pt), entre outras. Todas possuem uma vasta suíte de recursos para equipes de otimização de sites, que podem colaborar para o programa de *link building*, bem como outros trabalhos.

USABILIDADE E ACESSIBILIDADE

Requisitos de usabilidade importantes para tornar o site ainda mais relevante e universal para os usuários.

Um pilar importante do SEO é a experiência do usuário, pois os mecanismos querem entregar ao utilizador sites que tenham uma excelente usabilidade e que sejam acessíveis aos mais variados tipos de públicos.

Dessa forma, é necessário avaliar itens de usabilidade que acabam combinando com o SEO. O analista pode se aprofundar nesse estudo, com o apoio de profissionais de UX (*user experience*) para o respectivo site analisado, ajudando a determinar itens importantes de ajuste ou melhoria, levando diretamente a bons resultados para a empresa.

Quando estou analisando um site, procuro inspecionar alguns itens no meu *checklist*, como os descritos a seguir.

NAVEGAÇÃO

Eu fico um tempo navegando pelo site e procurando algum possível erro ou problema. Podem ser considerados erros uma página não existente, um link com o nome de uma categoria que aponta para outra, uma imagem quebrada (quando não é carregada). Já dificuldades de encontrar algum menu ou informação, categorização não adequada, falta de alguns artefatos facilitadores podem ser consideradas problemas.

Todo site precisa ter o que eu chamo de **sistema de navegação**. Geralmente ele é composto de um menu e um sistema de busca. Eles são comumente encontrados no topo do site, pois seguem a linha visual; em alguns sites podem se estender como filtros através das laterais, principalmente no caso de e-commerce.

Os usuários devem ser capazes de encontrar rapidamente informações específicas usando palavras-chave relevantes através do campo de busca. É muito interessante o analista considerar as palavras-chave utilizadas, em seu portfólio de *keywords*, em links de navegação que podem ajudar outros visitantes a encontrarem o que precisam.

Os **breadcrumbs**, ou caminhos de pão, por exemplo, utilizam palavras que remetem a possíveis objetivos dentro do site, além de mostrarem uma estrutura hierárquica da navegação, localizando o usuário dentro dela, de modo que ele pode ir "para frente ou para trás".

Você se lembra da história de João e Maria? Nesse conto de fadas, os personagens deixam um rastro de migalhas de pão por onde passam para ajudá-los a encontrar o caminho de volta para casa.

Essa analogia é trazida para os sites. É como se o usuário deixasse um rastro por onde passa. Principalmente em sites grandes com uma estrutura de navegação complexa (famílias, categorias, subcategorias etc.), como lojas online, é um excelente recurso do sistema de navegação.

Eles são compostos de uma série de links, com uma certa profundidade, separados por atributos como ">" ou "/". No caso do exemplo da imagem a seguir, note que o site utiliza um ícone, uma categorização (serviços) e sua página-filha (atualizar CPF).

A ideia desse recurso é que cada link represente uma página ou seção do site, começando com a página inicial e progredindo para a página em que o usuário está navegando. Ao clicar em um dos links, o usuário pode retornar diretamente à página anterior, economizando tempo e esforço na navegação.

Um ponto importante, é que o analista pode utilizar microdados do schema.org para taguear o "caminho de pão", deixando mais claro ao mecanismo, do que se trata esse elemento. Note o exemplo a seguir:

```
<div itemscope itemtype="http://schema.org/
BreadcrumbList">
<span itemprop="itemListElement" itemscope
itemtype="http://schema.org/ListItem">
<a itemprop="item" href="link-pagina-inicial">
<span itemprop="name">Página inicial</span>
</a>
<meta itemprop="position" content="1" />
</span>
<span itemprop="itemListElement" itemscope
itemtype="http://schema.org/ListItem">
  <a itemprop="item" href="link-categoria1">
<span itemprop="name">Placa mãe</span>
</a>
<meta itemprop="position" content="2" />
</span>
<span itemprop="itemListElement" itemscope
itemtype="http://schema.org/ListItem">
  <a itemprop="item" href="link-categoria2">
<span itemprop="name">Asus</span>
</a>
  <meta itemprop="position" content="3" />
</span>
</div>
```

Links no conteúdo, botões e outros artefatos clicáveis também são poderosos itens de navegação. O site deve dar feedback aos usuários quando eles forem acionados, ou com o resultado esperado (como a simples mudança de uma página), ou indicando que sua ação foi realizada, por exemplo, o envio de um formulário. Eles também devem ser responsivos e se adaptar para o dispositivo que o visitante está usando.

Além disso, pense na distância através de cliques até o objetivo final. Ou seja, a partir do momento que o usuário acessou determinada página, ele precisa dar quantos cliques até o final? Essa métrica é importante, pois ela mostra a dificuldade para acessar o que precisa. Isso impacta diretamente os resultados de SEO e mídia paga.

Não se esqueça dos *skip links*! Eles são elementos de navegação que permitem aos usuários pular diretamente para partes específicas de uma página, ignorando conteúdos repetitivos ou de navegação secundária. São úteis para melhorar a acessibilidade e a usabilidade de sites, especialmente para pessoas que utilizam leitores de tela ou que navegam por teclado[52]. Eles ficam ocultos no início das páginas, mas são vistos pelos leitores de tela. Quando o usuário ativa a tecla Tab e posteriormente a tecla Enter, esse recurso pula todos os itens repetitivos como menus, avisos e propagandas, focando o conteúdo principal, para que seja possível a leitura adequada. Isso ajuda muito, pois evita que o leitor de tela precise ler todos os links de um grande menu, por exemplo, até chegar ao conteúdo desejado pelo usuário. Perceba, na imagem a seguir, que o site do governo brasileiro faz uma composição de alguns links importantes no topo da estrutura. Itens como conteúdo, página inicial, navegação, busca e mapa do site são numerados, para que possam ser ativados pelo teclado numérico.

//

[52] Deficientes visuais utilizam esses leitores para que possam navegar na internet. Esses softwares leem o conteúdo, permitindo que o usuário ouça, em vez de visualizar, o conteúdo.

Além dos *skip links*, existem recursos como a ferramenta de libras, que podem complementar os itens de acessibilidade e, com isso, tornar o sistema de navegação do site mais inclusivo.

Pessoas com baixa visão também podem acessar o site. Dessa forma, o conteúdo precisa ser legível, com tamanho de fonte e espaçamento suficiente, linhas, cores de fundo e texto que ofereçam contraste suficientemente adequado.

ADAPTAÇÃO A VÁRIOS DISPOSITIVOS

Considerando que hoje em dia o mesmo usuário pode acessar o mesmo site por dispositivos diferentes, essa adaptação precisa ser inspecionada. Imagine o consumidor que está em busca de um modelo de celular. Ele pode começar a buscar esse aparelho pelo computador; acessar alguns sites já vistos pelo celular ao longo do dia; no tablet, pode entrar em um dos sites onde viu uma promoção. Essa jornada não é linear e pode ter outras sequências.

Eu faço testes de responsividade do site que estou analisando em outros dispositivos e sistemas. Existem aplicativos que simulam celular, tablet, computador, tamanhos de tela etc.

O analista pode usar o Google Chrome para inspecionar a adaptação do website. Basta clicar com o botão direito em "inspecionar", e no canto superior esquerdo da área de inspeção, clicar no ícone de um tablet e celular. Ele vai mostrar algumas opções de visualizações em dispositivos móveis, onde você pode testar a navegação e outros elementos.

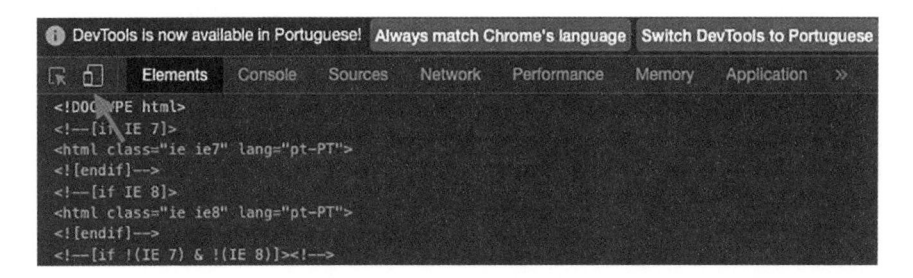

Além disso, o próprio Google Search Console pode colaborar para inspeções de dispositivos móveis, como comentei no capítulo sobre tecnologia. Ele pode mostrar informações sobre a facilidade de uso, que certamente devem fazer parte desse tipo de inspeção[53].

//

53 O analista de SEO vai perceber que, mesmo que tente categorizar alguns itens de inspeção, muitos deles poderão se encaixar em outras também. E não há problema em relação a isso, desde que nada seja esquecido.

> **ATENÇÃO:**
>
> Alguns analistas optam por recomendar páginas AMP (*Accelerated Mobile Pages*) para seus clientes. Esse recurso tem como objetivo criar uma versão da página que seja mais rápida para dispositivos móveis. Eu não tenho nada contra esse modelo, mas o profissional de SEO deve observar vantagens e desvantagens dele[54]. Alguns CMS já têm plugins que permitem a configuração automática de páginas AMP. Há uma documentação disponível no site https://amp.dev/, na qual o analista pode tomar conhecimento dos principais recursos disponíveis desse framework — as adaptações necessárias, configurações de biblioteca e outros requisitos que entendo como importantes. Como comentei, na maioria das plataformas de conteúdo, já existe a utilização desse recurso. Nesse caso o analista pode utilizar o `https://validator.ampproject.org/` para testar a eficiência do AMP e recomendar soluções para possíveis problemas.

Formulários e recuperação de erros

Se o site contém formulários ou etapas de processo (exemplo: precisa passar por algumas etapas para concluir uma compra), eles devem ser simples e fáceis de usar. Os campos devem ser claramente rotulados e as instruções devem ser fornecidas quando necessário.

Deve haver sempre um sistema de recuperação de erros e *feedbacks* que oriente o usuário quando algo inesperado acontece. Por exemplo: se um campo do formulário não foi preenchido corretamente, o sistema do site precisa avisar sobre isso.

//

54 Erika Varagouli escreveu um artigo bem interessante sobre isso, no blog do Semrush, que vale a pena ser lido: https://pt.semrush.com/blog/google-amp/

O ideal, para esses casos, é que mesmo antes de o formulário ser preenchido, principalmente para coisas que não são óbvias, exista uma mensagem de instrução. Em muitos casos essas mensagens ficam no próprio campo.

A recuperação de um erro pode acontecer também em uma página 404, quando o visitante clicou em um link para uma página que não existe mais. Assim é importante que se preparem opções de páginas customizadas para esses erros, com feedbacks que ajudem o usuário a continuar sua navegação.

Com base na minha experiência em SEO, costumo avaliar regularmente os elementos apresentados nos projetos em que trabalho. No entanto, é fundamental ressaltar que o apoio de um analista de usabilidade pode ser extremamente valioso para confirmar hipóteses e aprimorar ainda mais os requisitos.

Lembre-se sempre de que o SEO é um trabalho multidisciplinar (como tenho comentado exaustivamente!) e requer uma equipe capaz de apoiá-lo. Nesse contexto, você terá um papel central na gestão de requisitos, prazos e tomadas de decisão.

GESTÃO DE PROJETOS E PROGRAMAS DE SEO

Na minha carreira, os maiores desafios que tive em SEO foram aqueles relacionados com a gestão. Como comentei, trata-se de uma área multidisciplinar, sendo assim, o analista acaba tendo contato com muitas pessoas além da sua equipe, para conversar sobre problemas, apresentar soluções, negociar alterações, além de ter que gerenciar a expectativa de várias pessoas.

Posso dizer que uma parte das reuniões que fiz ao longo da minha carreira foram tensas. Às vezes o cliente me colocava na frente da equipe que desenvolveu o site para explicar os problemas ou erros encontrados. Em muitos desses casos o próprio responsável por aquele erro estava sentado do outro lado da mesa. Isso era muito mais comum há alguns anos, mas acontecia e às vezes as pessoas não aceitavam as constatações de problemas e as soluções que eu provia.

No geral, quando isso acontecia, eu era muito questionado sobre fontes. Geralmente, eu apresentava algumas recomendações que o próprio Google fazia através de seu blog ou artigos de colegas respeitados, que também trabalhavam com SEO[55]. Outra coisa que geralmente ocorria (na verdade até hoje) eram opiniões diversas. Eu apresentava um problema, uma solução[56], e o interlocutor do outro lado da mesa (geralmente o sujeito que deveria ter evitado o problema) dizia que ouvira falar em algum lugar que aquilo na verdade não era ruim, que não tinha problema ser daquela forma. Quando eu pedia a fonte, ela nem existia. Tratava-se de uma tentativa de justificar um erro, não ficar mal ou até mesmo evitar o constrangimento de ter de assumir um erro. E eu entendo e respeito isso. Por isso, ao longo do tempo, de modo a tentar estimular esses profissionais a ajudarem, fui criando discursos que evidenciassem esses problemas, mas trouxessem os responsáveis pela correção deles a ajudar, de modo que não se sentissem culpados ou constrangidos. Um discurso, político e apaziguador, para explicar que

//

55 Hoje você pode contar com um amplo material de apoio do próprio Google: https://developers.google.com/search/help?hl=pt-br
56 Recomendo ao analista, sempre que mostrar um problema, que apresente uma solução, acompanhada de uma frase do tipo "se isso for resolvido, podemos alcançar o [aumento|resultado|objetivo]".

alguns erros eram pouco conhecidos, ou que eram comuns, simples de serem corrigidos, às vezes até trazendo a solução completa e me colocando à disposição para ajudar.

Para exemplificar, vou relatar uma situação.

Eu estava dando consultoria para um grande portal de esportes. A emissora que patrocinava o site tinha feito um investimento alto para trazer profissionais de outras redações, além de investir muito em tecnologia e publicidade. Tudo lá dentro era novo, equipamentos, equipe, direção, marca, nem os plásticos das cadeiras haviam tirado ainda. Mas o tráfego orgânico não andava. Aí me chamaram.

Nas primeiras análises, percebi um redirecionamento de um link do portal de notícias da emissora para o setor de esportes, que era feito com um 302, redirecionamento temporário. Na minha investigação, percebi que eles divulgavam um domínio (do portal de esportes) que, por sua vez, direcionava ao subdomínio final, onde ficava todo o conteúdo. Um erro, na minha opinião, pois o mecanismo de busca entendia como algo temporário e continuava tentando indexar o domínio original.

Segundo o Google[57]:

- **Redirecionamentos permanentes**: mostram o novo destino de redirecionamento nos resultados da pesquisa.

- **Redirecionamentos temporários**: mostram a página de origem nos resultados da pesquisa.

Ou seja, não há vantagem em usar redirecionamento temporário se ele não tiver realmente essa característica. Isso estava prejudicando a indexação adequada do site e, por consequência, seu posicionamento por palavras-chave importantíssimas. Este era só um dos problemas. Havia outros que estavam impedindo a audiência de encontrar suas páginas no Google.

//

57 Saiba mais em: https://developers.google.com/search/docs/crawling-indexing/301-*redirects*?hl=pt-br&sjid=6510188887423319091-SA

Quando fiz uma reunião com o cliente, ele trouxe para a sala todo o time responsável pelo desenvolvimento que, posteriormente, faria mudanças no site, caso algo tivesse errado. A situação era clara: um portal de esportes com um investimento de milhões; os responsáveis por erros e problemas no site; e uma lista de ajustes que precisavam ser feitos.

Eu tinha que contar algumas verdades inconvenientes, mas antes precisava de um discurso apaziguador e orientado ao resultado. Não lembro as exatas palavras que eu usei no início da reunião, mas foi algo como:

> *"É um prazer conhecer o time que desenvolveu o site, dá para ver que, com o tempo que tiveram para colocá-lo no ar e com toda a pressão para que superasse o concorrente, vocês fizeram um excelente trabalho. Eu trago algumas sugestões de melhorias que poderão ajudá-los nesta fase de ajustes e que com certeza irão aumentar ainda mais o potencial. Algumas delas talvez vocês até já tenham no backlog de desenvolvimento".*

Quando eu disse isso, percebi que algumas das pessoas que estavam na sala e que participaram do desenvolvimento esboçaram tímidos sorrisos e, no restante da reunião, concordavam com a cabeça, pediam mais informações, anotaram e defendiam as melhorias.

Eu não menti em nada. Realmente dava para perceber que eles tinham feito um excelente trabalho, com o tempo que tiveram, e muito profissional. E que embora o SEO ainda não estivesse alcançando os resultados desejados, essas melhorias iriam alavancar os resultados, quando implementadas.

Tanto o problema do redirecionamento quanto outros que priorizei foram solucionados em pouco tempo. Essa história mostra alguns desafios relacionados à gestão de SEO, como: **gestão de recursos, liderança, escopo, tempo**, dentre outras coisas.

PROGRAMA E PROJETO DE SEO

Projeto é algo com início, meio e fim. Sendo assim, quando uma empresa vai começar seus esforços de SEO, podemos elaborar um projeto para a implantação dos requisitos de otimização no site, na cultura, através de processos e procedimentos. O projeto contemplará a implantação de ferramentas, análise do site, bem como estudos de concorrência e de palavras-chave. Esse projeto é concluído quando os estudos terminam, correções são realizadas no site e as pessoas já entendem o que é a otimização de sites, e o que precisam fazer a partir de agora. Aí, começa o programa.

O programa, visa continuar os esforços de SEO, de modo que se tornem cíclicos na empresa. Por exemplo: monitoramento constante de problemas, posicionamento de palavras-chave, tráfego orgânico, atenção às mudanças no algoritmo do mecanismo de busca.

Nesses programas, são geralmente consideradas inspeções técnicas trimestrais para encontrar possíveis problemas de tecnologia. Entende a diferença?

O QUE É IMPORTANTE EM UM PROJETO DE SEO?

Se um projeto tem um início, meio e fim, primeiro precisamos entender como funciona o ciclo de vida de um projeto de SEO. Digamos que você foi contratado como consultor para o projeto de otimização do site da loja online de PC gamer. O cliente já faz um investimento em busca paga para atingir os clientes quando eles buscam por palavras-chave relacionadas ao negócio, e o diretor da empresa entende que precisa aparecer também na busca orgânica para aumentar sua competitividade nos resultados de busca, bem como atingir as metas de venda.

Imagine um projeto de SEO que tem como finalidade se transformar em um programa.

```
                    ┌─────────────────┐
                    │  Projeto de     │
                    │  Otimização     │
                    └─────────────────┘
   ┌──────────┬──────────────┬──────────┬──────────────┬──────────┐
┌────────┐ ┌──────────┐ ┌─────────┐ ┌──────────────┐ ┌────────┐
│Abertura│ │Elaboração│ │Execução │ │Monitoramento │ │Ajustes │
└────────┘ └──────────┘ └─────────┘ └──────────────┘ └────────┘
    │          │            │             │              │
 Briefing  Palavras-chave  On-Site     Métricas       On-Site
 Viabilidade Páginas de    Off-Site                   Off-Site
            entrada
 Riscos    Requisitos
           SEO
           Estudo da
           Concorrência
```

Na imagem anterior (FORMAGGIO, 2010), apresento um EAP, mais conhecido como **estrutura analítica de um projeto**. No meu entendimento, nessa transição de um projeto para um programa, temos primeiramente uma implantação do conceito dentro da empresa (o projeto). Vou explicar em detalhes a seguir.

Abertura do projeto

O analista faz a abertura do projeto de implantação do SEO. Através de um briefing, ele procura entender a organização, o que é vendido, quais os principais processos, concorrentes, entre outras informações importantes que possam ajudá-lo a entender como atingir o consumidor através dos resultados de busca.

O briefing, na minha opinião, é uma das etapas mais importantes de um projeto. Uma das coisas mais importantes nesta etapa é o analista entender quem são os clientes, o que eles procuram, para poder elaborar hipóteses de busca e comportamento.

Algumas sugestões de esclarecimentos na hora de fazer o briefing de projeto:

- **Perfil do cliente**. Obter dados sobre as principais características do comprador pode ajudar na hora de planejar conteúdos, jornadas e até mesmo as palavras-chave utilizadas por ele, no mecanismo de busca.

- **Pergunte quem são os concorrentes**. Você vai notar que, na maioria das vezes, o cliente vai citar nomes de empresas que na verdade não concorrem com ele nos mecanismos de busca. Isso talvez seja por um entendimento de marca, fatia de mercado, entre outras justificativas fornecidas. Mas é interessante você ter esse entendimento — e o seu cliente também! Uma vez eu estava em uma grande imobiliária que possuía uma fatia significativa de mercado. No entanto, um concorrente muito menor, que eles nem consideravam como um competidor, aparecia sempre nas primeiras posições, na frente deles. Meu cliente me perguntava por que isso acontecia, afinal o concorrente não tinha a mesma expressão de mercado. Eu procurei explicar alguns motivos orientando o cliente, ao mesmo tempo, sobre o que deveríamos fazer. Afinal, ele tinha outros concorrentes na internet além daqueles que estavam competindo com ele "na rua".

- A análise de concorrentes também vai ajudar você a entender exatamente o que eles estão fazendo, quais palavras-chave estão aparecendo nos resultados, e você pode até obter algumas estimativas de tráfego através de ferramentas como o Semrush, por exemplo. Através da aba concorrentes[58], ele mostra aqueles que competem pelas mesmas palavras-chave.

---

58 Dentro do SemRush, vá a Projetos > Visão geral do domínio > Pesquisa orgânica > Concorrentes.

Viabilidade do projeto

Faça uma análise da viabilidade do projeto. Você trabalha com SEO, obviamente, precisa de clientes para sustento do seu negócio, mas é fato que muitas vezes uma implantação de SEO pode ser quase impossível por questões que envolvem disponibilidade por parte do cliente. E não falo aqui de má vontade, pelo contrário. Como se trata de uma área multidisciplinar, acaba envolvendo diversos profissionais e ajustes que vão desde conteúdo, tecnologia, dentre outras áreas. Se não há um orçamento previsto para essas melhorias, o cliente pode acabar se frustrando. Trabalhando como consultor, muitas vezes desenvolvi relatórios que foram engavetados por incapacidade de investimento do cliente naquele momento.

Devo desistir de um projeto que não seja viável? A resposta é: não. Nesse caso você precisa viabilizar junto ao cliente as execuções necessárias.

Como se faz isso? Faça um estudo junto ao cliente de quanto ele pode crescer investindo na busca orgânica e inclua na pesquisa uma previsão de investimento que precisará ser feito, não só com a sua consultoria, mas com horas de desenvolvimento, geração de conteúdo, infraestrutura de TI, entre outros potenciais recursos que podem precisar de melhorias.

O analista também pode pesquisar quanto seus clientes gastam em média após começar a aplicar as soluções presentes nos relatórios que ele apresenta.

Tendo uma ideia do investimento necessário, o cliente pode captar recursos dentro da própria empresa, mostrando qual será o valor despendido para essas melhorias, bem como os possíveis resultados.

Gestão de risco

Todo projeto tem riscos. Na maioria das vezes, eles estão associados com a meta que se deseja atingir. O problema é que, em algumas ocasiões, o risco parece ser ignorado. Muitos gestores acabam confiando na fé e na sorte. Também por falta de ferramentas e métodos, não fazem uma boa gestão de riscos. O maior exemplo disso são as obras públicas. Algumas delas param por falta de recursos, problemas que aparecem no decorrer do projeto, mudanças de lideranças políticas, dentre outros, que, se pensarmos bem, deveriam ser calculados e administrados.

O projeto de sucesso é aquele que entrega o seu objetivo no tempo estimado, com os recursos e requisitos de qualidade estipulados. Faz sentido pensar que o gerenciamento do risco gira em torno desses pilares e deve ser observado com cautela para que não existam problemas.

Algumas sugestões que podem ajudar a entender os riscos de um projeto de SEO:

1. Reúna todos os *stakeholders* para um debate.

2. Cole em um quadro, com papéis autoadesivos amarelos, os riscos e em que fase do projeto eles podem acontecer.

3. Se neste momento já for possível definir em qual atividade esse risco pode ocorrer, melhor ainda. Quanto mais detalhado for o exercício, melhor.

4. Terminado este exercício, vá para casa e, no dia seguinte, revise esta lista, veja se ficou faltando alguma coisa e vá para o segundo passo, que é o "como gerenciar o risco".

Como gerenciar o risco

1. Una riscos e tarefas na lousa — um respectivo risco na maioria das vezes está relacionado com uma tarefa do projeto.

2. Determine o caminho crítico. Se existem tarefas que envolvem caminho crítico, as mais determinantes para a continuidade do projeto, é muito importante acompanhar os riscos relacionados a elas, principalmente.

3. Determinadas as tarefas de alta prioridade, monte uma tabela com o nome da tarefa, a fase em que ela pode acontecer, quem é o responsável pela tarefa e qual o plano para impedir que o

risco se concretize. Tenha uma coluna com um plano de ação para o caso de o risco se tornar um fato, com procedimentos que devem ser feitos, plano de comunicação para o caso, entre outros detalhes.

4. A cada *sprint* do projeto, revise os riscos e o grau de efeito colateral caso se concretize.
5. Faça um resumo sobre a administração do risco nos relatórios periódicos do projeto, para os *stakeholders*.

Caso o pior aconteça, não se desespere. Siga o plano, avise os envolvidos, coloque em prática as medidas de contingência e não deixe que existam efeitos colaterais em demasia.

Elaboração do projeto

Aqui você já vai começar a preparar tudo para a execução do projeto de SEO. Com as informações do negócio, riscos e certo da viabilidade dessa empreitada, é hora de realizar um planejamento de tudo aquilo que irá se fazer.

Cronograma

Caso não tenha feito um, este é um bom momento para começar.

Alguns profissionais gostam de utilizar planilhas para organizar projetos. São boas ferramentas de organização, contudo elas não possuem um controle de padrão. Geralmente, nas operações que usam planilhas para o gerenciamento de atividades, cada analista tem a sua própria, não há controle e visualização central de todos os projetos, e pior, as planilhas se multiplicam.

Minha sugestão é que seja desenvolvido um cronograma, em algum aplicativo no qual seja possível: organizar as tarefas e status (aguardando, iniciado, realizado); colocar comentários e data na tarefa; atribuir responsáveis e links. É mais profissional que o uso de planilhas, e alguns softwares fazem o controle de múltiplos projetos, mostrando estatísticas de horas, recursos humanos utilizados e outros indicadores importantes para quem faz a gestão de projetos.

Uma boa solução, simples, para quem não quer passar muito tempo aprendendo uma ferramenta e procura algo com um preço acessível é o Trello. Eu gosto bastante, pois nele ainda é possível compartilhar o projeto com a equipe de desenvolvimento, com o cliente e quem mais você achar necessário, além de diversos outros recursos.

Gosto de dividir as tarefas em três colunas, com os status: aguardando, iniciado, realizado. É uma forma muito simples e eficiente de entender visualmente o que está acontecendo no projeto.

Existem outras soluções que também podem ser consideradas, como TeamWork, Jira etc. O analista deve pesquisar a solução que mais atende às necessidades do projeto, custo, e utilizar a que for mais adequada.

Atualize sempre o cronograma, no mínimo semanalmente e nos ritos do projeto, e sempre tenha ele ativo para mostrar para a equipe a direção do projeto, prazos e próximos passos. Isso servirá como um mapa e deixará todos alinhados com o objetivo central.

Setup de ferramentas

Eu sempre conto histórias para meus colegas de como era o SEO anos atrás, quando não tínhamos a infinidade de ferramentas que nós temos hoje. Mas o fato é que atualmente temos programas que podem ajudar, e muito, a vida do analista, tirando a carga de todo o processo manual de inspeção. Por exemplo, se você quer inspecionar problemas em titles e meta descriptions em um site, pode usar o Semrush, Screaming Frog (https://www.screamingfrog.co.uk/seo-spider/), Moz, dentre outros que farão esse serviço para você.

Para olhar as estatísticas, utilize o Google Analytics (GA), Google Search Console (GSC), e para ser avisado quando o site cai no ar, o *Uptime*Robot (https://uptimerobot.com/).

Sendo assim, fazer uma preparação de todas essas ferramentas é uma atividade que deve estar listada no cronograma nesta fase, até porque, para algumas delas, como acesso ao GA, o analista precisará da ajuda de terceiros, que irão conceder os direitos necessários para conectar com alguns aplicativos etc.

Ao utilizar o SemRush, o analista precisará fazer um setup do projeto, no qual será necessário colocar a URL, palavras-chave, fazer conexões com GA, GSC, entre outras configurações, que demoram um tempo para fornecer os primeiros dados.

Palavras-chave e *landing pages*

Na fase de elaboração, antes da execução do projeto, eu sempre faço um estudo de palavras-chave após a configuração das ferramentas. Por quê? Pois eu vou precisar exatamente dos dados de algumas delas, para complementar o meu estudo.

Eu também tenho esse hábito, pois, em uma ordem lógica, vou precisar dessas informações para decisões importantes no projeto, por exemplo, em quais *landing pages* vou focar a atenção daquele tema. Ou seja, enquanto eu faço esse estudo, já faço a definição das páginas relacionadas com aquelas palavras-chave, para posteriormente verificar conteúdo e detalhes relacionados.

Concorrência

Estude a concorrência, veja como eles estão atuando no mercado, por quais palavras-chave importantes eles concorrem com você. Quando é feito um estudo de palavras-chave e elas são imputadas em sistemas como os que mencionei anteriormente (Semrush, Moz, etc), eles geralmente mostram qual o posicionamento do site que você está administrando e de alguns outros que também concorrem por aquele termo.

Pois isso, recomendo que você faça uma visita a esses respectivos sites e busque entender o motivo deles se posicionarem em destaque na primeira página, por quantas palavras-chave que ele concorre com a sua empresa.

Navegue por categorias, páginas, inspecione o HTML, investigue a plataforma de gestão de conteúdo utilizada, os pontos fortes e fracos do site, produtos, marca, conteúdo. Tudo isso é válido para você fazer um comparativo com o site do seu cliente.

Nos meus relatórios, frequentemente quando mostro problemas no site do cliente, eu coloco prints dos concorrentes, para fazer um comparativo e mostrar qual o modelo ideal. Isso é muito eficiente, pois o cliente se sente desafiado a fazer melhor.

Requisitos de SEO

É importante reunir uma lista de todos os problemas que precisam ser priorizados. Na minha rotina, indico ao analista que tenha em mãos um *checklist* de tudo o que precisa ser inspecionado. Assim, não se esquecerá de nada. Ele pode ser em uma planilha, com todas as variáveis a serem examinadas (titles, meta descriptions, velocidade, palavras-chave no conteúdo, links quebrados etc.). Os itens de análise podem ser categorizados, priorizados, tudo depende do gosto pessoal e modo de organização do analista.

Depois que esse *checklist* for preenchido, faça um relatório. Ele pode ser em um documento de texto, como o Word, ou mesmo uma apresentação de slides.

Esse documento será um relatório de consultoria, com base na análise inicial com o *checklist*, no qual o profissional colocará todos aqueles itens que estão com problemas, apresentando-os com detalhes, comparativos, prints, e por fim a respectiva solução, mais detalhada possível.

Eu gosto de organizar cada um dos itens analisados, na apresentação, por ordem de prioridade. Os primeiros slides são aqueles com os problemas que exigem uma solução rápida em função de risco e prioridade.

Uma ferramenta que pode ajudar na hora de priorizar os problemas que precisam ser resolvidos é uma matriz GUT. Trata-se da sigla para Gravidade, Urgência e Tendência. É uma ferramenta de gestão poderosa na hora de realizar a priorização de atividades. O método consiste em dar uma nota de zero a cinco para cada variável (GUT) de um determinado problema. Acompanhe o ensaio a seguir:

- O site tem um redirecionamento em sua página inicial que está prejudicando a indexação.

- É um problema **grave**, afinal, se não há relevância do conteúdo desejado, não há posicionamento do site por palavras-chave importante — Gravidade = 5.

- A empresa está deixando de realizar a aquisição de clientes pela busca orgânica. Contudo, por outras origens de tráfego, está atraindo leads — Urgência = 3.

- A tendência é que ao longo do tempo o cliente gaste mais com mídia paga, por não usufruir da origem orgânica — Tendência = 3.

5 x 3 x 3 = 45

Problemas	Gravidade	Urgência	Tendência	Nota Final
Problema 1	5	5	5	125
Problema 2	5	3	3	45

Exemplo da matriz GUT

Multiplique as notas e você terá um indicador, para comparar com cada problema listado, dando prioridade àqueles com as notas finais mais altas, como mostra a tabela anterior.

Procure determinar um padrão para as notas, senão você vai encontrar análises muito discrepantes. Perceba que no exemplo algumas análises podem ser um produto do conhecimento e interpretação do analista, e isso pode ser muito diferente de pessoa para pessoa. Sendo assim, estabeleça critérios bem definidos para seguir uma lógica de pensamento. Por exemplo: a nota de tendência só será 5 se todo dia a situação piorar um pouco; será 4 se a piora for semanal; e assim por diante.

Após priorizar e escrever suas análises do relatório, marque uma reunião para mostrar ao cliente tudo que você encontrou. Eu percebi, ao longo do tempo, que mesmo que se trate de um relatório mais técnico, é recomendável que essa primeira reunião seja só com o contratante do projeto. Pois o analista terá mais tempo para explicar tudo que encontrou e falar honestamente com ele. Essa reunião geralmente serve para tomar decisões importantes e definir a abordagem do assunto com as equipes que irão executar as melhorias.

Execução do projeto

Após os primeiros estudos de viabilidade e direções do projeto, entender concorrentes, analisar o site para identificar os problemas a ser solucionados (considerando os requisitos de SEO abordados ao longo do livro), chega a hora de começar a execução.

A execução das soluções apresentadas precisam ser acompanhadas de homologações desses itens. O analista pode usar o *checklist* que utilizou antes de produzir seu relatório, com os itens que não atendem aos requisitos de SEO, como uma lista de verificação.

Eu gosto de abrir colunas a cada nova homologação. Elas podem ser feitas mensalmente, ou seja, a equipe executora das recomendações de SEO fará as devidas melhorias necessárias e o analista de SEO irá verificá-las e retornar esses feedbacks para a equipe e o patrocinador do projeto.

Caso necessário, e eu creio que pelo menos no início é, marque reuniões com a equipe executora, a cada homologação concluída. Isso é ótimo para entender dificuldades, e realizar tratativas. Em algumas dessas reuniões é possível repriorizar, trocar a ordem, entender caminhos alternativos, enfim, avaliar o cenário e decidir os próximos passos.

Exemplo de uma tabela de homologação mensal:

Requisito	Janeiro	Fevereiro	Março	Abril
Titles	Pendente	Realizado	Realizado	Realizado
Meta descriptions	Pendente	Realizado	Realizado	Realizado
Heading tags	Pendente	Pendente	Realizado	Realizado
Velocidade	Pendente	Pendente	Pendente	Realizado

Conforme o tempo passa e os itens são realizados, o analista irá perceber as primeiras mudanças nos indicadores de resultado, o que o faz entrar na fase de monitoramento.

Monitoramento e ajustes

Inicia-se o programa de monitoramento e ajustes. Agora, é quando a organização, já sabendo da importância do SEO, e como a observação e a melhoria de requisitos podem alavancar os resultados do site, uma cultura de boas práticas começa a ser implantada.

Nesta fase, eu já tive bons resultados promovendo a capacitação e ciclo de atualizações dos envolvidos do projeto, no lado do cliente. Lembra-se aquilo que comentei sobre trazer essas pessoas? Pois essas ações podem ajudar muito para cumprir esse objetivo.

O analista pode realizar treinamentos de conceitos e resultados, mostrar casos e novidades. Na prática como isso funciona? Converse com o patrocinador do projeto, comente sobre a ideia de fazer isso virar um programa. Dê a ideia de marcar um treinamento de SEO, com base em alguns dos requisitos, no qual você vai mostrar mais exemplos, se aprofundar no assunto. Isso geralmente dá muito certo e você começará a ser abordado através de e-mails e mensagens de WhatsApp por essas pessoas, posteriormente, dando ideias, melhorias de SEO e tirando dúvidas. Você será visto como referência e, ao mesmo tempo, esses *stakeholders* vão se sentir parte dos resultados.

Eu gosto muito de marcar treinamentos de conteúdo voltado para SEO. Neles eu reforço alguns dos itens de conteúdo apresentados no relatório e também forneço exemplos adicionais, me aprofundando no tema com a equipe. Até porque, mesmo que os atuais conteúdos sejam melhorados, outros serão desenvolvidos ao longo do tempo, então a melhor maneira de garantir que os novos irão seguir as boas práticas é qualificar quem irá produzi-los, senão, ficará a sensação de sempre estar "enxugando gelo".

Os ciclos de atualização também são uma forma inteligente de construir esse legado de SEO. Os mecanismos de busca, com uma frequência razoável, fazem modificações em seus algoritmos para melhorar a eficiência dos seus resultados. Use essas oportunidades para marcar reuniões com a equipe do cliente, mostrar como essas atualizações afetam o site e quais as medidas a serem tomadas.

Nós estamos em uma fase de monitoramento e ajustes, então:

- Faça inspeções periódicas dos indicadores, envie-os através de relatórios e gráficos para a equipe.

- Promova discussões acerca dos resultados e o que é necessário para que se atinjam as metas estabelecidas. Muitas vezes, nessas reuniões de capacitação e atualização, surgem ideias que podem ser implementadas para melhorar alguns indicadores.

- Faça um planejamento de ações.

- Saia desse debate com uma lista de tarefas, distribuídas entre os participantes.

- No mês seguinte, verifique novamente esses indicadores e repita esse processo.

INDICADORES E MÉTRICAS DE SEO

Desde que comecei a trabalhar profissionalmente nessa área, sempre tive contato com indicadores. Imagine que por volta de 2007 era muito difícil convencer os clientes que se tratava de um trabalho de longo prazo, logo o posicionamento do site por palavras-chave, número de páginas indexadas e visitas vindo do Google eram as métricas mais observadas, e que nos davam, na época, algum rumo. Por isso, essa área me deixou sempre muito próximo de sistemas de *web analytics*, e na minha rotina sempre era incluída a elaboração de análises de diversos números.

Nem de longe tínhamos os recursos existentes hoje.

Mas não bastava fazer o trabalho e mostrar alguns indicadores. Geralmente, eu montava um relatório que gostava de mostrar aos clientes. Fazia-o todos os meses, incluía dados do projeto, empreendia os meus primeiros comparativos, relacionando algumas variáveis para mostrar ao cliente a evolução do projeto.

Os profissionais de dados, naquele tempo, não eram tão comuns no mercado de publicidade no Brasil, principalmente tratando-se de empresas PMEs (Pequenas e Médias Empresas). Então, os próprios analistas de SEO precisavam fazer seus relatórios.

Com o tempo, os relatórios que eu produzia foram evoluindo, e cada vez mais fui tendo contato com ferramentas e diferentes indicadores, aprendendo mais e mais. Em alguns casos, até comparando os resultados de busca orgânica com outras origens de tráfego.

Nesse tempo, a curiosidade e a paixão pelos números que iam surgindo me faziam procurar outras informações e ferramentas como Google Analytics, Google Search Console (na época chamava Google Webmaster Tools), Moz (na época SEOMoz), entre outras, que começaram a fazer parte do meu dia a dia. E nessa rotina eu acabava analisando outros dados, gerava hipóteses e ajudava colegas de outras áreas a interpretar informações oriundas das ferramentas, bem como outros indicadores que pudessem ser vistos por outros softwares.

Entender como o desenvolvimento do SEO, com outras mídias, poderia impactar no crescimento do site não foi uma grande surpresa, mas, observar isso através dos números me fez entender que o meu trabalho (de otimização de sites) não era o mais importante — o que me fazia sempre elaborar comparativos entre mídia paga, orgânica, redes sociais e e-mails e, em muitos casos, até observar as tendências e o que poderia acontecer nos próximos meses.

Um dos meus maiores desafios em SEO, eram os clientes que desconfiavam desse trabalho. E antes (lá por 2007/2008) era assim, por falta de conhecimento de conceitos de otimização de sites. O mercado, que na época ainda dava seus primeiros passos, não absorvia bem o fato de contratar uma consultoria de SEO, que, muitas vezes, era cara para alguns negócios, além de ter que esperar meses para sentir algum resultado no bolso.

Isso era complicado, pois havia uma pressão do cliente pelo resultado. Eu já contei essa história no meu livro sobre R[59], quando falo sobre previsões. Tinha um cliente que sempre me perguntava quando chegaria às primeiras posições por determinada palavra-chave.

Na época, com planilhas e matemática eu conseguia fazer algumas estimativas. Para isso, eu precisava saber o tráfego vindo das páginas, o posicionamento por palavras-chave, dentre outros indicadores. Junto ao discurso e matemática, o cliente conseguiu entender o tempo e o que poderia ser feito.

Hoje é muito legal conseguir prever com linguagens como R e Python, por exemplo, o impacto de algumas variáveis para o aumento de visitas no site, mas tudo isso depende de como serão trabalhados os itens de melhorias.

//

59 Disponível em: https://diariodacienciadedados.com.br/livro-programacao-linguagem-r/

A relação de indicadores técnicos de SEO, com KPIs de busca orgânica

Quando você pensa em indicadores, é preciso considerar sempre que temos indicadores de esforço, aqueles que medem o trabalho realizado, e os de resultado.

Como indicadores de esforço em SEO, podemos dizer que são aqueles relacionados com as melhorias que você faz, por exemplo: número de titles e descriptions corrigidos, indicador de velocidade de carregamento que foi melhorado, erros, problemas etc.

Por outro lado, os indicadores de resultado são aqueles que colaboram para mostrar, diretamente, o resultado obtido dessas ações, como: posicionamento de palavras-chave, usuários oriundos de busca orgânica, as páginas mais acessadas etc. Eles são de muita importância para que o analista saiba o sucesso dessa empreitada.

Além disso, temos os KPIs (*Key Performance Indicators*), indicadores-chave de performance. Aqueles com que o cliente realmente se preocupa, por serem os que dão sentido para um projeto ou programa de SEO. Note que me refiro a um programa como algo cíclico. Nessa categoria, podemos usar como exemplo receita, ticket médio e produtos mais vendidos através da busca orgânica.

O que vi ao longo da minha carreira é uma relação entre o número de melhorias em um site e seu desempenho nos mecanismos de pesquisa. Isso porque o Google quer entregar uma experiência excelente ao usuário. Consequentemente, sites melhores, mais rápidos, objetivos e que cumpram o seu objetivo funcional estão mais aptos a aparecerem mais.

Você pode montar um gráfico para mostrar a correlação entre essas variáveis. É lógico que algumas melhorias podem influenciar mais do que outras. É interessante para analistas de dados e profissionais de SEO procurarem essa relação e mostrar ao cliente.

Projetos de SEO são extremamente complexos, uma vez que possuem caráter multidisciplinar, então creio que uma olhada em todos os indicadores que irão representar o esforço de cada área, bem como seu respectivo resultado esperado, pode ajudar para que o analista de SEO tome decisões.

Cada ação no site precisa estar conectada a uma meta; sendo assim, essas variáveis precisam unir indicadores e objetivos.

Se o objetivo principal do site é vender mais, a receita orgânica é o indicador-chave. Mas, dentro da pirâmide de indicadores, que leva à conquista deste, quais são os demais?

IDEIAS PARA INDICADORES DE SEO

KPIs
Receita, ticket médio

Indicadores de Resultado
Cliques, impressões, posicionamento, número de usuários

Indicadores de Esforço
Porcentagem de erros corrigidos, velocidade etc.

Uma ideia de estrutura de indicadores de SEO que venho usando ao longo dos anos. Você pode montar seu modelo com outros indicadores como ROI, CAC, entre outros, só não esqueça que indicadores em excesso podem poluir a análise.

Pode ser complicado em um primeiro momento quantificar algumas melhorias, principalmente aquelas de caráter subjetivo. Como você vai medir a melhoria do conteúdo de um site ou uma página, por exemplo? Eu gosto de trabalhar com escalas. Você pode dar notas de zero a dez para cada página analisada. "Mas, Erick, o site tem mil páginas!"... Inicialmente, escolha aquelas importantes para a meta principal. Eu faço isso.

Outros indicadores de esforço podem estar relacionados ao trabalho mais técnico, como velocidade e número de erros, entre outros. Nesse caso, o próprio número de problemas resolvidos será o indicador.

Pense o seguinte: o posicionamento de palavras-chave pode mostrar se o seu trabalho está no caminho certo, mas, sem cliques e impressões, não vale de nada, ou seja, se você não tem cliques nos resultados exibidos, precisa revisar seus *snippets*. Portanto, este é um indicador importante de resultado.

Se você possui cliques que estão se convertendo em visitas com um bom engajamento, temos aqui mais dois dados importantes. Um deles, o número de visitas; o outro, de engajamento. Ambos, são métricas importantes que você tem a medição direta no Google Analytics 4.

E depois de tudo isso o que esperamos é que tenham conversões e receita. Sendo assim, vamos fazer um ensaio dividindo alguns indicadores.

INDICADORES DE ESFORÇO

Porcentagem de erros corrigidos — após identificados todos os erros e problemas, se faz um cálculo para determinar a porcentagem de todos os que foram corrigidos. Algumas ferramentas rastreiam o site e mostram esse número, fazendo até comparativos com outras leituras do site. O SemRush, por exemplo, mostra um indicador útil nesse sentido.

Site Health i

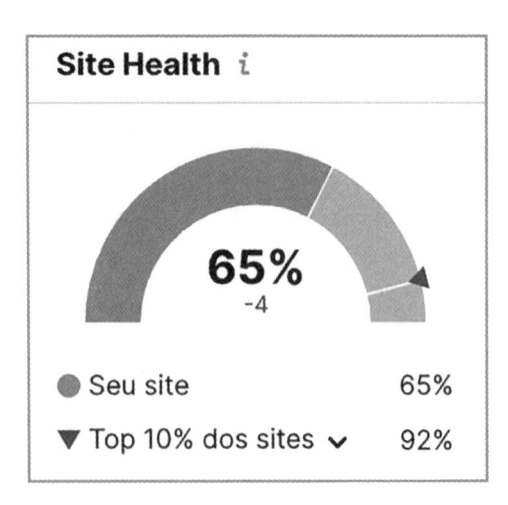

65%
-4

● Seu site   65%
▼ Top 10% dos sites ˅   92%

Site Health do Semrush, indicador de saúde do site, que tem como base quantidade de erros e problemas.

Velocidade — como comentei, existem ferramentas que passam indicadores para a velocidade do site. Elas fazem o cálculo de vários requisitos de velocidade e passam para o analista um indicador, como uma pontuação. Uma ferramenta que o profissional de SEO pode usar para isso é o https://pagespeed.web.dev/. Ela dá uma nota de desempenho, com base em itens relacionados com a velocidade.

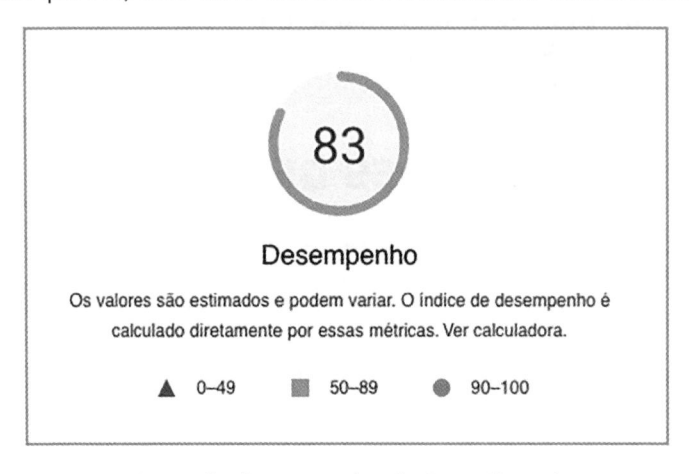

83

Desempenho

Os valores são estimados e podem variar. O índice de desempenho é calculado diretamente por essas métricas. Ver calculadora.

▲ 0–49   ■ 50–89   ● 90–100

Nota de desempenho do Page Speed.

INDICADORES DE RESULTADO

- Posicionamento médio por palavras-chave — geralmente, as ferramentas reúnem os dados de diversos rastreamentos de palavras-chave e passam o posicionamento para cada uma delas. Você pode verificá-las, mas para análise conjunta dos números em um dashboard de SEO, o posicionamento médio, pode servir para uma análise diária.

- Cliques e impressões — esses números você encontra no Google Search Console, na aba Desempenho.

- Número de usuários — no Google Analytics 4 em Aquisição > Visão Geral.

- KPIs — receita, ticket médio, também no Google Analytics. Considere indicadores como de custo de aquisição de clientes (CAC) e ROI (*return of investment*) como indicadores de performance também.

Por fim, esses indicadores podem ser reunidos em um relatório e apresentados ao cliente. O analista de SEO pode usar o Looker Studio para fazer um *dashboard* automatizado que combine informações e visualize datas, períodos etc.

Aqui são só alguns exemplos de indicadores, que o analista pode verificar, sempre que necessário, mas recomendo avaliar outros que poderão complementar a análise como de público, tecnologias, dentre muitos outros disponíveis em ferramentas como o Google Analytics.

MÉTRICAS DE SEO NO GOOGLE ANALYTICS 4

Como comentei no capítulo sobre tecnologia, em que falei sobre a integração do Google Search Console com o Google Analytics 4, este último é baseado em eventos e parâmetros. Além disso, uma das principais novidades na nova versão do Google Analytics é que ele possui alguns indicadores de engajamento que podem ser muito valiosos para o analista de SEO.

Antes de entender as métricas e os dados de engajamento, precisamos primeiro esclarecer alguns dos principais eventos que temos no novo Google Analytics 4, pois eles ajudarão o analista de SEO a entender como utilizá-los para suas análises.

O GA usa esses eventos para calcular suas métricas e distribuir valor aos seus respectivos parâmetros. A seguir alguns deles:

- `page_view` — ajuda a captar métricas de visualizações de página, é ativado sempre que uma página é carregada.

- `session_start` — ativado no início da sessão, quando o usuário começa a interagir com ou site ou aplicativo.

- `user_engagement` — uma das principais mudanças do GA Universal, para o GA4 é a medição de engajamento do usuário. Neste caso, esse evento é ativado quando o site ou aplicativo está em foco para o usuário. Segundo a ajuda do GA4[60]: "[...] o Google Analytics omite o parâmetro ao enviar os eventos first_visit e session_start porque nenhum engajamento acontece antes desses eventos. Além disso, o primeiro evento de cada página (por exemplo, page_view) não tem um tempo de engajamento", ou seja, o usuário acabou de entrar no site e ainda não executou nenhuma ação.

- `first_visit` — é ativado sempre que o usuário abre o site ou aplicativo pela primeira vez.

- `click` — sempre que é aberto um link externo.

- `scroll` — para medir a rolagem da tela até o final.

Veja aqui a lista de todos os eventos:

https://support.google.com/analytics/answer/9234069?hl=pt-BR

---

60 Disponível em: https://support.google.com/analytics/answer/11109416?hl=pt-BR

Quando um usuário chega a um site, caso seja a primeira vez, ele recebe o `first_visit` e o `session_start`. Para ser considerado algum engajamento, são necessários dez segundos de interação na página ou aplicativo em primeiro plano.

Também é importante saber quais as páginas mais acessadas do site, para ser possível elaborar estratégias, entender quais os temas de maior interesse dos usuários.

Para encontrar, basta ir ao menu **Relatórios** -> **Aquisição** -> **Visão geral da Aquisição** e procurar o quadro "**Tráfego de pesquisa orgânica do Google**":

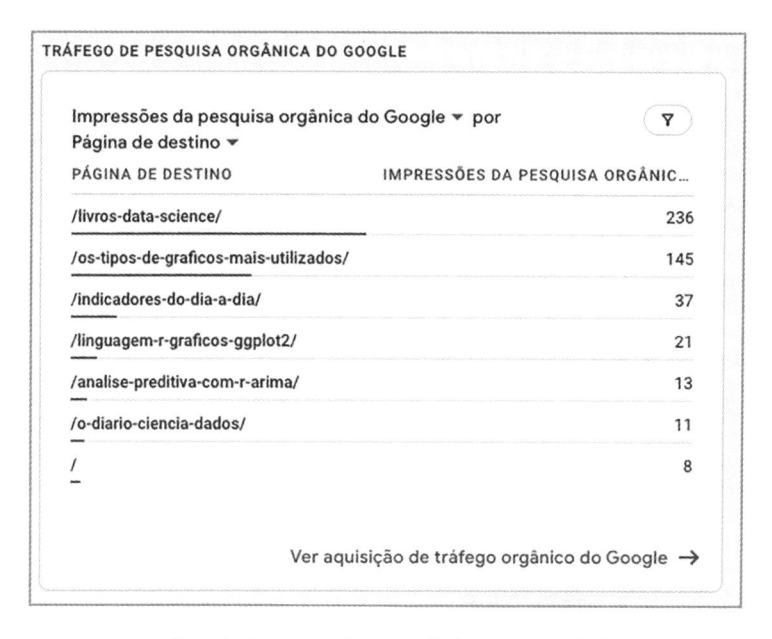

TRÁFEGO DE PESQUISA ORGÂNICA DO GOOGLE	
Impressões da pesquisa orgânica do Google ▼ por Página de destino ▼	
PÁGINA DE DESTINO	IMPRESSÕES DA PESQUISA ORGÂNIC...
/livros-data-science/	236
/os-tipos-de-graficos-mais-utilizados/	145
/indicadores-do-dia-a-dia/	37
/linguagem-r-graficos-ggplot2/	21
/analise-preditiva-com-r-arima/	13
/o-diario-ciencia-dados/	11
/	8
Ver aquisição de tráfego orgânico do Google →	

Dados de impressões orgânicas, por página.

Ao clicar em "Ver aquisição de tráfego orgânico do Google", encontrará mais informações de impressões, cliques, taxa de cliques, para cada uma das URLs.

Além disso, você pode relacionar as palavras-chave em que o site possui mais cliques e impressões no mecanismo de busca, com os temas das páginas mostradas nesse relatório.

O ponto importante aqui é relacionar, conteúdo e objetivo da busca. Lembra que comentei anteriormente sobre a categorização da busca? O resultado impresso no resultado de busca expressa a intenção dela? Vai atrair mais cliques? Pense sobre isso.

A importância do engajamento

O Google Analytics 4 agora tem uma visão muito forte para questões de engajamento. Eu me questiono até que ponto algumas métricas de engajamento servem como pistas para o posicionamento das páginas do site no mecanismo de busca, uma vez que o Google está cada vez mais dando importância para isso (não estou afirmando, é só um pensamento!).

Para ver como está o engajamento vindo da busca orgânica, basta entrar em **Relatórios** -> **Engajamento** -> **Páginas e telas**. Nessa página, basta incluir no seu filtro de **"origem/mídia da sessão"** o **"google/organic"**.

Filtro para origem orgânica.

Será possível observar o tempo médio de engajamento, rolagens (*scroll*), contagem de eventos, dentre outras métricas importantes para analisar o desempenho da busca orgânica do site.

No Google Analytics, você pode gerar alertas de quedas de visitas e outras anomalias de tráfego, que podem envolver a busca orgânica. Contudo, a ferramenta não entrega alguns dados sobre erros e outras mensagens, que são exibidas somente no GSC. Sendo assim, sempre verifique as duas.

Meça sempre os resultados, com periodicidade, inclua no seu trabalho uma rotina na qual tanto os indicadores de esforço quanto os de resultado serão observados, de modo que sirvam como referência para onde o projeto está caminhando.

A ROTINA DO ANALISTA DE SEO

Este é um tema familiar para mim, pois passei meus últimos 16 anos atuando como consultor, formando e gerenciando equipes de SEO. Creio que posso colaborar com o leitor ao mostrar algumas práticas importantes que aperfeiçoei ao longo do tempo.

Ao longo do livro, por várias vezes comentei sobre como o SEO é uma área multidisciplinar. Com o tempo, você acaba notando que acaba sendo um hub de comunicação e influência, muito forte entre todos os profissionais envolvidos, e isso acaba impactando diretamente a rotina.

COMECE O DIA OLHANDO RESULTADOS, NÃO E-MAILS

Conheço muitos analistas de SEO que trabalham em agências que, por sua vez, fornecem serviços para o que essas empresas chamam de anunciantes. É o meu caso inclusive. Desde o início da minha carreira, eu sempre fui "agência" e nunca "anunciante". Sendo assim, nesses ambientes é comum que existam vários projetos de SEO acontecendo, em fases diferentes, com outras equipes, culturas e adversidades próprias.

Atualmente é comum que as pessoas façam do e-mail a comunicação corporativa mais eficiente, uma vez que a própria mensagem de e-mail serve como um documento importante. Mas, com base na minha experiência, eu tive muito sucesso nas contas em que eu atuei, abrindo o Google Analytics dos meus clientes no início do dia. E ainda é um hábito que eu conservo.

Nas primeiras horas do dia, você está mais descansado, com a disposição necessária para resolver grandes problemas e encontrar soluções criativas. Sendo assim, eu considero que, para qualquer profissional que trabalhe no ramo de marketing digital, olhar os indicadores de resultado e performance nas primeiras horas do dia pode trazer *insights* importantes para o trabalho que está sendo realizado.

Eu olho para o Google Analytics do cliente, vejo como estão os resultados, observo gráficos, faço comparativos, anotações. Tento me concentrar em um ou dois indicadores. Quando encontro algo interessante, tento fazer relações, acabo abrindo outros sistemas (Semrush, Google Search Console, às vezes até o Google Ads para ver algo sobre alguma palavra-chave) e vou desenhando minhas hipóteses.

Dependendo do número de clientes com que estou envolvido, faço isso com um ou dois por manhã.

Com hipóteses e observações anotadas, começo a conversar com meus colegas para compartilhar meus dados e saber qual a percepção deles sobre isso.

O QUE ESTÁ ACONTECENDO NO PROJETO

Recomendo que após a análise inicial, o profissional abra o software de gerenciamento de projeto (algo como o Trello, que comentei anteriormente) para observar as últimas atualizações no projeto. Pode ser que aquele resultado, que você verificou anteriormente, esteja relacionado com alguma execução prestes a acontecer.

Esse é o momento de atualizar algumas coisas no projeto, como tarefas, fazer anotações no sistema, documentando o que você observou. Softwares como o TeamWork possuem módulos nos quais é possível fazer uma espécie de diário de bordo.

Ter um diário de bordo do projeto é bom para documentar acontecimentos importantes, dificuldades, dentre outras anotações que possam servir para atualizar todos da equipe e colocá-los na "mesma página".

DISTRIBUA AS ATUALIZAÇÕES E PERCEPÇÕES

Após atualizar o projeto, agenda de tarefas e preencher o diário de bordo, agora é a hora de abrir o e-mail, mas para atualizar todos os *stakeholders*. Escreva uma mensagem relatando o que você encontrou na análise, as tarefas relacionadas com o problema solução, uma atualização do calendário e quem irá executar. Pode ser que algumas dessas pessoas precisem passar um prazo para a execução, sendo assim, já pergunte sobre isso, na própria mensagem.

Por exemplo, você percebeu que o número de usuários orgânicos para uma determinada página, de um serviço importante de uma empresa, caiu muito. Olhando a homologação dos itens do relatório, problemas como os de velocidade e adaptação para dispositivos móveis daquela página ainda não foram melhorados. Certamente você precisará da ajuda dos desenvolvedores que dão manutenção no site para essas melhorias.

Façamos um ensaio, no qual Paulo é o gerente da equipe que faz a manutenção do site e João é o patrocinador do projeto/programa de SEO. A seguir, um exemplo de mensagem:

> *"Olá, Paulo e João! Bom dia! Gostaria de compartilhar com vocês algumas observações que fiz esta manhã ao analisar o site. Percebi que a página do principal serviço da empresa continua apresentando uma queda constante nos acessos provenientes de busca orgânica. Ao verificar a última homologação, notei que algumas soluções importantes para resolver problemas específicos dessa página não foram implementadas, como a otimização de velocidade e a adaptação para dispositivos móveis. Em relação a este último aspecto, testes demonstram que o site é carregado lentamente em celulares, além de apresentar botões e links muito pequenos na tela desse tipo de dispositivo. Considerando a relevância dessa página, seria possível definir um prazo para a implementação das soluções sugeridas no relatório? Além disso, se houver algo em que eu possa ajudar, por favor, me informem."*

Siga esse mesmo ciclo para outros clientes com os quais você planeja fazer esse tipo de análise, antes de partir para suas outras tarefas.

SUAS TAREFAS

Reserve um tempo, após as análises matinais, para produzir suas tarefas, relatórios, pesquisa de palavras-chave, análises, verificação de ferramentas etc. (não caia na tentação de ficar abrindo e-mails).

Se trabalha em uma agência, principalmente, terá outros projetos em fases diferentes; aproveite para trabalhar nas respectivas tarefas. A organização do dia a dia acaba influenciando muito a qualidade do serviço que será prestado.

Por exemplo, se há um cliente em fase de elaboração de relatório[61], o analista precisa de um tempo para se concentrar e conduzir o trabalho.

Preocupe-se em priorizar suas tarefas, isso também é muito importante. Para isso eu gosto de utilizar a Matriz Eisenhower. Ela funciona com base em quadrantes, divididos em quatro áreas, que possibilitam determinar o que é urgente, não urgente, importante e não importante. O método consiste em separar, através deles, as tarefas a serem realizadas no dia a dia, priorizando e fornecendo os respectivos direcionamentos.

//

61 Manter trechos de textos e padrões de relatórios pode facilitar para que não seja necessário "inventar a roda" toda vez. O que quero dizer com isso? Que é possível manter tudo aquilo que se repete como padrão, por exemplo, uma explicação sobre determinado requisito, fornecido em todo relatório, entre outros trechos de textos. Mesmo assim, pode ser necessário customizar alguns desses conteúdos, para se adequar às explicações do caso.

	Urgente	Não Urgente
Importante	Bebê chorando Cozinha pegando fogo	Exercício Estudo Planejamento
	1	2
	3	4
Não Importante	Interrupções Distrações	Atividades que não colaboram para nenhum objetivo e só consomem tempo

Exemplo da Matriz de Eisenhower[62].

Quadrante 1 — Importante e urgente

São aquelas tarefas que precisam de atenção imediata, que não podem esperar e não foram planejadas. Por exemplo, o analista recebeu um alerta preocupante, de que o site de um cliente que tem mais de 50% do seu tráfego oriundo da busca orgânica simplesmente não está mais recebendo visitantes dessa fonte.

//

[62] Fonte: Wikipedia — https://pt.wikipedia.org/wiki/Matriz_de_Eisenhower — acesso em: 07/06/2023.

No contexto de uma operação de SEO, se trata (pelo menos na minha opinião) de algo que precisa ser investigado imediatamente, para saber o que ocorreu. É algo fora de qualquer planejamento, que necessita de imediata atenção. Geralmente, quando essas coisas acontecem, é normal receber ligações.

Há uma epidemia de coisas urgentes nas agências, resultado do mau entendimento de uma escala da priorização das coisas. Se problemas urgentes justificam atenção imediata, é necessário utilizar ferramentas de acesso imediato, como um telefone.

Eu instruo minha equipe e colegas a sempre me chamarem pelo sistema de comunicação interna da empresa; caso eu não responda imediatamente, ligarem para meu celular, se algo for realmente urgente. Dessa forma, certamente serei encontrado mais facilmente. Se me enviam e-mail, significa que não é nada urgente. Talvez importante, mas não urgente.

Quadrante 2 — Importante e não urgente

Aqui ficam aquelas tarefas relacionadas ao projeto que já foram planejadas e também possuem uma priorização de escalas no projeto.

Você pode ter outras tarefas relacionadas ao seu dia a dia que não tenham relação com projetos, mas com o trabalho. Por exemplo, dar feedback para alguém da equipe, ajudar na prospecção de um cliente importante para a empresa, entre outras.

Após a conclusão das tarefas do dia, atualize cada uma delas no sistema escolhido para organizá-las. A partir de agora, é possível acessar a caixa de e-mails. São tarefas que precisam ser planejadas e alocadas em algum momento do dia.

Quadrante 3 — Não importante e urgente

Atividades que podem ser delegadas, negadas ou entrarem na sua agenda com status de não prioritárias. Exemplos: demandas geradas por outras pessoas, que não sejam essencialmente o seu trabalho, mas, sim, um pedido de ajuda, interrupções não essenciais, solicitações de última hora de terceiros e atividades de baixo valor agregado.

Você pode ser abordado com pedidos de ajuda urgentes de outros colegas que talvez, para você, não sejam importantes. Esteja sempre disposto a ajudar, principalmente se estiver relacionado com um projeto de SEO, mas caso não esteja, procure entender se é você mesmo que precisa executar uma ação.

Quadrante 4 — Não importante e não urgente

São tarefas que não possuem importância nenhuma. Algumas delas podem ser até eliminadas, pois você acaba percebendo que ficaram irrelevantes para o contexto.

Mas por que elas estão lá? Muitas vezes nós temos a mania de gerar demandas inúteis para nós mesmos, ou simplesmente não entendemos que temos uma quantidade de tempo e energia limitados durante o dia. Acabamos inserindo em nosso dia outras coisas que desejamos fazer, mas não temos energia e tempo.

O que significa isso? Que você tem um limite de 24 horas no dia, que reserva algumas dessas horas para trabalhar e outras para descansar, estudar, passar um tempo com a família. É natural acordar mais disposto e ir cansando ao longo do dia.

Sendo assim, é necessário entender quais realmente são as coisas importantes que você precisa fazer no trabalho, em casa, nas atividades pessoais etc. Entender qual é o seu propósito[63] em cada uma dessas áreas ajuda você a priorizar e planejar as tarefas realmente importantes e eliminar aquelas que não são importantes nem urgentes.

//

63 Um livro que expressa muito bem essa ideia de priorização de tarefas com base no seu propósito de vida que é A única coisa: A verdade surpreendentemente simples por trás de resultados extraordinários, de Gary Keller e Jay Papasan.

QUANDO OLHAR OS E-MAILS

Veja se não existem alerta de sistemas, mensagens automáticas que você pode configurar para ser avisado de potenciais problemas nas contas que está atendendo.

As automações existentes, ferramentas como o Semrush, Google Analytics, *Uptime*Robot, entre outras, podem enviar mensagens para o seu e-mail, caso algum problema tenha ocorrido. Isso ajuda a robotizar ações de verificações que, se fossem manuais, demorariam muito tempo.

Certa vez um cliente vinha perdendo tráfego, sem explicação. Instalei um monitoramento de *uptime* do site dele, que me passou a enviar mensagens constantes avisando que o site estava fora do ar. O que estava acontecendo? Havia um problema recorrente no servidor em que o site estava hospedado, frequentemente tendo quedas e, com isso, não disponibilizando o site por algumas vezes durante o dia. Só que ninguém da TI avisou o departamento de marketing, que cuidava da publicidade e vendas pelo e-commerce.

Depois que comecei a realizar o monitoramento e avisei o patrocinador do projeto, o departamento responsável admitiu para o marketing que estava com problemas técnicos.

O analista também pode configurar o Google Analytics para fornecer avisos de queda de tráfego e outras anomalias.

No diário de bordo do projeto, anote essas informações de quedas no site, anomalias de visitas, entre outras informações. Isso é importante para resgatar alguns históricos ao analisar as estatísticas do negócio.

REUNIÕES

Participe de reuniões quando forem realmente necessárias e objetivas. Há uma epidemia de reuniões improdutivas e desnecessárias. Eu já presenciei algumas com inúmeros convidados, mas só duas pessoas falaram. Evite encontros assim se for só para acompanhar.

As reuniões devem ter pauta com os tópicos que serão discutidos, de preferência, com as decisões que precisarão ser alcançadas. Além disso, é preciso ter ata, uma memória dessa reunião, com as atividades distribuídas para cada um dos participantes.

Quando receber um convite de uma reunião que não tenha os objetivos declarados, procure saber do que se trata e se é necessária sua presença. Se for, se estiver relacionado com o trabalho que você está fazendo, entenda os tópicos e se eles já não foram discutidos ou estão em execução.

Saiba se é realmente necessária sua presença em reuniões diárias, que acabaram virando febre em algumas empresas. Principalmente no contexto de SEO, esses encontros podem não ter muita novidade. Se é necessária uma atualização, que ela seja semanal. Talvez até um e-mail, com o que aconteceu naquela semana, possa ajudar.

É suscetível que o analista realize uma reunião interna, semanal, com a sua equipe, para discutir o *status* de todos os projetos de SEO, problemas e potenciais soluções.

Prepare-se para falar com o cliente

Sempre quando fizer reuniões com o cliente, se prepare para o encontro.

Há alguns anos, um colega de trabalho me relatou que foi para uma reunião na qual tinha que conversar somente alguns tópicos com o cliente, algumas tratativas simples relacionadas a um projeto, sem necessidade de uma apresentação, uso de notebook etc. Ele anotou os tópicos da reunião em um *post-it* amarelo e levou consigo. Chegando lá, ao tirar as anotações do bolso, o cliente olhou estranhamente e fez um comentário engraçado. Apesar da piada, o cliente teve uma impressão de que ele não havia se preparado muito bem.

O que eu faço quando sou um dos principais atores da reunião? Tento preparar visual ou informacionalmente o que vou apresentar e falar. Alguns exemplos:

- Em uma reunião de briefing de projeto de SEO, eu já tenho um roteiro pronto de perguntas, que estão em um formulário online. Se a reunião for presencial, aviso o cliente sobre esse material e que eu preciso fazer algumas perguntas sobre o seu negócio para entender os objetivos de busca orgânica. Eu estudo o negócio antes, olhando seu site, fazendo algumas pesquisas pelo negócio no Google/Bing, olhando notícias etc. Confirmo algumas dessas informações na reunião, fazendo as anotações no formulário.

- Em reuniões de status de projeto, é possível mostrar diretamente do software utilizado para gestão de tarefas o quadro das atividades. Alguns desses programas oferecem relatórios em PDFs que podem ser utilizados também. Mesmo assim, faça uma preparação prévia. Atualize as tarefas, comentários, tempos e outros detalhes, converse com a equipe para identificar algum problema, antes de mostrar ao cliente e falarem sobre isso.

- Você pode ser chamado para uma reunião com o cliente para ajudar a resolver um problema. Faça uma pesquisa, prepare alguns slides, tire prints (evidências do problema, números do Google Analytics, comparativo com outros sites etc.) e faça anotações. Use uma estrutura mostrando o problema, a solução e o que acontecerá se isso for resolvido.

- Vai se encontrar com o cliente para tomar um café e conversar melhor sobre alguns pontos de um projeto? Leve os tópicos importantes que precisa lembrar, anotados em um documento no notebook, tablet ou no mínimo um caderno de anotações. Antigamente eu levava um caderno com alguns tópicos, e também para anotar as tratativas da reunião, se fosse algo mais informal, quando não precisasse de um notebook para buscar documentos eletrônicos. Hoje eu levo um tablet, pois mantenho todas as minhas anotações em um programa, por meio do qual consigo visualizar esses escritos no notebook, posteriormente, bem como exportar para PDF e distribuir para a equipe de projeto.

A recomendação principal aqui é: esteja preparado. Não vá ao encontro do cliente como um desavisado que caiu de paraquedas. Mostre profissionalismo e tenha em mãos, sempre, as informações necessárias para viabilizar sua participação.

Deixe clara a sua rotina para todos os colegas, sugira que eles utilizem a mesma metodologia que você, pois isso fará com que toda a equipe de SEO funcione como uma máquina. Isso também ajudará para que você tenha uma organização e o sucesso necessário nos seus projetos, afinal seguirá o rumo correto para atingir os resultados.

A proposta de organização apresentada, deve ser adaptada para a sua realidade. Implemente coisas, mude e transforme.

Seja um entusiasta de gestão do tempo, rotina e energia. Estude, faça com que seu senso de priorização dê resultado direto nos projetos em que atua.

MENSAGEM FINAL

Depois de muito tempo trabalhando com SEO, finalmente eu termino mais um livro. Para mim, é uma honra escrever sobre o assunto e agradeço muito ao leitor por reservar um tempo do seu dia para apreciar esse material.

Quero deixar uma dica final, muito importante, que fez parte da minha formação como profissional de SEO: não pare de estudar! Esse é o grande segredo para o analista continuar atualizado e poder desempenhar seu papel com maestria.

Se a área é multidisciplinar, não foque só os livros de SEO. Leia livros sobre: HTML, CSS, JS (aprenda mais sobre eles!), usabilidade, infraestrutura de servidores, conteúdo, *business intelligence*, inteligência artificial e todos os outros conceitos que acabam impactando diretamente na otimização de sites. Afinal, embora um material de SEO tenha dicas importantes sobre otimização desses aspectos, a especialização deles virá de livros, aulas e cursos.

Ter mais domínio sobre esses assuntos lhe permitirá debater com mais conhecimento, quando explicar suas soluções para especialistas em reuniões, e-mails ou relatórios.

Frequente eventos, grupos de discussão, encontros de profissionais, procure saber o que outros analistas pensam sobre temas importantes da área e, com base nisso, tenha suas próprias ideias e posicionamentos.

Adicione no LinkedIn outros profissionais de SEO, inicie um bate-papo, faça networking.

Me adicione no LinkedIn também (https://www.linkedin.com/in/erickformaggio/). Espero, no futuro, poder encontrar o leitor em eventos, palestras ou reuniões, e receber um relato do que achou deste livro e como ele contribuiu para a sua carreira.

REFERÊNCIAS BIBLIOGRÁFICAS

ASH, T. Otimização da Página de Entrada: o guia definitivo sobre testar e sincronizar conversões. AltaBooks, 2008.

ANTOUN, Henrique (Organizador). WEB 2.0: participação e vigilância na era da comunicação distribuída. Rio de Janeiro: Mauad X, 2008.

BRIGGS, Asa; BURKE, Peter. Uma história, social da mídia: de Gutenberg à internet. 2. ed. Rio de Janeiro: Jorge Zahar, 2006.

BURKE, Peter. Uma história social do conhecimento: de Gutenberg a Diderot. Rio de Janeiro: Jorge Zahar, 2003.

CAVALCANTI, Marcos; NEPOMUCENO, Carlos. O conhecimento em rede: como implantar projetos de inteligência coletiva. Rio de Janeiro: Elsevier, 2007.

FRANCO, Guilherme. Como escrever para a web. Acesso em 14 jun/2023. Disponível em: https://journalismcourses.org/pt-br/ebook/como-escrever-para-a-web/

FORMAGGIO, Erick. SEO – Otimização de Sites – Aplicando técnicas de otimização de sites com uma abordagem prática. Rio de Janeiro: Brasport, 2010.

GLADWELL, M. Blink: a decisão num piscar de olhos. Rio de Janeiro: Rocco, 2005.

HALVORSON, K. Estratégia de conteúdo para web. Alta Books, 2010.

JERKOVIC, J. I. Guerreiro SEO. 1a edição. Novatec, 2010.

KAUSHIK, Avinash. Web analítica: uma hora por dia. Rio de Janeiro: Alta Books, 2007.

KING, Andrew. Otimização de website: o guia definitivo. Rio de Janeiro: Alta Books, 2009.

KOTLER, P.; KARTAJAYA, H; SETIAWAN, I. Marketing 3.0: as forças que estão definindo o novo marketing centrado no ser humano. Rio de Janeiro: Elsevier, 2010.

KRUG, Steve. Não me faça pensar: uma abordagem de bom senso a usabilidade na web. Rio de Janeiro: Alta Books, 2006.

LANGVILLE, A. N.; MEYER, C. D. Google's PageRank and Beyond The Science of Search Engine Rankings. [s.l.] Princeton University Press, 2006.

LEVY, Pierre. A inteligência coletiva – Por uma antropologia do ciberespaço. São Paulo: Loyola, 2003.

LI, Charlene; BERNOFF, Josh. Fenômenos sociais nos negócios: Groundswell. Rio de Janeiro: Elsevier, 2009.

MOHERDAUI, Luciana. Guia de estilo web: produção e edição de notícias on-line. Senac, 2000.

NIELSEN, Jakob; LORANGER, Hoa. Usabilidade na web: projetando websites com qualidade. Rio de Janeiro: Campus, 2007.

PRESSMAN, R.; LOWE, D. Engenharia web. Um enfoque profissional. 1a edição ed. LTC, 2009.

REZ, R. Marketing de conteúdo: A moeda do século XXI. DVS Editora, 2016.

ROTHSCHILD, William E. Como ganhar (e manter) a vantagem competitiva nos negócios. São Paulo: Makron, McGraw-Hill, 1992.

RUSSEL, S.; NORVING, P. Inteligência artificial. Elsevier, 2004.

SALEH, Khalid; SHUKAIRY, A. Otimização de conversão: a arte e a ciência de converter prospects em clientes. Novatec Editora, 2011.

SANTAELLA, Lucia. Linguagens líquidas na era da mobilidade. São Paulo: Paulus, 2007.

SOUDERS, S. Alta performance em sites web. 1a edição. Alta Books, 2007.

VENETIANER, Tom. E-commerce na corda bamba: um guia prático sobre erros em comércio eletrônico e como evitá-los. Rio de Janeiro: Campus, 2000.

DVS EDITORA

www.dvseditora.com.br

Impressão e Acabamento | Gráfica Viena
Todo papel desta obra possui certificação FSC® do fabricante.
Produzido conforme melhores práticas de gestão ambiental (ISO 14001)
www.graficaviena.com.br